낙인이라는
Another Kind of Madness
광기

정신질환과 낙인의 습격을 받은 어느 가족,

그럼에도 무너지지 않은 희망에 관한 이야기

낙인이라는 광기

Another Kind of Madness

스티븐 힌쇼

신소희 옮김

아몬드

추천의 말

정신질환의 영향을 받은 가족 내의 낙인과 침묵의 고통을 다룬 최고의 책이다. 유려하고도 진솔한 이야기는 깊은 감동을 준다. 한마디로 걸작이다.

글렌 클로스, 배우

아버지의 양극성장애가 가족에게 미친 영향을 샅샅이 살펴본 회고록이자 연대기. 하지만 진정한 주제는 정신질환을 수십 년간 은폐하는 행위의 무시무시한 결과(설사 아이들을 위해서라 해도)라고 할 수 있다. 《낙인이라는 광기》는 정신질환의 낙인에 관한 흥미진진하고 내밀하고도 통렬한 기록이다. 심지어 오늘날에도 효과적인 진단과 치료를 늦추고 과학 연구를 훼손시키며 오해를 유발하고 수백만 명의 사람을 불행하게 만드는 낙인 말이다.

해럴드 코플위츠, 아동정신연구소 대표

스티븐 힌쇼 박사는 중증 정신질환을 앓은 아버지 밑에서 자란 당사자인 동시에 아버지의 질환이 가족에게 미친 영향을 이해할 수 있는 심리 전문가이기도 하다. 문장은 강렬하며 이야기는 압도적이다. 이 이야기는 많은 사람들에게 전해져야 마땅하며 정신질환 당사자와 그 가족에게, 또한 정신질환을 둘러싸고 여전히 만연한 낙인을 근절하는 데 중대한 영향을 미칠 것이다.

엘린 삭스, 서던캘리포니아 대학교 교수

명료하고 유려하게 쓰인, 진정으로 유익한 책이다. 양극성장애를 지닌 사람과 함께 살아가는 삶이 어떤 것인지 담아낸 책은 거의 없었다. 적어도 지금까지는 말이다. 아버지의 정신질환이 가져온 스트레스와 비밀로 짓눌린 가정에서 자란 저자의 회고록은 절절하고 고통스러우며 시종일관 정곡을 찌른다. 저자는 정신질환과 낙인의 폐해를 떠안은 겁에 질린 소년이 복잡한 가족사의 잔재와 맞서 싸우는 치료자이자 연대자로 성장하는 과정을 놀랍도록 솔직하고 단호하게 보여준다. 중증 정신질환과 씨름하며 가족의 붕괴를 막으려 애쓰는 사람이라면 반드시 읽어야 할 책이다. 술술 읽히면서도 최신 과학 지식으로 무장한 이 책은 정신질환의 숨겨진 진실이 명백히 드러나기를 바라는 모든 독자의 책장에 꽂혀 있어야 마땅하다.

주디스 워너, 《우리에겐 문제가 있어》 저자

《낙인이라는 광기》에서 힌쇼는 중증 정신장애에 직면한 가족의 침묵과 수치에 관한 회고를 정신질환의 낙인 연구와 결합시킨다. 그는 평생 오진된 아버지의 양극성장애와 20세기 의료 및 정치의 역사를 우아하고도 허심탄회하게 병렬시킨다.

아예렛 월드먼, 《정말로 좋은 하루》 저자

스티븐 힌쇼는 보기 드문 용기와 솔직함으로 가족의 정신질환을 다뤘다. 이 책은 지식인이자 양극성장애 환자였던 아버지에 관한 매혹적인 일대기로, 아버지의 잦은 부재가 안겨준 두려움과 가족의 반응을 내밀하게 그려내는 동시에 정신질환에 따르는 사회적 낙인의 끔찍한 영향력과 전문가로서의 숙고를 엮어낸다. 시의적절할 뿐 아니라 단숨에 읽힌다.

캐서린 엘리슨, 퓰리처상 수상 작가

이 책을 부모님의 추억 앞에

그리고 의료진의 입장에서 공감 능력과 기술을 연마하여

신체 및 정신장애를 안고 사는 이들의 생활 개선에

매진하고 있는 내 동생 샐리에게 바친다.

일러두기

- 본문 각주는 모두 옮긴이의 것이다.
- 본문 중 볼드체는 원서에서 이탤릭체로 강조한 부분이다.
- 본문에 등장한 책이나 영화, 작품이 우리말로 번역된 경우 그 제목을 그대로 썼다.

머리말

이 책을 쓸 엄두를 내기까지 말 그대로 평생이 걸렸다. 나는 대체로 행동이 빠른 사람이지만, 때로는 오랜 시간을 들여야만 착수할 수 있는 중요한 과업도 있다. 가족을 이해하고, 고단한 인생 경험을 회고하는 데 적절한 어조를 찾고, 정신질환처럼 무거운 주제에 따르는 수치심과 차별을 줄이려고 노력하는 일처럼.

대학교 1학년 봄방학 때 본가에서 아버지의 첫 번째 고백을 들은 이후로 나는 심리학에 점점 더 관심을 갖게 되었다. 시간이 지나면서 아버지와 내 이야기가 우리 가족이나 주변 사람뿐 아니라 더 많은 사람에게 의미가 있으리라는 확신이 생겼다. 이 책은 그런 회상과 서술을 최대한 충실하게 전하려는 시도다. 나는 유년기, 소년기, 청년기를 지나서 어른이 될 때까지 일어난 일들을 대화와 묘사를 통해 가급적 일관되게 전하려 노력했다.

이 책의 제목을 정하는 데 영감을 준 것은 제임스 볼드윈의 걸작 소설 《조반니의 방》의 한 구절이다. "기억하는 사람은 고통으로 인한 광기를 자초한다. 자신의 순수가 죽었던 순간이 자꾸만 되살아나는 데 따르는 고통 말이다. 기억하지 못하는 사람은 **또 다른 광기***를, 고통을 부정하고 순수를 증오하면서 오는 광기를 자초한다. 그리고 세상은 기억하는 광인과 기억하지 못하는 광인으로 양분된다." (강조 표시는 원작에 있는 것이 아니라 내가 한 것이다.)

물론 볼드윈의 경험을 전부 이해한다고 말할 수는 없지만 그의 문장은 내게 많은 영감을 주었다. 나는 앞으로의 글을 통해 그 어떤 정신질환보다 그에 따르는 낙인이 더욱 끔찍한 결과를 초래하는 '또 다른 광기'가 될 수 있음을 보여주려 애쓸 것이다. 낙인은 인간이 지닌 가능성을 부정하게 만든다. 이제 솔직한 대화가 침묵과 수치심의 자리를 대신해야 한다. 이를 목표로 삼지 않는다면, 우리는 우리가 어떤 존재인지 온전히 깨닫지 못할 것이다.

사생활 보호를 위해 우리 가족 외의 몇몇 인물은 가명으로 대체했다. 유감스러운 일이지만 꼭 필요한 조치였다. 정신질환에 따르는 낙인과의 싸움은 단거리 경주가 아니라 오랜 시간이 걸릴 장거리 경주이니 말이다.

* 이 책의 원제는 《Another Kind of Madness》다.

마지막으로 본인이나 소중한 사람이 정신질환을 겪고 있는 모든 이들에게, 다시 말해 이 세상의 모든 가족에게 이 책이 위로와 용기를 줄 수 있기를 바란다.

시작

뜨거운 바람이 서던캘리포니아 지역을 휘젓던 1936년 늦여름이었다. 달력이 9월로 넘어갈 무렵, 주니어라고 불리던 열여섯 살 소년은 머릿속에서 그칠 줄 모르고 울려대는 목소리에 시달리고 있었다. 그는 유럽에서 점점 심각해지던 나치의 위협에 몰두한 채 밤낮없이 패서디나의 보도를 배회했다. 십 년 전 그가 롤러스케이트를 신고 초등학교로 달려가곤 했던 바로 그 길이었다. 제발 자유세계를 구해달라고 그에게 간청하는 목소리는 날마다 더 커졌다. 그는 절박하고 고독했지만, 어떻게든 계획을 생각해내야 했다. 주니어는 밤새도록 쉬지 않고 이리저리 걸어 다녔다.

9월 6일 일요일, 자정이 막 지났을 때 주니어는 발걸음을 멈추었다. 어둠 속에서 고요한 집들이 그를 에워싸고 있었다. 셔츠가 땀에 흠뻑 젖었고, 그는 문득 심신을 덮쳐오는 새로운 깨달음에 훅 하고 숨을 들이쉬었다. 이제야 알겠어. 놀랍도록 분명한 일이야. 바로 **내가** 자유세계를 구해낼 운명을 타고난 유일한 인간이야. 내가 며칠을 번민하며 보낸 것도 헛된 일은 아니었구나! 이를 깨달은 그는 경외감에 젖었다.

생각에 가속도가 붙자 또 다른 통찰이 떠올랐다. 나는 날 수 있는 유일한 인간이야. 내 두 팔은 이제 날개가 된 거야. 내가 이카루스처럼 양팔을 하늘로 쳐든다면 날아오를 수 있겠지. 일단 구름 위로 떠오르고 나면 이 경이로운 현상을 목격한 자유세계의 지도자들이 내게 부디 파시스트들을 무찔러달라고 애원할 거야.

유감스럽게도, 그의 머릿속을 채운 복잡한 논리에 따르면 그의 비행은 해가 뜬 뒤에야 전 지구에 목격될 수 있을 터였다. 지금으로서는 동이 트기만 기다리며 온 힘을 다해 자신의 비밀을 지켜야 했다. 새롭게 발견한 자신의 임무에 도취한 채, 그는 눈에 보이는 담배꽁초마다 주워 필터 끝까지 피워대며 계속 발걸음을 옮겼다.

주니어의 아버지이자 국제금주운동의 주요 인물 중 하나인 버질 힌쇼 시니어의 자택에서 금주운동가들의 정기 회동이 있은 지도 몇 년이 넘었다. 그들의 논의는 자연스럽게 세계정세로 옮겨가기 마련이었다.

"파시스트들이 권력을 잡고 있어요. 이탈리아에서는 무솔리니가, 독일에서는 히틀러가요. 그들이 세계를 장악하고 말 거예요!" 누군가가 씁쓸하게 말했다. "당신네 미국인들은 고립주의자죠. 그러니 누가 세계의 자유를 수호해주겠어요?" 이렇게 외치는 사람도 있었다.

다섯 형제들과 함께 식탁에 앉아 있던 주니어도 마음이 점점 불안해졌다. 하지만 숙제에다 교회 활동, 스포츠, 아르바이트까지 신경 쓸 일이 워낙 많다 보니 그의 경계심도 서서히 누그러졌다. 애초에 열성적 평화주의자인 퀘이커교도 가족이 세계정세에 무슨 도움을 줄 수 있겠는가? 하지만 고등학교 졸업반을 목전에 두고 부모님도 금주운동 모임 때문에 시내에 나간 지금, 새롭게 솟아난 활력이 그의 정신을 사로잡았다. 그의 마음은 유례없이 한껏 벅차올랐다.

파시스트들의 발흥을 다룬 라디오 방송을 듣고 흥분한 주니어의 머릿속에 방문객들의 경고가 떠올랐다. 나치는 정말로 위험한 존재였다! 눈앞에서 흑백 뉴스영화 영상이 빙빙 돌아갔다. 갈색 셔츠를 입은 나치 돌격대가 행군하고, 히틀러가 엄청나게 많은 군중 앞에서 연설하고 있었다. 탄압이 점점 격심해졌지만 미국은 그런 징후에 전혀 주의를 기울이지 않았다. 그는 자신의 새로운 임무에 몰두했다. 자신이 과감히 앞에 나서지 않는다면 어느 누가 그 일을 도맡겠는가?

하지만 어떻게 해야 할까? 그가 행동하지 않는다면 파시스트들이 승리하고 말 게 분명했다.

9월 6일 이른 아침, 해 뜰 무렵이 되어서야 바람이 잦아들었다. 마침내 동쪽에서 주황색 태양이 솟아오르며 지붕과 야자수가 긴 그림자를 드리웠다. 자신의 활력과 눈부신 통찰에 사로잡힌 채, 주니어는 노스오클랜드 애비뉴에서 그와 가족이 사는 블록에 이르렀다. 가만히 몇 미터 더 걸어가자 정면에 익숙한 진갈색 단층집이 나타났다. 그는 숨을 들이쉬며 발소리를 죽여 잔디밭을 가로질렀다. 눈앞에 보이는 현관문을 빤히 바라보다가 그 위로 시선을 옮겼다. 새벽 햇살 아래 만물이 고요했다.

이젠 돌이킬 수 없었다. 바로 지금 해치워야 했다.

하지만 어떻게 올라간다지? 그는 금세 방법을 찾아냈다. 잽싸게 격자창에 덤벼들어 찬찬히 발 디딜 곳을 보아가며 기어올랐다. 마지막으로 몸을 끌어당겨 작은 현관 위 지붕에 발을 내디뎠다. 3미터 아래에 콘크리트 길이 있었고 눈앞에는 장엄한 하늘이 펼쳐졌다. 벌써부터 공기가 후덥지근했다. 그의 머릿속 목소리가 한껏 커지며 그에게 임무 수행을 촉구했다. **자유세계를 구해내라!**

그에게 영광이 있으리.

그는 지붕 가장자리로 다가서며 옷가지를 하나하나 벗어 내던졌다. 신발, 바지, 셔츠가 차례로 아래쪽 땅바닥에 떨어졌다. 갑자기 느껴지는 서늘함에 그는 숨을 훅 들이쉬었다. 두 팔을 활짝 펼치고 종아리 근육에 힘을 주며 앞으로 돌진해 몸을 날렸다. 한순간 아무것도 느껴지지 않았다. 살갗에 와 닿는 바람결 말고는.

땅바닥이 그를 향해 덤벼들더니 곧이어 온 세상이 깜깜해졌다.

*

나는 아무런 사전 경고나 마음의 준비가 없는 상태에서 이 이야기를 들었다. 1971년 4월 중순이었다. 그날 나는 거실 소파에 편히 앉아 잡지를 넘기고 있었다. 하버드 대학교 1학년 마지막 리포트를 쓰는 데 필요한 어려운 책들을 펼치기 전에 잠시 쉬고 싶었다. 그래서 태어나 십칠 년을 살았던 오하이오주 콜럼버스로 돌아온 것이었다. 하지만 뭐랄까, 주머니마다 의구심이 가득 찬 무거운 배낭에 짓눌리는 기분이었다. 난 이제 이 동네 사람이 아닌 걸까?

소파에 앉으면 색유리 조각을 붙여 만든 창문 밖으로 우리 집 현관 베란다의 하얀 기둥이 내다보였다. 기둥이 만들어낸 액자 속에 짙푸른 잔디밭과 눈부신 분홍빛 능금꽃나무가 담겨 있었다. 이따금씩 구름에 이른 오후의 햇살이 스며들었고, 그때마다 사방이 어두워졌다가 밝아졌다를 반복했다.

그날 공기 중에 미세한 변화의 징조가, 어떤 미묘한 바람이 존재했던 걸까? 그렇다 해도 나는 전혀 눈치채지 못했다. 조용하기 그지없는 우리 집에서는 아무 일도 일어나지 않으리라 확신하고 있었으니까. 며칠만 지나면 나는 케임브리지로, 동부에서의 새로운 생활로 돌아갈 터였다.

대학 시절의 첫 봄방학이었던 그 일주일 내내 나는 멍하니 집

안을 돌아다녔다. 내 침실 벽지에 그려진 식민지 시대의 군인들, 반쯤 바람이 빠진 채 현관 벽장에 처박혀 있는 풋볼 공과 농구공, 일층 바닥에 깔린 두꺼운 흡음성 카펫. 모든 것이 박물관의 보호용 밧줄 뒤에 전시되어 있는 물건처럼 보였다.

잡지 한두 권을 넘겨 보았을 무렵 조용한 발걸음 소리가 들렸다. 고개를 드니 아버지가 서재에서 나와 머뭇머뭇 내게 다가오고 있었다. 오전 수업을 마치고 학교에서 돌아온 것이 분명했다. 아버지는 일주일에 세 번 오하이오 주립대학교 학부생을 대상으로 서양철학사 강의를 하고 있었다. 내 동생 샐리는 우리 집에서 한 블록 뒤에 있던 고등학교의 2학년 학생이었고, 어머니는 오하이오 주립대학교에서 영어를 가르쳤다.

집 안에는 아버지와 나뿐이었다.

"아들아." 아버지가 내 눈길을 피하며 나직한 목소리로 말을 건넸다. 퀘이커교도 가정에서 자랐기 때문인지 아버지는 심각한 얘기를 하고 싶을 때면 격식 있는 표현을 쓰곤 했다. "우리 대화 좀 나눌 수 있겠니?"

나는 잡지를 내려놓고 아버지를 쳐다보았다. 아버지는 살짝 구부정하게 선 채로 굳은 표정을 짓고 있었다. 내 유년기 기억 속의 젊고 자신감 넘치는 스포츠맨과는 전혀 닮은 구석이 없는 모습이었다. 이제는 배 둘레에 살짝 군살이 붙었고 양쪽 입 꼬리는 강한 중력이 작용한 것처럼 축 처져 있었다.

"물론이죠." 나는 속으로 혹시 내가 뭘 잘못했나 걱정하며 대답했다. 핏속에 살짝 아드레날린이 흘러드는 듯했다. 나는 아버지 뒤를 따라 사면이 책장에 둘러싸인 서재로 들어갔다. 이 집을 처음 설계했던 십 년 전에 아버지가 직접 구상한 공간이었다. 나무 책장에 꽂힌 남색, 갈색, 밤색 책 표지들이 강렬한 존재감을 뿜어냈다. 서재에 들어설 때마다 그 책들에 담긴 이 세상의 과학, 역사, 수학 지식에 압도되는 기분이었다.

아버지가 발걸음을 멈추자 나는 그 옆을 지나쳐 미닫이문을 닫았다. 굴림대가 나직한 쇳소리를 내며 움직이다가, 작고 공허한 딱 소리와 함께 두 짝의 나무문이 맞닿았다. 나는 아버지가 책상 옆에 둔 등받이 의자에 걸터앉았다. 책상 위에 서류철, 강의계획서, 강의 노트가 마구 뒤섞여 잔뜩 쌓여 있었다. 앞뜰의 대왕참나무가 내다보이는 창문 아래 작은 탁자에는 아버지의 수동 타자기가 놓여 있었다. 할아버지에게 선물 받아 스탠퍼드와 프린스턴 대학교에 다닐 때 애용했던 골동품이었다. 아버지는 일 분에 오탈자 없이 구십 단어를 입력할 수 있었고 속사포를 쏘듯 재빠르게 자판을 두드렸다. 아버지가 그렇게 타자를 빨리 친다는 사실을 아는 사람은 많지 않았다.

아버지의 내리깐 눈과 떨리는 목소리로 보아 내 신입생 생활이나 사소한 가정사에 관한 대화는 아닐 듯했다. 아버지가 헛기침을 하는 사이 나는 등을 똑바로 펴고 앉았다.

"스티브." 아버지가 입을 열었다. "인생에는 종종 이해하기 힘든 경험이나 상황이 있기 마련이란다." 놀랍게도 아버지는 신중하게 말을 고르고 있었다. 평소 철학과 과학에 관해 장광설을 늘어놓을 때와는 딴판이었다.

"그러니까 말이다, 이제 슬슬 너한테도 내 인생의 몇몇 사건에 관해 이야기해줘야 할 것 같아서." 아버지는 잠시 입을 다물었다가 이렇게 말했다. "나는 가끔씩 정신이 온전하지 못할 때가 있었단다."

아버지가 말을 이어가는 동안 시간이 점점 더 느리게 흘렀다. 세상이 내가 이해할 수 있는 것보다 더 빠르게 눈앞을 스쳐갔다. 힌쇼 집안의 이런저런 고난과 성취에 관해서는 어린 시절부터 아버지에게 종종 들어서 알고 있었다. 하지만 항상 그 이야기에는 뭔가 빠져 있다는 느낌이 들었다. 특히 아버지의 기묘한 실종에 관해서 말이다. 아버지는 몇 주 혹은 몇 달씩 종적을 감췄지만, 나는 그 문제에 관해서 아무런 이야기도 듣지 못했다.

아버지의 서재에서 나눈 이 최초의 놀라운 대화와 그 뒤로 이십사 년간 이어진 더 많은 대화, 내가 이십 대가 되면서 시작된 삼촌들과의 논의 그리고 오래도록 숨겨져 있었던 가족 간 편지들을 통해 나는 아버지가 겪은 사건들을 직접 목격한 것처럼 세세히 파악하게 되었다. 마치 내가 패서디나로 시간 이동을 한 것처럼.

*

그로부터 몇 분이 지났다. 충격을 받아 멍했지만 주니어는 정신을 차리려고 애썼다. 머리에서 피가 흘렀고 왼쪽 손목은 괴상한 각도로 비틀려 있었다. 새벽의 소란에 깜짝 놀란 형들이 달려나와 콘크리트 바닥에 뻗어 있는 동생을 내려다보았다. 형들은 이미 며칠 전부터 주니어의 이상한 행동을 염려하고 있었지만 그렇다고 애를 집에 가둬둘 수는 없는 노릇이었다.

"맙소사." 가장 먼저 현관에서 뛰쳐나온 열여덟 살 밥이 외쳤다. "이게 무슨 일이야?"

"조심해!" 밥보다 세 살 위인 랜들이 바로 뒤따라 나와서 소리쳤다. "누가 주니어 옷 좀 챙겨와."

형제들은 그가 무엇을 성취해냈는지 모르는 걸까? "더워서 그랬어……. 몸 좀 식히려고." 형들이 그를 안으로 옮겨놓고 의사에게 전화를 거는 동안 주니어는 가만히 중얼거렸다. 구급차가 그를 로스앤젤레스 시립병원으로 실어갔다. 시내 동쪽의 언덕배기에 솟아오른 거대한 흰 건물이었다. 부서진 팔은 석고붕대로 싸맸지만 뼈가 정확히 맞춰지진 않았다. 간호사가 팔에 주사기를 꽂자 그는 까무룩 정신을 잃었다.

이 주 뒤 그는 공공 정신병원인 노어크 시립병원의 뒤쪽 병동으로 옮겨졌다. 그곳에는 중증 정신질환자들이 수용되어 있었다. 그와 같은 병실에 있는 환자들은 머리가 기형이거나 소두증이거나 중증 지적장애인이었다.

*

나는 서재에 못 박힌 듯 앉아 아버지의 말 한마디 한마디에 귀 기울였다. 아버지는 그 병원에 가서야 처음으로 자기처럼 심각한 결함을 지닌 사람들, 자기의 진정한 동료들을 발견한 것 같았다고 했다. 아버지의 뛰어난 성적과 그간 받았던 종교 교육, 온갖 거창한 생각으로도 새롭게 찾아낸 운명을 물리칠 수는 없었다.

노어크에서는 밤마다 복도를 따라 비명이 울려 퍼졌지만, 아버지의 마음속에서는 그만큼 우렁찬 소리로 천사들이 영광과 구원을 노래하고 있었다. 아버지가 받은 '치료'라고는 밤중에 돌아다니지 못하도록 침대에 몸을 묶어놓는 것뿐이었다. 가끔 아침에 쓰레기 치우는 일을 거들기도 했지만, 그곳이 성인용 시설이다 보니 학교 같은 건 없었다. 날마다 지루하고 공허한 시간이 흘러갔다. 세상과 동떨어진 곳에 머릿속 목소리와 단둘이 남은 아버지에게 완전히 다른 삶이 시작됐다.

그칠 줄 모르는 목소리에 현혹된 아버지는 몇 주가 지나자 새로운 망상에 빠졌다. 여전히 진행 중인 나치의 계략에 따라 병원 측에서 자기에게 독이 든 밥을 주고 있다는 것이었다. 밥을 먹는다면 파시스트의 흉계에 항복하겠다는 의미일 터였다. 물 말고 다른 것은 모두 삼키길 거부하면서 아버지는 점점 더 야위어갔다.

11월에 할아버지는 병원 원장의 긴급한 전화를 받았다. 입원 환자 버질 주니어의 체중이 27킬로그램이나 줄어 54킬로그램이라는 내용이었다. "심각한 상황입니다." 원장이 침울한 어조로 말했다. "지금 당장 와주셔야겠어요." 임종 예배를 집전할 목사까지 소환됐다.

정신없이 차를 몰아 병실에 들이닥친 버질 시니어는 수척해진 아들의 모습에 숨이 턱 막혔다. 어쩔 도리가 없겠다고 체념한 그는 그날 밤 주니어의 삼촌에게 편지를 써서 넷째 조카를 내세에서나 다시 만날 수 있을 거라고 전했다. 하지만 이후로 몇 주 동안 주니어의 머릿속 망상과 목소리는 서서히 잦아들었다. 그는 다시 밥을 먹기 시작했고, 체력을 회복하자 병원의 황폐함과 쓸쓸함을 새삼스레 인식하게 되었다. 크리스마스엔 집으로 돌아갈 수 있기를 간절히 바랐지만, 의사들은 그의 몸 상태가 너무 안 좋아서 어렵겠다고 했다.

몇 주가 더 지나자 서던캘리포니아의 겨울 우기가 끝나고 봄기운이 감돌았다. 2월 하순에 의료진들은 주니어의 상태가 딱히 이유도 없이 급격히 나아진 것을 눈치챘다. 완전히 제정신을 되찾은 그는 이후로 일주일도 안 되어 퇴원했다. 그의 갑작스러운 귀환에 모두가 놀랐지만, 그가 패서디나에 돌아온 뒤로 아버지도, 계모도, 다섯 형제들도 지난 반년 동안 벌어진 일을 감히 입 밖에 꺼내지 못했다. 너무도 수치스러운 일이었기 때문이다. 그 일을 언급한다면 주니어의 회복에 차질이 생길 것 같았다.

그는 반년 늦게 고등학교 3학년에 올라갔고, 6월에는 봄 학기와 전년 가을 학기 과목까지 전부 A학점을 받았다. 그때부터 아버지의 인생은 불가해한 상승과 하강의 연속곡선을 그렸다.

친가 식구들은 아버지의 회복을 가족에게 일어난 '기적'으로 받아들였다. 기적이 항상 그렇듯, 그 사건도 완전한 수수께끼로 남았다.

✷

"그 병원에 입원해 있는 동안 나는 조현병 진단을 받았단다." 거센 바람이 몰아치던 그 4월의 오후에 아버지는 이렇게 말했다. "이후에도 비슷한 사건이 일어났지. 그 얘기는 다음에 이어서 하자꾸나."

대화는 이걸로 끝난 게 분명했다. 우리는 자리에서 일어나 어색하게 악수를 나누었다. 나는 의자를 뒤로 밀고 돌아서서 미닫이문을 열었다. 천천히 거실로 걸어 나오다가 문득 멈춰 섰다.

저 창문 밖으로 보이는 게 아까와 똑같은 꽃과 하늘인가? 그 뒤로 삼십 분이 지난 걸까, 아니면 반평생이 지난 걸까?

아버지의 말을 들으면서 나는 공포에 휩싸였지만 한편으로 기묘하고 강렬한 평온함을 느꼈다. 이제야 **뭔가를** 알게 되었기 때문이다. 평생 무시하려고 애썼던 내 등 뒤의 거대한 진공에 미세하게나마 숨구멍이 생긴 듯했다. 마침내 그 공극孔隙에서 몇 마디 목소리가 들려온 것이다. 적어도 한 가지만은 분명했다. 지금 이 순간부터 내 삶이 완전히 달라지리라는 것 말이다.

1
윌러드 식당에서의 일요일 저녁 식사

아버지가 자유세계를 구하겠다고 엉뚱한 도약을 시도한 지 이십 년 뒤(그리고 미국의 서부가 아닌 중부에서), 다섯 살이던 나는 유치원 오전 수업을 마치고 집으로 달려왔다. 지하실로 통하는 문을 벌컥 열고 계단을 쾅쾅 뛰어 내려갔다.

반드시 아버지를 찾아야 했다. 아버지가 집에 있다면 분명 서재에서 다음 강의를 준비하고 있을 터였다. 하지만 가끔 아버지는 아무 말도 없이 완전히 자취를 감춰버리고 모습을 보이지 않을 때가 있었다. 아버지가 이유 모를 난폭하고 발작적인 행동으로 강제 입원을 당했다는 걸 당시의 나로서는 알 길이 없었다. 내가 아는 건 아버지가 하루는 집에 있다가도 다음 날이면 흔적 없이 사라질 수 있다는 사실뿐이었다. 아버지가 한밤중에 쥐도 새도 모르게 무장 경비대에 납치라도 당한 걸까?

계단 아래 이르는 순간 선득한 지하실 공기가 훅 끼쳤다. 봄비가 많이 내리면 세탁기와 건조기 옆의 청회색 바닥 한복판에 물이 고였다. "이런 게 홍수란다, 스티비." 어머니는 이렇게 말했다. "땅에 물이 가득 차올라서 지하에 물이 고이는 거지." 아버지는 끙끙대며 차고에서 힘겹게 꺼낸 자동 펌프를 고인 물 한가운데 내려놓곤 했다. 펌프가 내는 그르렁 소리에 귀를 기울이고 있노라면 고무관을 통해 꿀렁대며 빨려 들어온 물이 벽 위쪽의 측면 창문으로 빠져나갔다. 진입로에 쏟아져 내린 물은 여러 줄기로 갈라져 서서히 길 쪽으로 흘러갔다. 물줄기가 길바닥에서 다시 하나로 모여드는 모습은 마치 길고 주름진 열손가락을 천천히 깍지 끼는 것처럼 보였다.

나는 아버지의 서재 쪽을 바라보았다. 아버지가 지하실 한 구석에 콘크리트 벽돌과 나무판자로 손수 꾸민 서재였다. 열린 문 안에서 탁상용 스탠드의 은은한 불빛이 삼면 벽을 에워싼 책 표지들을 환히 비추고 있었다.

그곳은 우리 가족의 첫 번째 집이었다. 아메리카 원주민 부족의 이름을 딴 와이언도트 로드에 벽돌과 물막이 판자로 지어진 식민지 양식 주택이었다. 우리가 살던 어퍼알링턴 교외에서 3킬로미터 정도만 가면 올렌탠지강이 나왔고 강을 건너면 바로 오하이오주였다. 그 집 안에 있을 때 우리는 1950년대 중서부 지역의 전형적인 학자 가족이었다.

아니, 정말 그랬던가?

아버지는 반팔 정장 셔츠 차림으로 꼿꼿이 등을 펴고 앉아서 무릎 위에 펼친 책을 골똘히 들여다보는 중이었다. 담배 파이프에서 퍼지는 나무 향이 축축한 지하실 벽의 곰팡이 냄새와 뒤섞였다. 아버지의 우아한 글씨체가 길쭉하고 노란 유선 메모장을 가득 채우고 있었다.

나는 망설였다. 아버지가 집중하고 있는 동안에는 방해하면 안 될 것 같았다. 하지만 머릿속에 가득 찬 지리학적 궁금증을 더 이상은 참기 어려웠다. 나는 아버지의 서재로 들어서며 용기를 끌어 모아 입을 열었다. "얘기 좀 할 수 있어요, 아빠?"

아버지는 뒤돌아서 나를 바라보며 살짝 미소 지었다. 왼손에는 여전히 담배 파이프를 든 채였다. 스탠드에서 흘러나오는 둥그스름한 불빛이 책장에 빼곡히 꽂힌 책들을 비추었다. 책이 저렇게나 많다니!

"물론이지." 아버지가 펜을 내려놓으며 대답했다. "무슨 얘기일까나?" 아버지의 유쾌한 어조에 안도감이 들었다. 이런 날이면 미래의 온갖 가능성에 대한 상상이 전신의 신경을 타고 짜릿하게 흘러내리는 듯했다. 언젠가는 나도 저런 책들을 읽고 새로운 발견을 하게 될지도 몰라.

"음, 그러니까요." 나는 적당한 단어를 찾으려 애쓰며 말을 이었다. "지구에서 가장 큰 나라는 러시아라고 하던데요. 맞아요?" 아버지는 뭔가 생각하는 듯 먼 곳을 응시하고 있었다. 내 질문이 진지하다는 것을 아버지도 잘 이해하는 듯했다.

"그래, 맞아. 이제는 소비에트연방이라고 부른단다. 러시아였을 때보다도 더 커졌고."

"그런데요." 나는 좀처럼 믿기 어려웠던 점을 연달아 물어보려고 했다. "인구는 러시아보다 중국이 더 많다고 하더라고요.

그것도 맞아요?"

"맞아." 아버지가 점점 흥미를 보이며 대답했다. "중국은 지구상의 어떤 나라보다도 인구가 많거든." 그 말에 나는 경악했다.

아버지는 내 질문에 대답할 때도 캠퍼스에서 강의할 때와 마찬가지로 억양에 변화를 주며 중요한 부분을 강조했다. 더 작은 나라에 더 많은 사람이 사는 것도 가능하지만 나라가 더 크면 인구 밀도가 낮아진다는 것이었다. 아버지가 청산유수처럼 말을 늘어놓는데 갑자기 또 다른 질문이 생각났다.

"중국에 사는 사람이 **얼마나** 더 많은데요?" 나는 구체적 수치를 알고 싶었다. 숫자는 항상 나를 안심시켜줬다. 나는 언제나 머릿속으로 운동 경기 점수나 퍼센트, 이런저런 통계를 추산하곤 했다. 숫자는 늘 동일하며 완벽하게 일관된 질서를 지닌다. 경고도 없이 사라져버리는 일 같은 건 없다.

"아주아주 많지." 아버지가 묘하게 유쾌한 어조로 대꾸했다.

하지만 그 말을 듣자 머릿속에 엄청나게 대담한 질문이 떠올랐다. "아빠, 그러면요……. 중국에 사는 사람이 러시아에 사는 사람보다 **백** 명 더 많은 거예요?" 이렇게 질문하는 순간에도 백이라는 숫자는 말도 안 될 만큼 크게 느껴졌다. 하지만 아버지는 지극히 차분한 목소리로 대답해주었다. "스티브, 네가 믿기 어려우리라는 건 잘 알지만 말이다. 중국에 사는 사람은 러시아에 사는 사람보다 백 명 **이상** 더 많단다."

내 눈이 휘둥그레졌다. 하지만 아버지의 온화한 표정을 보니 내가 방금 들은 말이 정말로 사실인 모양이었다. 백 명 **이상**이라니! 이 세상에는 일상적 이해의 범위를 넘어서는 일들이 정말로 많구나 싶었다. 나는 잠시 머뭇거리다가 도로 계단을 올라왔다. 언젠가는 나도 그런 수수께끼들을 이해할 수 있겠지.

아버지가 집에 있을 때면 나는 의문에 답을 얻을 수 있었다. 하지만 다음번에 아버지가 사라지고 다시는 돌아오지 않으면 어쩌지? 그런 생각을 하면 느리지만 확실하게 죄어드는 밧줄 같은 두려움이 내 폐를 쥐어짜는 듯했다. 가장 끔찍한 건 아버지가 사라졌다는 사실을 결코 그 누구도 언급하지 않는다는 점이었다.

몇 주 전의 토요일 아침, 아버지는 여전히 단단한 근육을 드러내는 골지 러닝셔츠 차림으로 차고에서 잔디 깎는 기계를 꺼냈다. 그해 봄의 첫 번째 잔디 깎기를 위해서였다. 아버지는 화사한 빨간 깡통에 든 휘발유를 엔진 옆 주입구에 부었다. 한쪽 발을 잔디 깎는 기계에 올리고 손목을 빠르게 움직여 시동 거는 줄을 당겼다. 엔진에서 부릉부릉 소리가 나며 하얀 연기가 피어올랐다. 아버지는 엔진 소리를 죽이고 기계 손잡이를 밀며 앞뜰을 이리저리 걸어다니기 시작했다. 깎여 나온 푸르고 축축한 잔디 무더기가 양옆으로 휙휙 날아갔다. 길거리 쪽 잔디밭은 안쪽 잔디밭과 미묘하게 다른 색이었지만 양쪽의 형태는 대칭을 이루고 있었다.

나는 얼른 집으로 들어가 잔디 깎는 기계 장난감을 챙겼다. 서둘러 달려나와 아버지 한 발짝 뒤에 서서 한 줄로 걸었다. 우리는 조심스럽게 앞뜰에 선 거대한 느릅나무의 울퉁불퉁한 뿌리를 피했다. 아버지가 한 손을 들어 눈썹에 맺힌 비지땀을 닦아낼 때면 나도 똑같이 따라 했다. 내 이마에는 땀이 전혀 흐르지 않았는데도.

엄마와 샐리는 현관 앞 계단에 앉아 우리를 바라보고 있었다. 나는 두 사람에게 내가 얼마나 열심히 일하는지 보여주고 싶어서 안달이 났다. 우리 모두가 함께 앞뜰에 있다는 이 느낌이 영원히 계속되었으면 싶었다. 그 무렵에도 나는 이미 그런 순간이 얼마나 소중한지 알고 있었던 것이다. 환한 봄 햇살 아래 그림자 하나 없이 서로의 모습을 또렷이 바라볼 수 있는 순간이.

내가 가장 즐거웠던 시간은 아버지가 샐리와 나를 오하이오 주립대학교로 데려갈 때였다. 강의가 있는 날이면 아버지는 항상 재킷에 넥타이 차림이었고 은근히 우아한 분위기를 풍겼다. 아버지에게 교수란 매우 진지한 직업이었으니까. 나는 아침이면 가끔 화장실에 앉아서 아버지가 하얀 비누 거품에 뒤덮인 얼굴을 면도날로 깔끔하게 훑어내리는 모습을 구경했다. 면도날이 전기면도기로 바뀐 뒤로는 아버지가 둥그스름한 헤드로 턱을 미는 동안 윙윙대며 커졌다 작아졌다 하는 소음에 귀를 기울였다. 면도가 끝나면 아버지는 면도날 가장자리를 훅훅 불어 굵은 수염 조각을 털어내고 양 볼을 힘차게 두드려가며 향기 나는 로션을 발랐다.

아버지의 동작은 꼼꼼하고도 진지했다. 아버지에게는 성취해야 할 과업이, 취합할 자료와 통합해야 할 역사적·과학적 견해들이 있었다. 아버지의 몸단장 과정을 보면 그분의 치열한 정신력이 느껴지는 듯했다.

고등학생 시절 투포환 선수였던 아버지는 여전히 목이 굵어서, 새로 산 드레스셔츠를 입을 때면 맨 위쪽 단추를 채우는 데 애를 먹었다. 아버지는 화장실 수납장을 뒤져 찾아낸 면도날의 종이 포장을 조심스럽게 풀고, 지극히 섬세한 손놀림으로 셔츠 단춧구멍 위쪽을 3밀리미터 정도 잘라내어 크기를 늘렸다. 그러고 나서는 셔츠 단추를 끝까지 채우고 넥타이를 완벽한 Y자 형태로 맸다.

아버지의 연구실은 오하이오 주립대학교에서도 가장 오래된 건물인 본관 내의 철학과에 있었다. 박공 달린 슬레이트 지붕에 시계탑이 있는 붉은 벽돌 건물이었다. 본관 앞에는 캠퍼스의 중심인 거대한 타원형 잔디밭이 있었다. 수업을 들으러 가거나 마치고 나온 학생들이 열십자형 보도를 따라 잔디밭을 가로질렀다. 본관 정면의 명판에는 그 건물이 세워진 연도인 1870이라는 숫자가 새겨져 있었고, 그 옆의 작은 바위에는 북위 40도 지점을 표시하는 또 다른 명판이 붙어 있었다. 명판을 처음 보았을 때 나는 잔디밭에 그려진 위도선을 찾아보려고 했지만, 아버지가 내게 위도선은 눈에 보이지 않고 과학자들이 지구 측정과 탐험에 활용하기 위해 만들어낸 것이며 각각 111킬로미터씩 떨어져 있다는 사실을 알려주었다. 지구의를 보면 스페인의 마드리드와 미국 서부의 덴버 또한 북위 40도 선상에 있다는 것을 확인할 수 있었다. 지도와 지구의를 보고 있으면 내가 이 세상 어디에 있는지 알 수 있다는 안도감이 들었다.

본관 가까이에는 오하이오 주립대학교 스포츠 팀의 홈 경기장이자 '말발굽'이라는 별명이 붙은 거대한 오하이오 스타디움이 있었다. 그 당시의 수용 인원은 88,888명이었는데 볼 때마다 정말이지 멋진 숫자라는 생각이 들었다. 부모님을 따라 홈경기를 보러 갈 때면 우르르 몰려가는 흥분한 팬들 가운데 끼어 상쾌한 가을 공기로 가득한 캠퍼스를 가로질러 걸어야 했다. 경기장은 항상 자주색과 회색* 인파로 가득했고, 경기가 있는 날마다 군중의 생생한 감정이 폭발하듯 터져나왔다.

아버지가 샐리와 나를 데리고 연구실로 걸어 들어가면 교수들과 수업 조교들, 비서들이 멈춰 서서 교수님을 따라온 꼬마 학자들에게 인사를 건넸다. 질문과 웃음이 넘쳐나고 배움을 향

* 오하이오 주립대학교 스포츠 팀의 상징색.

한 열망이 뚜렷이 느껴지는 풍요로운 분위기였다. 아버지가 나를 데리고 캠퍼스 내의 소규모 라디오 방송국에 가서 철학과 일상생활을 다루는 주간 방송 프로그램을 녹음한 적도 있었다. 집이나 차 안에서 오하이오 주립대학교 방송국 채널을 맞추면 지식 추구가 어떻게 인간 세상을 밝혀줄 수 있는지 명쾌하게 설명하는 아버지의 목소리가 흘러나왔다. 내가 일종의 회원제 클럽에 출입하고 있다는 건 분명했다. 언젠가는 나도 그곳의 회원권을 얻을 수 있는 걸까, 내가 최대한 노력하기만 한다면? 나는 언제나 목적의식에서 힘을 얻곤 했다. 내게 가장 두려운 것은 추구할 목적이 하나도 없게 되는 상태였다(지금도 그렇다). 모든 것이 경고도 없이 멈추고 내 인생마저 공허의 절대영도에 얼어붙어버리는 상태 말이다. 오하이오 주립대학교의 귀염둥이라는 나의 자부심 아래에는 내가 언제 걸려들지 모르는 미끼 달린 덫이 잔디로 가려져 있었다.

*

그로부터 반년이 지났다. 아버지는 우리를 데리고 시내 반대편의 외할머니 집(어머니가 자란 곳이기도 했다)을 향해 차를 몰고 있었다. 차에서 뛰어내리고 싶었지만, 그러기엔 차가 너무 빠르게 콜럼버스 시내를 내달리는 중이었다. 정오가 조금 지났을 뿐인데도 이미 그날 하루는 망했다는 걸 확실히 느낄 수 있었다.

고속도로가 생기기 전에는 외할머니 집에 가려면 시내 쪽으로 흐르는 올렌탠지강을 건너 벡슬리의 숲과 가지런히 손질된 잔디밭이 나올 때까지 이스트브로드 스트리트를 따라가야 했다. 도착하기까지 반 시간 동안 샐리와 나는 기대감에 들떠 뒷자리에서 함께 놀곤 했지만, 그날 차 안의 분위기는 처참했다. 아버지는 보이지 않는 옥좌 위의 폭군 같은 눈빛으로 우리를 내려다보며 난폭하게 움직였다. 아버지의 얼굴에 떠올라 있었던 건 미소였을까, 아니면 비웃음이었을까? 어쩌면 양쪽 다였는지도 모른다. 아버지가 평소에 보여주던 인내심과 우아함은 흔적도 없었다. 어머니는 조수석에 불편하게 앉아 있었다.

"개소리지." 아버지가 아무도 쳐다보지 않으면서 딱딱거렸다. "자존심 있는 철학자가 차마 그런 발언을 할 엄두라도 낼 거라고 생각하다니." 아버지는 경멸조로 콧방귀를 뀌었다. "완전 개소리야!" 나는 아버지가 무슨 말을 하는 건지 몰랐지만, 아버지가 옳고 다른 사람들은 전부 틀렸다는 것만은 확실했다. "내가 학계에서 완전히 매장해줄 테다!" 아버지는 으름장을 놓기 시작했다. 대체 누구에게 하는 말일까?

그나저나 왜 소리를 지르는 거지?

우리는 외할머니를 모시고 메인스트리트에 있는 월러드 식당에 가서 먹음직스러운 닭고기 요리로 저녁 식사를 할 예정이었다. 엄마가 어렸을 때부터 영업한 식당으로 우리도 몇 주에 한 번씩 일요일 예배를 마치고 찾아가는 곳이었다. 하지만 그날은 아버지가 오전부터 계속 고집을 부리고 성질을 냈다. 집 안에 왜 먼지가 있는 거야? 오하이오 주립대 풋볼 팀 하는 꼴 좀 봐라. **내가** 코치를 맡아도 저것보다는 낫겠다. 나는 자격이 차고 넘치는 사람인데 왜 아직도 인정받지 못하고 있지? 평소에는 완벽에 가까운 아이들이라고 칭찬받던 샐리와 나도 그날은 준비하는 데 늑장을 피우고 묻는 말에 제꺽제꺽 대답하지 않는다며 꾸지람을 들었다. 그 와중에도 어머니는 차분한 말투를 유지하려 했지만, 아버지는 어머니의 노력을 전혀 눈치채지 못하는 듯했다. 아직 어렸던 나조차도 아버지가 모든 게 잘못되어 자기가 지혜와 위력을 과시할 수 있기를 **기대한다**는 걸 느꼈다.

긴장감이 점점 고조되는 가운데, 나는 아버지가 제발 저 상태에서 벗어나기를 기도했다. 하지만 그러려면 내가 어떡해야 할까? 우리 가족이 무너지지 않으려면 착한 아들이, 어쩌면 완벽한 아들이 되어야 한다는 본능적인 직감이 들었다. 하지만 방법을 알려주는 사람도 없는데 내가 어떻게 착한 아이가 될 수 있지?

마침내 외할머니 집에 도착한 차는 길고 좁은 진입로를 따라가다 뒷문에 멈춰 섰다. 어머니가 달려나가 외할머니를 모셔왔다. 하지만 외할머니가 뒷자리의 샐리와 내 옆에 간신히 끼어 앉자 아버지는 미리 준비하고 있다가 우리가 도착하자마자 나왔어야 할 게 아니냐며 짜증스럽게 외할머니에게 잔소리를 했다. 외할머니 편을 들어주려는 어머니의 말도 무시하고 계속 큰소리를 쳤다. 평소엔 거의 없던 일이었다. 이 얼마나 거만한 사람인가!

도대체 이 사람은 누구지?

차가 천천히 윌러드 식당 옆 주차장으로 접어든 순간 가슴이 철렁했다. 대기 손님들이 가게 뒤쪽까지 길게 늘어서 있었기 때문이다. 줄은 달팽이처럼 느리게 앞으로 나아가고 있었다. 까슬까슬한 스웨터를 껴입어서인지 지난해 겨울 신발가게에 갔을 때 느꼈던 감정이 되살아나는 듯했다. 두꺼운 겨울 코트를 입은 채로 정장 구두를 여러 차례 신어보다가 분통이 터져 판매원의 정강이를 걷어차는 바람에 어머니가 민망해서 어쩔 줄 몰라 했던 것이다. 나는 감정을 꾹 누르는 편이지만, 조바심이 나거나 압박이 심하거나 흥분하면 순식간에 울화통을 터뜨리기도 한다. 지금도 가끔 그럴 때가 있다.

우리가 차에서 내려 기나긴 줄 뒤에 섰을 때쯤엔 온몸에 발진이 돋아날 것 같았다. “아, **진짜**.” 나는 딱히 누구에게라고 할 것도 없이 소리쳤다. 등줄기에 구슬땀이 흘러내렸다. 샐리가 슬며시 한 발짝 뒤로 물러났다. 다음번엔 누가 폭발할 것인지 걱정되는 모양이었다.

“스티븐.” 어머니가 엄하게 말했다. 문제가 생길 때면 어머니는 항상 애칭이 아니라 정식 이름을 불렀다. "참을 줄도 알아야지. 저녁 식사가 얼마나 맛있을지 생각해보렴." 마치 의지력만으로 거센 물줄기를 막아낼 수 있다는 말처럼 들렸다.

"스티브는 왜 가만히 서 있질 못하는 거냐?" 외할머니도 슬슬 폭발하기 직전인 모양이었다. 움직이지 않는 줄 뒤에 몇 분을 더 서 있다가 나는 쿵쿵대며 주차장 쪽으로 걸어가기 시작했다. 어머니는 성이 나서 두 주먹을 꽉 쥐었고, 아버지는 그제야 의기양양하게 눈을 번득이며 성큼성큼 나를 좇아왔다. 내 한쪽 팔을 붙잡고 점잖지만 단호한 태도로 나를 차까지 데려가더니, 오른팔을 휙 들어 다른 식구들에게도 오라는 신호를 보냈다. 모두가 말없이 차에 탔다. 줄 서 있던 사람들은 이 성질 급한 가족의 괴상한 철수 과정을 가만히 지켜보고 있었다.

차 안에 들리는 것이라고는 내가 씩씩 숨을 몰아쉬는 소리뿐이었다. "창문 좀 열어도 돼요?" 나는 점화장치에 열쇠를 꽂는 아버지에게 물어보았지만, 아무도 대꾸하지 않았다. 그날 오후가 엉망이 되었다는 사실에 비딱한 기쁨을 드러내며, 아버지는 속도위반을 저지를 뻔할 만큼 빨리 몇 블록을 달려 외할머니 집으로 돌아왔다. 일단 자기 집 부엌에 들어서자 외할머니도 더는 참지 못하고 소리를 질렀다. "아이고, 맙소사! 거기 있던 사람들이 우리를 어떻게 봤겠니!"

그때 아버지가 얼굴이 시뻘게진 채 끼어들어 내가 한 번도 들어보지 못한 어조로 으르렁거렸다. "저 녀석이랑 샐리가 여기서 자는 날에 장모님이 그렇게 응석을 받아주지만 않으셨어도 이런 일은 없었을 겁니다!" 아버지가 오래전부터 외할머니한테 그렇게 말하고 싶었지만 차마 엄두를 못 낸 것 같다는 묘한 느낌이 들었다. 아버지가 수년 전부터 보수적이고 권위적인 장모 때문에 전전긍긍했지만 꾹 참았다는 사실은 한참 시간이 지나고서야 알게 되었다. 게다가 그 당시 아버지는 양극성장애의 두 극단 중 하나인 조증 삽화에 급속히 빠져들던 참이었다.

조증 상태 초반에 있는 사람은 생기 넘치고 쾌활하며 매우 사교적인데다 원대한 야심을 품기도 한다. 이런 상태를 경조증이라고 한다. 그는 자기가 특별하고 선택받은 존재이며 오직 **자신의** 생각만이 중요하다고 느낀다. 음악은 황홀하고 색채는 눈부시며 모든 감각이 마법에 홀린 것 같다. 매 순간 기이하고 생생한 에너지가 솟구친다. 뭐 하러 잠을 자겠는가? 낮뿐만 아니라 밤에도 전속력으로 돌진할 '활력'이 넘치는데.

하지만 얼마 지나지 않아 경조증이 온전한 조증으로 발전하면 상황을 통제할 수 없게 된다. 그는 엔진을 계속 과열시키며 맹렬하게 목표를 뒤쫓지만, 새로운 모험을 향한 그의 게걸스러운 욕구에 다른 사람들은 왜 동참하지 않는지 좀처럼 이해하지 못한다. 자신의 욕구가 얼마나 기이하고 터무니없는지도. 인생은 끝없는 **지금**의 연속이며, 피치 못할 정체나 연기는 참을 수 없는 일이다. 더구나 조증 상태인 사람은 인정사정없이 급소를 찌르는 경향이 있고 동료의 취약점을 레이더로 탐지하듯 쉽게 인식한다. 조증이 절정에 이르면 활력과 거만함, 과민함에 남들의 꾸물거림이 탐탁지 않아 느끼는 분노까지 뒤섞인 강력한 혼합물이 화르르 불타오른다.

양극성장애가 있는 사람은 흔히 조증과 함께 주기적으로 교차하는 극심한 우울증도 겪는데, 그 주기는 사람마다 각각 다르다. 바로 이 점이 정신건강 문제를 관통하는 핵심적 수수께끼다. 조증 삽화의 절정에 있던 사람이 일주일, 한 달 혹은 일 년 뒤에는 지독하게 심각한 우울증에 빠진다는 점 말이다. 이를 둘러싸고 다양한 이론이 난무하는데, 그중 상당수는 뇌 내 주요 화학물질 분비량이 오르락내리락하는 것과 관련되어 있다. 실제로 양극성장애는 기분장애이면서 동시에 '생체 시계'의 고장이기도 하다.

양극성장애가 감정 조절이 어려울 정도의 분열 상태에 이르면 상황은 매우 심각해진다. 이 경우 자살 위험이 무척 크며, 조광증과 절망적 우울증이 동시에 나타나 소위 **혼합 상태** 혹은 **혼재 삽화**를 일으킬 경우에는 더욱 그렇다. 이런 시기에는 저변에 깔린 우울증이 야기하는 무력감과 절망감에 따라 행동하게 된다. 게다가 조증으로 충동 조절 능력이 떨어져 부정적 감정을 한순간도 견디지 못하게 된다.

양극성장애가 있는데도 정신과 치료를 받지 않는 사람 중 절반이 자살 시도를 하며, 그중 3분의 1은 실제로 사망에 이른다. 양극성장애가 스스로 선택한 생활 방식일 뿐이라거나 조증은 유쾌한 것이라는 말을 귀담아들어선 안 된다. 이런 증상은 종종 자기 파괴로 이어지기 때문이다.

그렇다면 어째서 아버지는 열여섯 살에 첫 번째 광증 삽화로 목숨을 잃을 뻔한 뒤 조현병 진단을 받은 걸까? 아버지의 넘치는 활력, 파시스트로부터 세계를 구하겠다는 거창한 계획, 충동적이고 허세에 찬 사고는 명백히 절정에 이른 조증 삽화의 징후였는데. 하지만 조증과 우울증이 심해지면 종종 환각(환청이나 환시), 망상(고착되고 비이성적인 확신), 심각한 비논리적 사고 등 정신이상 징후가 나타나기도 한다. 이는 보통 저변에 깔린 감정 상태와 연관되어 있다. 아버지가 들은 목소리나 세계를 구해야 한다는 신념은 조증 상태에서 보이던 허세와 궤를 같이한다.

하지만 미국 정신과 의사들은 20세기의 대부분에 걸쳐 정신이상 징후를 조금이라도 보이면 무조건 논리와 이성에 지속적인 혼란을 겪는 사고장애, 즉 조현병이라는 믿음에 집착했으며 조울증(당시에는 양극성장애를 이렇게 불렀다) 진단은 거의 내리지 않았다. 1970년대가 되어서야 더 정확한 유럽식 관점이 자리를 잡아서 정신이상 징후를 보여도 양극성장애 진단을 받게 되었다. 사실 정확히 진단할 경우 양극성장애 환자는(다양한 양상을 전부 고려할 때) 전체 인구의 4퍼센트에 달하는데, 조현병 환자의 거의 세 배에 이르는 숫자다.

아버지 같은 전형적인 양극성장애 환자의 경우, 조증 삽화와 우울증 삽화 사이에 거의 완벽하게 정상적인 상태가 되기도 한다. 온화하고 철학적인 아버지가 갑자기 거만하고 노발대발하는 자아에 사로잡혔다가 예고도 없이 원래대로 돌아오는 모습에 나는 적잖이 충격을 받았다. 하지만 윌러드 식당에서의 사건 이후 내 머릿속에 가장 또렷하게 남은 장면은 어머니의 낭패감 짙은 얼굴이었다. 어머니가 그런 징후를 목격하고도 전혀 막을 수 없었던 상황이 대체 몇 번이나 있었던 걸까?

다시 외할머니 집 부엌으로 돌아가 보자. 아버지가 자신의 분노를 즐기는 동안 어머니는 결국 벌떡 일어나더니 두 주먹으로 얼굴을 가린 채 밖으로 뛰쳐나갔다. 아버지는 사납게 샐리와 나를 끌고 뒷문으로 나와서 차 문을 벌컥 열었다. 아버지가 다시 소리를 질러댈까 봐 나는 입을 꾹 다물고 있었다. 얇은 막 아래 아슬아슬하게 가려져 있던 우리 가족의 트라우마가 이제 이빨을 드러내며 우리를 빤히 마주 보고 있었다. 차를 타고 집으로 돌아오는 동안 다들 말 한마디 없었지만, 내 귓가에는 계속 백색 소음이 따갑게 윙윙거렸다. 집에 도착하자마자 샐리와 나는 각자 침실로 올라갔다. 그날 오후의 기억을 어떻게든 지워야만 했다. 그 뒤로 우리 가족은 두 번 다시 윌러드 식당에 가지 않았다.

일주일도 안 지나서 아버지가 사라졌다. 처음 있는 일은 아니었고 마지막일 리도 없었다. 내가 멍하니 아버지를 기다리는 사이 몇 주가 흘러갔다. 질문은 허용되지 않았고 대답도 듣지 못했다. 숙제와 운동 경기에 전념하면서 심신을 바쁘게 움직일 수밖에 없었다. 이런저런 의문과 감정을 잊게 해주는 것이라면 무엇이든 상관없었다. 부모님이 샐리나 내 앞에서 아버지의 정신질환을 결코 언급해선 안 된다는 의사의 지시에 따르고 있었다는 걸 나로서는 알 길이 없었다. 날마다 집 안을 한 바퀴 돌아보는 것도 지치는 일이었다. 산소통도 없이 히말라야산맥을 기어오르는 등산가가 된 기분이었다. 몇 걸음 나아갈 때마다 서서히 산소가 부족해져서 발을 멈추고 헉헉 공기를 들이마시는 등산가 말이다. 이런 상황이 얼마나 더 계속될까?

나는 원래 기억력이 좋은 편이지만, 아버지가 떠나고 돌아올 즈음엔 머릿속의 컴퓨터가 말 그대로 정지해버렸다. 일종의 진공상태가 내 기억을 빨아들인 것 같았다. 마치 홍수가 난 지하실에서 꾸역꾸역 물을 빨아들여 진입로에 뱉어놓는 자동 펌프처럼. 그 펌프는 내 머릿속에서 기억을 비워내고 있었다.

*

다음 해 봄이었다. 우리 집에서는 토요일 저녁 만찬 파티를 한창 준비하는 중이었다. 부모님이 그런 행사를 주최할 때마다 다른 세계로 가는 입구가 열리는 것 같았다. 우리 가족의 아슬아슬한 긴장감이 씻은 듯 사라져버리는 짧지만 귀중한 시간이었다. "여섯 시에 칵테일이 준비됩니다." 우편으로 발송된 안내장에는 비스듬한 이탤릭체로 이렇게 적혀 있었다.

어머니는 걱정이 이만저만이 아니었다. 아버지가 파티를 마칠 때까지 온전한 상태를 유지할 수 있을까? 다음에 또 집을 떠나게 되면 다시 돌아올 수는 있을까? 하지만 부모님이 아무 문제도 없는 것처럼 행동해야 이웃과 친지 그리고 대학 동료 들도 아버지의 수상한 점에 관해 질문하지 않을 터였다. 겉치레가 중요하던 시대에 자라난 어머니에게 그런 파티를 여는 건 지극히 중요한 일이었다. 평생 우등생이었던 어머니는 1940년대 후반 오하이오 주립대학교 역사학과에서 석사과정을 밟던 때에 아버지를 만났다. 흠잡을 데 없는 아내이자 양육자였던 어머니에게는 우리 가족에 대한 희망이 긍지의 원천이었다. 파티를 준비하면서 어머니는 온 집 안이 친구들과 동료들로 가득 찰 것을 기대했다.

아버지도 한껏 신이 나 있었다. 아버지는 전도유망한 학자이자 고전철학에 통달한 논리실증주의 연구자였다. 훗날 어머니가 내게 말해주었듯이 그 시절 아버지는 오하이오 주립대학교 철학과의 총아였으며 어느 모임에서든 이런저런 거창한 아이디어로 사람들을 즐겁게 해주었다. 몇 시간 뒤면 이 부부의 매력과 박식함이 우아함과 성취의 표상으로 만천하에 드러날 터였다.

식탁 위에 높다랗게 달린 작은 샹들리에가 데빌드 에그*, 아스파라거스 줄기, 물냉이 샌드위치 등 다양한 전채 요리를 환히 비추었다. 만찬의 주요리는 오븐 안에서 데워지는 중이었다. 거실 전등갓 아래로 새어나온 연갈색과 연주황색 빛줄기가 주위를 은은하게 밝혔다. 어머니가 쿠션을 매만지고 재떨이를 여기저기 놓느라 법석을 떠는 동안 라디오에서 아이젠하워 대통령의 연설이 흘러나왔다. 아버지는 턴테이블에 가장 좋아하는 레코드판을 올렸다. 오페라 〈아이다〉의 개선행진곡이 울려 퍼지자 갑자기 이집트에 온 것처럼 느껴졌고, 그 다음에는 E. 파워 빅스가 연주하는 낭랑한 바흐의 오르간 연주곡이 온 집 안을 대성당으로 바꿔놓았다.

아버지가 뒤뜰 가까이 가져다놓은 카드 게임용 탁자 위에서 녹색, 갈색, 호박색 술병들이 반짝였다. 그날 밤 아버지가 바텐더 노릇을 할 장소였다. 반들거리는 칵테일 셰이커 옆의 금속제 얼음 그릇은 어찌나 차가운지 감히 손을 댔다가는 손가락이 서리 낀 은빛 표면에 들러붙고 말 터였다. 독주의 희미한 쓴 냄새

* 삶은 달걀을 세로로 잘라 노른자에 여러 재료를 섞어 흰자 속에 채워 넣은 음식.

가 은밀한 즐거움을 암시하는 듯했다.

파티가 열릴 시간이 가까워지자 샐리와 나는 파자마로 갈아입고 계단 위에 걸터앉아 베이비시터가 오길 기다렸다. 마침내 초인종이 울리고 교수, 의사, 예술가, 동네 이웃 등 손님들이 들어오기 시작했다. 사람들의 흥겨운 목소리가 집 안을 가득 채웠다. 남자들은 트위드 재킷을 걸쳤고 여자들은 보석 장식이 반짝이는 드레스 차림이었다. 선남선녀 부부들이 활짝 웃으며 한쪽에 서서 외투를 벗었다.

“에일린.” 누군가 어머니를 쳐다보며 말했다. “오늘 밤 정말 멋져 보이는데! 게다가 저 진수성찬 좀 봐!”

“버질은 어디 있지?” 어떤 남자가 활짝 웃으며 말했다. “아, 내 예상대로 테이블 뒤에서 칵테일을 따라주고 있군! 이리 와서 인사 좀 하라고, 위대한 철학자 나리!”

세 번째 손님이 사방에 들릴 만큼 큰소리로 외쳤다. “내가 완벽한 파티를 찾아다닌 지 몇 년이 넘었는데 힌쇼네 집이 바로 그곳이었네! 어이, 누가 술 좀 가져다줘!”

손님들은 샐리와 나를 보자 1950년대식 애정 표현을 퍼붓기 시작했다. “그새 엄청나게 자랐구나, 스티브! 샐리, 너도 거의 그만큼 컸네. 너희 어머니를 빼닮아 예쁜 아이가 됐어! 이리 와서 포옹 좀 해주렴.” 또 다른 손님이 끼어들었다. “너도 커서 네 힘센 아버지처럼 운동선수 학자가 될 거냐, 스티브?” 얼굴이 발갛게 상기된 어느 교수의 아내가 호들갑을 떨며 말했다. “어머, 샐리. 벌써 발레를 배우는 거니?”

아버지는 거실에 임시변통으로 설치한 바에서 비딱한 웃음을 띤 채 요청받은 칵테일을 만들고 있었다. 샷 하나하나를 조심스럽게 셰이커에 따라서 섞은 다음 술을 약간 더 넣어 손님에게 내주었다. 그러면서도 계속 절묘한 농담을 늘어놓아서 다들 아버지를 따라 웃음을 터뜨릴 수밖에 없었다.

베이비시터가 도착하자 샐리와 나는 아쉬움에 투덜거렸다. 어머니가 우리를 위층으로 올려 보냈지만 여전히 이런저런 대화 내용이 귓가에 흘러들어왔다. “버트런드 러셀은 요새 어디 있대요, 버질? 프린스턴 대학교에서는 그 사람한테 무슨 얘기를 했어요?” 아버지는 대학원 시절 그 저명한 철학자 밑에서 공부한 적이 있었다.

“어떻게 아이를 둘이나 키우면서 그런 미모를 유지할 수 있나요, 에일린? 하지만 어떻게든 당신을 캠퍼스로 데려와야 할 텐데요. 당신 같은 인재라면 역사학과나 영문학과에서 충분히 자리를 구할 수 있다고요.”

웬 남자의 목소리가 들려왔다. “이번 가을에도 우디 덕에 우리 풋볼 팀이 전국 대회에서 우승하려나? 로즈 볼*까지 가보자고!”

* 매년 미국 대학 풋볼 선수권 대회가 열리는 로스앤젤레스 교외 경기장.

이따금 손님들의 들뜬 웃음소리가 위층까지 왁자지껄하게 울려 퍼졌다. 누군가 한껏 흥에 겨운 목소리로 외쳤다. "바깥세상은 냉전이라지만 이 집 안은 정말 훈훈하네! 우리 멋진 파티 주최자들을 위해 건배하자고!" 쨍그랑 유리잔 부딪히는 소리가 들렸다. 나는 위층에 누운 채 반들거리는 스테인리스스틸 접시들을, 아래층에서 우리 침실까지 희미한 연료 냄새를 피워 올리며 타고 있을 파랗고 노란 램프 불꽃들을 떠올렸다.

추측건대 어머니는 파티 막간에 거실 정면 창가를 지나치다 문득 오싹한 전율을 느꼈으리라. 내가 그 순간에 관해서 들은 것은 이십 년 뒤, 그러니까 대학교 1학년 봄방학에 아버지와 최초의 결정적인 대화를 나눈 지 몇 년 뒤 어머니와의 대화에서였다. 그 창가에서 어머니는 파티가 열리기 몇 달 전의 맑고 쌀쌀한 오후, 정확히 그 지점에 아버지와 함께 서서 이웃집들을 내다보던 순간을 떠올렸던 것이다. 아버지는 머릿속에서 목소리가 들리고 편집증이 도지는 등 통제 불능 상태에 빠져 한동안 콜럼버스 시립병원에 있다가 퇴원한 참이었다. 되돌아보면 윌러드 식당에서 일어난 일은 조증이 무서운 속도로 악화되어간다는 명백한 징후였다.

콜럼버스 시립병원에서 아버지에게 실시한 치료 중에는 양쪽 관자놀이에 전극을 붙이고 뇌에 발작을 유도하는 전기 경련 요법도 있었다. 조울증 삽화를 빨리 끝내기 위해 최초의 항정신병약물이었던 소라진을 대용량 처방하기도 했다. 하지만 집에 돌아온 뒤에도 아버지는 뭔가가 빠진 것 같은 인상을 주었다. 광증 발작이 끝나고 평소의 모습을 되찾았는데도 정신이 다른 데 있는 사람처럼 멍해 보여서 어머니는 혼자 애를 태웠다. 혹시라도 증상이 남은 걸까, 아니면 치료 여파 때문일까? 어머니는 몇 주 동안 주말마다 샐리와 나를 외할머니 집에 보내곤 했다. 아버지가 혼란스러워하는 모습을 우리에게 보이지 않기 위해서였다.

그러던 어느 토요일 아버지가 어머니에게 다가와 힘없는 목소리로 물었다. "여보, 나 좀 도와줄래?" 어머니는 인내심을 가지려고 애쓰며 고개를 끄덕였다. 아버지는 돌아온 뒤로 계속 어머니로서는 견디기 어려운 일들을 부탁하고 있었으니까. "아무래도 내가 우리 이웃들 이름을 잊어버린 것 같아." 아버지가 침울하게 말했다. "그 사람들이 나한테 다가오면 뭐라고 말해야 할지 모르겠어. 당신이 도와줄 수 있지?"

몇 년이나 알고 지낸 이웃 사람들 이름을 잊어버렸다니? 어머니와 결혼했던 그 영리한 학자에게 무슨 일이 일어난 걸까? 조울증 삽화가 거듭될수록 어머니는 자신이 예상치 못했던 멘토이자 안내인, 보호자 노릇까지 해야 한다는 사실을 점점 더 명확히 깨닫고 있었다. 어머니는 곧바로 침착한 태도를 되찾고 거리 맞은편에 있는 집을 가리켰다. "콜드웰 부부는 기억하겠지? 저 하얀 집에 사는 피트랑 앤지 말이야." 아버지는 멍한 얼굴로 어머니의 눈이 향하는 곳을 돌아보았다. "우리랑 배드민턴을 치는 사람들이잖아, 기억나? 피트는 어느 파티에서나 농담과 이야기를 늘어놓는 분위기 메이커고. 기억하지?"

그 집을 빤히 바라보던 아버지의 얼굴에 언뜻 알겠다는 표정이 스쳤다. "그렇지." 아버지는 가만히 입을 열었다. "그래, 이제 기억나. 저 사람들 이름이 뭐라고?" 어머니는 어린아이에게 일러주듯 다시 한번 말해주었다. "그리고 우리 옆집은? 거기 사는 남자가 나를 아주 잘 아는 것처럼 보이던데." 아버지가 물었다.

"여보, 설마 바커 부부를 잊어버린 건 아니지?" 부모님의 시선이 진입로 건너편의 베이지색 집에 멈추었다. "당신이 캠퍼스에서 돌아올 때마다 항상 인사를 건네는 빌을 잊은 거야? 당신보다 살짝 작고 상고머리에 나비넥타이를 매는 남자 말이야." 어머니가 말을 이었다. "옆으로 세 번째 집은 기억해? 드레이크네 가족이야." 부모님은 목을 길게 빼고 그 집을 바라보았다. "그 집 아들인 팀은 스티브 또래야. 걔 누나 메리는 중학교에 들어간 지 한참 됐고."

"그 집 애들 이름 좀 다시 알려줄래?" 어머니는 깊이 숨을 들이쉬고 이름을 한 번 더 또박또박 말해주었다.

짧은 회상이 끝나고 어머니의 정신은 다시 만찬 파티로 돌아왔다. 거실 저쪽을 바라보니 남편이 술을 한 잔 따라 들고서 여기저기 흩어져 앉은 손님들 가운데 의자를 가져다놓고 앉는 참이었다. 마치 새로 태어난 사람처럼 좋아 보였다. 어머니와 결혼했던 유쾌하고 탁월한 철학자의 모습 그대로였다. 아버지는 자기 내면의 수수께끼나 무시무시한 부재 기간에 관해 아무런 이야기도 하지 않았다. 아버지가 멍한 상태에서 회복되는 데에는 몇 주가 걸렸지만, 일단 소라진 복용량이 줄어들면 결국에는 기억이 전부 돌아오긴 했다. 어머니와 아버지는 서로 마주 보며 파티의 성공을 확인하듯 고개를 끄덕였다. 하지만 언제쯤 다시 광증 초기의 무서운 징후가 나타날지는 아무도 몰랐다. 어머니는 이미 인생의 중대한 결정을 내린 터였다. 살아남기 위해서는 그날 밤처럼 즐거운 시간에 매달려야 했다. 과거에 연연하거나 아버지의 다음번 통제 불능 상태가 언제쯤일지만 생각해서는 (아버지의 연이은 광증 발작 때문에 두 분의 사이는 이미 상당히 소원해진 터였다) 도저히 계속 살아갈 수 없을 것이기에.

어머니는 만찬 파티 주최자 역할로 돌아왔다. 손님들에게 일일이 인사를 건네고 그들과 대화를 나눴다. 커피를 마시고 나자 슬슬 베이비시터와 약속한 시간이 다 되었다고 중얼거리며 자리에서 일어나는 부부들이 생겼다. 섈리와 나는 이미 몇 시간 전에 깊이 잠들어 있었다. 우리의 침실 창문으로 희미한 별빛이 새어 들어왔다. 어쩌면 우리도 꿈속에서나마 파티를 즐기고 있었을지도 모른다.

거나하게 취한 사람들이 차례차례 자리에서 일어나 소지품을 챙기자 대화가 조금씩 끊겼다. 어머니는 주최자답게 활기찬 미소를 띠고 손님들을 현관 밖까지 배웅했다. 점점 더 많은 사람이 떠나갔다.

기다려요, 떠나지 말아요! 어머니는 절박한 심정으로 생각에 잠겼다. 이 파티가 잠시만 더 계속될 수 있다면.

마법이 영원히 지속될 수만 있다면.

2
침묵의 역할극

나는 아버지의 존재 여부에 따라 뒤바뀌는 두 세계에서 살았던 걸까?

아버지는 두 명의 다른 인격이었던 걸까?

그럼 나는?

아버지 같은 유형의 양극성장애, 그러니까 십 대 후반에 처음으로 조증 삽화가 나타나고 급속도로 악화되어 중증 발작과 불가해한 행동을 보이다가 기적적으로 회복되어 삽화 막간에 완벽하게 정상 상태가 되는 것은 주목할 만한 사례다. 이런 유형을 '케이드병'이라고 하는데, 1940년대 후반 양극성장애에 최초로 리튬 치료를 시도했고 이처럼 전형적인 발병 주기를 연구에 반영한 오스트레일리아 정신과 의사의 이름에서 따온 명칭이다. 양극성장애 환자가 모두 이처럼 뚜렷한 조증과 우울증 주기를 보이는 것은 아니다. 사실 환자 대다수는 조증 삽화와 우울증 삽화 사이에도 지속적으로 증상을 보인다. 하지만 아버지의 경우 장년이 되기 전까지는 계속 이렇게 극단적이고 전형적인 주기가 이어졌다. 아버지가 평소와 전혀 다른 별개의 인격을 드러낼 때마다 내 세계도 거꾸로 뒤집혔다. 아버지가 사라질 때마다 시간이 멈추는 듯했고, 아버지가 어디 계시는지 감히 궁금해할 수도 없었다. 하지만 그렇게 몇 주 혹은 몇 달씩 시간이 멈춘 뒤에 돌아온 아버지는 예전처럼 이성적이고 온화하고 상냥했으며, 내가 혼란하거나 속상할 때마다 의지할 수 있는 사람이었다.

어머니는 의지력만으로 온 가족을 지켜낸 강인한 분이었지만, 그런 만큼 내가 슬퍼하거나 화내는 모습도 보기 싫어하셨다. 그런 모습을 보면 파괴적으로 감정을 표출하는 집안의 또 다른 남자가 생각났기 때문이 아닐까. 나는 감정을 안으로 삭이는 법을 터득해야 했다.

그러는 내내 아무도 우리 집에 문제가 생겼다는 말을 입 밖으로 꺼내지 못했다. 우리 모두는 심각한 역할극에 가담하고 있었다. 불편한 의상을 차려입고 리허설도 없이 당혹스러운 장면들을 연기했다. 시간이 지나면서 우리는 결국 연기하지 않는 척하는 연기를 하고 완벽한 상상의 역할극을 상연하기에 이르렀다. 모든 공연이 실황이었다. 우리는 공연의 성공에 목숨이라도 달린 것처럼 온 힘을 다해 맡은 역할을 연기했다. 어째서 우리 가족의 삶에서 가장 중요한 것이 계속 그렇게 수수께끼로 남아야 했던 걸까? 침묵 뒤에 숨겨진 것이 무엇이든 간에 매우 끔찍하리라는 사실만은 분명했다. 그 정체가 만천하에 드러난다면 우리 가족은 무너질지도 몰랐다.

지난 수십 년 동안 나는 평생의 화두인 아동과 청소년의 정신건강을 연구하고 가르치는 한편(오래전부터 아버지를 보며 깨달은 점들 때문이었다) **낙인**이라는 개념에 주목해왔다. 이는 보통 사회집단에서 부적합하거나 불결하거나 천하다고 여겨지는 구성원들이 견뎌야 하는 수치와 수모를 가리킨다. 그리스어 어원을 보면 낙인이란 문자 그대로 표시 혹은 인장을 의미한다. 고대 아테네의 공공 장터인 아고라에 나온 시민은 전쟁 중 스파르타의 편에 섰던 자나 해방 노예를 구분하고 싶어 했을 것이다. 그런 이들의 살갗에는 그들의 정체를 공공연히 알리는 낙인이 찍혔다. 말 그대로 온전한 시민권을 누릴 자격이 없는 추방자임을 드러내는 물리적 인장이자 뚜렷한 불명예의 표시였다.

현대에도 가끔 이런 물리적 낙인이 사용될 때가 있다. 나치 독일의 강제수용소에 갇힌 사람들은 수감번호가 몸에 낙인으로 찍혔다. HIV가 나타난 초창기에는 이 바이러스를 지닌 사람들의 몸에 낙인을 찍는 국가도 있었다. 오늘날의 낙인은 대체로 정신적인 것이며, 부적격 집단의 일원이라는 덜 노골적이되 여전히 고통스러운 표지標識라고 할 수 있다. 낙인은 그것이 찍힌 개인과 주류 사회 구성원 사이의 상호작용을 오염시키고, 국외자는 무가치하며 경멸받을 만하다는 명백한 메시지를 내포한다.

인류의 모든 역사와 문화는 신체 기형이나 장애, (지금은 한센병으로 알려진) 나병 등의 질환, 인종이나 종교에서의 소수자성,

이성애를 제외한 모든 종류의 성적 지향, 입양이나 정신장애 등 다양한 속성에 낙인을 찍었다. 그중에서도 인종, 신체장애, 각종 만성질환은 명약관화하게 드러나는 속성이다. 나병 환자를 비하하는 호칭이었던 소위 '문둥이'는 보기 흉하게 변색하여 떨어져 나오는 피부 병변으로 알 수 있었다. 하지만 성적 지향이나 입양, 정신장애 병력 등은 대체로 은폐할 수 있다. 이처럼 숨겨진 낙인일수록 골치 아픈 것이었는데, 이를 지닌 개인은 줄곧 그런 특성이 '노출'될까 봐 전전긍긍하며 모든 사회적 접촉에서 몇 겹의 갈등과 불안을 겪었기 때문이다.

우리 아버지 같은 사람들이 마주해야 했고 지금도 종종 마주하는 의혹들과 결심들을 생각해보라. **누군가 눈치채지 않을까? 내가 미치광이라는 비밀이 드러난다면 나는 쫓겨나고 말겠지. 모든 걸 꼭꼭 숨기는 수밖에 없어.** 낙인은 수치심을 낳고 수치심은 침묵을 낳는다.

인류 문화가 발전하면서 과거에는 낙인이 찍혔던 이런저런 속성들이 한층 유연하게 받아들여지고 있다. 왼손잡이는 예전엔 부끄러운 일이었지만 이제는 거의 문제가 되지 않는다. 동성 결혼을 바라보는 사회적 시선도 지난 이십 년 동안 특히 청년층 사이에서 놀랍도록 빠르게 바뀌었다. 이처럼 뚜렷하게 긍정적인 추세를 보면 사회가 수용적으로 변했다는 희망을 품게 된다. 그러나 정신질환과 지적장애(과거에는 정신지체라고 했던)는 시대를 막론하고 거의 모든 문화권에서 뚜렷한 낙인이 찍히는 속성이다.

사회적 수용도를 알아보는 설문조사에서도 드러나지만, 현대사회에서 가장 받아들여지기 어려운 세 가지 속성이 바로 노숙, 마약중독 그리고 정신질환이다. 대중은 이런 속성을 가진 개인과 직접 접촉하길 꺼리며 이들에 대해 강력한 **사회적 거리감**을 드러낸다. 게다가 이런 설문지에 응답할 때 대체로 사람들은 편협하게 보이지 않으려고 자신의 부정적 감정을 절제하는 경우가 많다. 즉 응답자 내면의 실제 수용도는 훨씬 낮을 수 있다는 말이다.

내가 소년 시절을 보낸 침묵의 1950년대에 정신질환에는 최악의 낙인이 찍혔다. 대중의 마음속에서 정신질환은 완벽한 무능과 연관되었으며 폭력의 주된 요인이기도 했다. 50만 명 이상의 미국인이 자의와 상관없이 혼잡하고 비인도적인 공공 정신병원에 갇혔다. 그중에는 거의 아비규환 상태인 곳도 많았다. '정신질환'이라는 말 한마디로 사회에서 완전히 추방될 수도 있었다. 우리 가족은 십자포화에 둘러싸여 있는 것이나 마찬가지였다.

아직 어렸던 나는 **낙인**이란 말을 들어본 적도 없었다. 이 말이 유명해진 것은 1963년에 해당 주제를 다룬 어빙 고프먼의 (이제는 고전이 된) 논문이 출간되고 나서였으니까. 내가 아는 건 단지 우리 가족의 온화한 겉모습 아래 상상할 수 없으며 결코 언급해서도 안 될 무언가가 도사리고 있다는 것뿐이었다. 드물게 마음속 감정을 억누르지 않고 드러내는 순간엔 이러다 내가 깊디깊은 구덩이로 떨어져 다시는 기어올라오지 못할지도 모른다는 생각에 아찔해졌다. 진부한 문구지만, 수치와 침묵은 우리의 귀를 멀게 한다. 우리 가족은 한 번도 연기상 같은 건 받은 적이 없었지만 내가 보기에는 최소한 전 부문 후보에 올라야 했다.

*

아버지는 집에 있을 때면 이따금 나를 불러서 캘리포니아에 있는 친가 친척들 이야기를 들려주었다. 처음에는 부드러운 카펫과 꽃무늬 커튼으로 꾸며진 와이언도트 로드의 우리 집 거실로 나를 불러냈지만, 내가 초등학교를 졸업하고 중학생이 될 무렵엔 새로 지은 집의 아버지 서재에서 이야기하곤 했다. 아버지는 매번 내게 자기 가족 얘기를 듣고 싶은지 물어보았고 나는 아버지가 언제 또 사라질지 모른다는 생각에 매번 고개를 끄덕였다. 아버지는 엄선한 사진들을 탁자에 가지런히 올려놓으며 세심하게 준비한 이야기를 시작했다. 고요한 서재 안에 아버지의 열렬한 목소리가 울려 퍼졌다.

"자, 보렴." 아버지가 말했다. 삼촌들을 비롯해 서부에 사는 친가 친척들은 오하이오주 콜럼버스에 사는 나에겐 태국이나 브라질 사람들만큼 아득하고 신기하게 느껴졌다. 서던캘리포니아는 일 년 내내 오렌지 열매가 열리고 태평양이 내다보이는 광대한 해안이 펼쳐진 신비로운 장소일 터였다. 말하다 보면 아버지의 시선은 어느새 저 먼 곳을 향하고 있었고, 나는 물어보고 싶은 것이 있어도 꾹 참고 가만히 앉아서 아버지의 한마디 한마디에 귀를 기울였다.

힌쇼 할아버지가 처음 가정을 꾸린 곳은 시카고 근방인 일리노이주 라그레인지였다. 할아버지는 1912년에서 1924년까지 금주당 의장을 지냈다. 1920년 미국수정헌법 제18조 비준으로 금주법이 시행된 것도 할아버지가 의장이던 시기였다. 나도 언젠가는 그렇게 역사에 남을 일을 하고 싶었지만 그런 일은 먼 훗날에야 가능할 듯싶었다. 좀 더 나이가 들면서 금주운동 지도자의 아들이 어쩌다 만찬 파티에서 칵테일 섞는 걸 즐기게 되었는지 의아하긴 했지만, 그런 궁금증은 내 마음속에만 간직하기로 했다.

할아버지가 금주법에 관심을 가진 것은 퀘이커교도 집안에서 자라며 알코올이 강력범죄와 아동학대를 비롯한 모든 사회문제의 근본이라고 확신했기 때문이다. 그는 열두 살에 기독교여성금주동맹의 아동 지부였던 소년 금주단에 가입했다. 아버지는 오래전부터 간직해온 소식지를 보여주었는데, 아버지가 법학 학위를 받기 전이던 이십 대 무렵에 할아버지가 이미 대학 203곳을 순회하며 알코올의 해악에 관해 연설했다는 기사가 실려 있었다. 나는 감동했지만 동시에 경악하지 않을 수 없었다. 대체 어디서 그런 원기와 헌신이 나왔던 걸까? 아버지의 가족은 **어떤** 사람들이었을까?

소년 넷을 찍은 사진들도 있었다. 첫째는 1912년에 태어났고 보통 버드라고 불리던 해럴드였다. 그는 강인하고 운동신경이 뛰어났지만 십 대 시절부터 말썽을 부렸다. 격렬한 반항 행위로써 음주를 시작한 것이다. 그는 어른이 되어서도 잠시 골프 캐디로 일한 것 외에는 줄곧 일용직을 전전했다. 당시에 나는 아직 '아이러니'라는 말의 의미를 몰랐지만, 금주운동가 집안에서 알코올중독자가 나왔다는 게 얼마나 수치스러운 일인지는 이해할 수 있었다.

둘째인 랜들은 1915년에 태어났다. 형제들보다 체구가 가냘팠던 그는 십 대 초반 류머티즘열에 걸려 일 년간 침대에 누워 있어야 했다. 학업 손실을 벌충하기 위해 랜들은 브리태니커 백과사전 전권을 처음부터 끝까지 읽기로 결심했다. 힌쇼 집안에서는 그 무엇도 학문적 성취를 방해할 수 없었다.

1918년 초에 셋째 로버트가 태어났다. 아버지는 밥 삼촌과 무척 가까웠다고 말했다. 삼촌은 성장한 뒤 나 같은 심리학자이자 정신과 의사가 되었다. 한참 뒤에 삼촌이 말해주기를, 1936년 아버지가 현관 지붕에서 추락했던 치명적 사건을 목격한 바로 그 순간에 정신건강 전문가가 되기로 결심하여 석사와 박사 학위를 받게 되었다고 했다.

그리고 밥이 태어난 지 일 년 반이 지난 1919년 11월에 넷째이자 막내인 주니어가 태어났다.

아버지는 이따금 다른 친척들 이야기도 들려줬다. 그중 하나는 서부 최초의 여성 내과 의사가 된 아버지의 육촌이었다. 내 종조부 코윈 힌쇼는 1940년대에 최초로 항생제를 이용해 폐결핵 치료를 시도했던 의학 연구팀의 일원이었다. 듣기로는 그가 아슬아슬하게 노벨의학상을 놓쳤다고 했다. 이런 이야기들이 전하는 메시지는 분명했다. 힌쇼 집안에는 원대한 목표와 탁월한 성취의 전통이 있다는 것이었다.

하지만 나이가 든 뒤 심각한 문제가 있었던 다른 친척들 이야기도 듣게 되었다. 음주 문제가 있었던 버드 삼촌 말고 이십 대 후반에 죽은 아버지의 사촌도 있었다. 식습관에 문제가 있어 점점 체중이 불다가 결국엔 자살한 걸로 추정된다고 했다. 이런 이야기를 할 때 점점 낮아지는 아버지의 목소리만 들어도 입에 담기 쉬운 화제가 아니란 걸 알 수 있었다. '수용소'(옛날에는 정신병원을 그렇게 불렀다) 신세를 져야 했던 친척들도 있었다. 점점 더 많은 이야기를 들을수록 두 유형 간의 괴리가 뚜렷해지는 듯했다. 친가 친척들은 탁월하거나 아니면 망가졌거나 둘 중 하나였다. 그렇다 보니 나도 열심히 노력해서 둘 중 좋은 쪽에 들어가야겠다고 다짐하지 않을 수 없었다.

아버지는 할머니 이야기도 들려주었다. 라틴아메리카에서 선교사로 일하다가 금주운동에 뛰어든 분이었다고 했다. 아버지는 할머니의 둥글고 상냥한 얼굴을 가까이에서 찍은 사진을 조심스럽게 꺼내 보여주었지만, 곧이어 가만히 눈길을 떨구었다. "나는 인생 초반에 이미 비극을 겪었단다." 내가 초등학교 고학년이 되었을 때 아버지가 꺼낸 말이었다. 비극이라는 말이 무슨 뜻인지 몰랐던 내게 아버지는 씁쓸하게 설명해주었다. "너희 어머니가 돌아가신다고 생각해보렴. 바로 그런 일을 끔찍한 비극이라고 하는 거지." 1923년 초에 병으로 수술을 받은 뒤 합병증에 걸린 할머니는 아버지의 세 살 생일 직후 시카고의 병원에서 사망했다.

아버지 인생 최초의 기억은 집 안 거실에 서 있었던 일이다. 거실 한가운데 커다란 상자가 있었다. 아버지는 아직 '관'이라는 단어를 몰랐지만, 할아버지는 아들을 높이 들어 올려 상자 안을 보여주며 근엄하게 말했다. "네 어머니다. 네가 살아 있는 동안은 두 번 다시 못 만날 게야."

아버지의 서류철 안에서 나는 〈술 없는 세계〉라는 제목의 국제 금주운동 소식지를 발견했다. 1923년 봄 호에는 얼마 전 사망한 에바 필즈 힌쇼에 관한 장문의 기사가 실려 있었다. 힌쇼

부인의 젊은 시절 해외 선교활동을 소개하고 금주운동에 헌신한 삶을 찬양하는 내용이었다. 세 살에서 열한 살에 이르는 힌쇼 부인의 네 아들이 보도에 선 영구마차 안팎에 앉거니 서거니 한 모습을 담아낸 인상적인 사진도 있었다. 사진 아래에 '엄마를 잃은 힌쇼 집안 아이들'이라는 설명이 달려 있었다. 마차 오른쪽에 서 있는 아이는 버드였고 랜들, 밥, 주니어는 안에 앉아 있었다.

오늘날 다시 이 사진을 보니 아버지의 세 형들은 카메라를 보며 살짝이나마 웃고 있었다. 하지만 가운 비슷한 중성적인 옷차림으로 마차 안에 앉은 세 살짜리 주니어는 애착이론 연구가들이라면 **얼어붙었다**고 묘사할 법한 표정을 짓고 있었다. 슬프거나 기쁘거나 충격받은 것이 아니라, 피하고 싶은 공포의 대상이 저 멀리 나타난 것을 목격하고 얼굴 근육이 마비된 것 같은 모습 말이다.

지금까지 축적된 연구 결과에 따르면 세 살에서 다섯 살 사이에 부모를 잃은 아이는 이후 기분장애를 겪을 위험성이 유난히 높다고 한다. 이 무렵의 아이는 무척 민감하지만 언어나 기억, 타인과의 애착관계가 제대로 발달하지 않은 상태이기에 자신이 겪은 슬픔을 이해하고 해소하기 어렵다. 하지만 아이의 인생을 결정짓는 더욱 중요한 변수는 집 안팎에서 맺게 되는 다른 인간관계의 충실도다. 다시 말해 어린 나이에 상실을 겪는다고 해서 반드시 평생 정서 조절 곤란에 시달리진 않는다는 것이다. 하지만 아버지가 다른 인간관계에서 받은 영향에 관해 내가 알게 된 건 먼 훗날의 일이었다.

아버지는 할아버지가 쓴 편지 여러 통을 커다란 종이 상자에 간직하고 있었다. 할아버지는 1923년 봄 친척에게 보낸 편지에 주니어가 취침 시간마다 걷잡을 수 없이 엄마를 불러댄다고 적었다. 형들이 동생을 달래려고 애쓰긴 하지만 아무것도, 그 누구도 주니어를 진정시킬 수 없다고.

그 뒤로 얼마 지나지 않아 아버지 가족은 서던캘리포니아로 이사를 했다. 이 이야기를 꺼내기 전에 아버지는 마치 소규모 토론회라도 시작하려는 사람처럼 조심스럽게 헛기침을 했다. 아내를 잃고 새 출발이 절실했던 버질 시니어는 네 아들을 데리고 서부로 떠나온 지 이 년 만에 재혼했다. 상대는 죽은 아내와 똑같이 라틴아메리카에서 선교사로 일한 여성이었다.

서던캘리포니아의 새로운 집 이야기로 넘어가자 아버지의 얼굴에 미소가 떠올랐다. 아버지는 존 듀이의 진보적 이상을 따르는 사립학교로 전학했다. 학교 뒤의 샌개브리얼산 정상에는 마운틴윌슨 천문대가 있었다. 아버지는 그곳이 빅뱅 이론의 첫 번째 증거물이 관측된 장소였다고 말했다. 천문학자 에드윈 허블은 거대 망원경으로 멀리 있는 별들의 적색편이를 확인하고 그 즉시 우주가 팽창한다는 사실을 깨달았다. 기차가 역을 지나칠 때 기적 소리가 점점 낮아지는 현상, 즉 소리의 파장이 점점 길어지는 현상을 통해 기차가 멀어져 감을 확인할 수 있다는 게 아버지의 설명이었다. 적색 광선도 낮은 소리와 마찬가지로 파장이 길며, 따라서 별들은 우주가 팽창함에 따라 서로 멀어지는 게 분명하다는 것이다. 결론은 명백했다. 수백억 년 전 우주가 탄생한 순간에는 만물이 한 덩어리였지만 곧 산산이 흩어지게 되었으며 앞으로도 영원히 그럴 것이라고.

나는 이 모든 지식이 패서디나 바로 뒤에서 발견되었다는 데 놀랐다. 지식을 어디서 찾아야 할지 알고 마음의 준비만 되어 있다면 신비로운 패턴들을 발견할 수 있다니.

할아버지는 1924년 금주당 의장을 사임하고 국제교화연합의 대표가 되었다. 금주운동을 전 세계로 확장하고 할아버지의 활동 반경을 해외까지 넓히는 행보였다. 또 아버지의 배다른 동생 하비와 폴이 태어나면서 아들 둘이 가족에 추가됐다. 할아버지가 금주운동으로 집을 자주 비웠기에 아버지는 동생들 돌보는 일을 거들게 되었고 나중에 동생들이 숙제하는 것도 도와주었다.

1929년에 주식시장이 붕괴하자 아버지를 비롯한 손위 형제들은 가족 부양에 나섰다. 버질 시니어는 기존의 법적 성취와 부동산 대부분을 잃었지만 교화 분야에서의 국제적 명성은 유지할 수 있었다. 아버지는 인생 최초의 일자리를 구했다. 패서디나의 정원사 조수로 시간당 17.5센트를 받는 일이었다. 나중에는 가정과 사무실에 냉장고용 얼음덩어리를 배달하는 일도 했다. 어느 날 저녁에는 할아버지가 아버지와 형들을 불러 모으더니 혹시 저녁거리를 살 돈이 없느냐고 묻기도 했다. 아버지 주머니에서만 10센트 동전이 하나 나왔고, 그것으로 사과를 사서 온 식구가 저녁을 때울 수 있었다. 아버지의 이야기를 듣다 보니 문득 나는 한 번도 굶주려본 기억이 없다는 사실이 떠올라서, 나도 언젠가는 지금처럼 안일하게 사는 걸 그만두고 중요한 일을 하겠다고 마음속으로 다짐했다.

아버지는 중2 때 운동부 주장을 맡았다. 다재다능한 운동선수로 이후 메이저리그 최초의 흑인 선수가 된 재키 로빈슨이 아버지의 운동부 후배였다. "그 녀석이 스포츠에 관해 아는 건 전부 나한테서 배웠다고." 아버지는 짓궂은 미소를 띠며 이렇게 말하곤 했다. 십 대가 되면서 근육이 붙은 아버지는 풋볼과 투포환을 시작했다. 먼 훗날 아버지의 배다른 동생인 하비와 폴 삼촌은 아버지가 집에서 투포환을 연습하며 끙끙거리던 소리를 잊을 수 없다고 회고했다. 날아간 투포환이 자갈 깔린 진입로에 쿵 하고 떨어지던 소리도. 아버지는 심지어 지역 토론 대회 우승자이기도 했다. '운동선수 학자'의 이상적 모델이 바로 내 눈앞에 있는 셈이었다.

아버지는 대공황 절정기에 할아버지가 친척에게 보낸 편지를 내게 보여줬다. 그중 한 문장이 눈에 띄었다. "나는 그동안 날마다 천 살까지 살고 싶다고 생각하곤 했습니다." 이런 활력과 열정은 대체 어디서 나온 걸까? 내가 생각하기에 할아버지에게도 일종의 만성 조증이 있었던 게 아닐까 싶다. 할아버지가 우울증 경험을 겉으로 드러내지 않았을지도 모르지만 말이다.

아버지의 과거 이야기를 듣다 보면 성취와 수수께끼라는 두 가지 개념이 머릿속에 떠올랐다. 힌쇼 가족에 관해 알아보는 것이 위험한 일이라는 사실만은 분명했다. 하지만 어째서 어떤 친척들은 크게 성공했지만 다른 친척들은 파멸한 걸까? 무시무시하고 밝혀지지 않았으며 나의 이해를 벗어난 무언가가 존재했다. 때로는 그 미지의 무게 때문에 나는 망연자실했다.

*

아버지의 실종은, 오래전에 불길이 꺼졌지만 여전히 이글거리는 잿더미처럼 연기를 뿜고 있었다. 내가 뭔가 잘못했거나 제대로 해내지 못해서 아버지가 떠난 게 아닐까 생각할 때도 있었다. 나의 질서정연한 생활 이면에는 엄청난 두려움이 도사리고 있었다.

초등학교는 나의 치료약이자 연고였다. 매시간의 체계적인 수업, 내가 거의 종교처럼 헌신을 쏟았던 숙제들, 학교 가는 날의 규칙적인 시간표. 나의 집중과 노력은 그칠 줄 모르는 잡생각을 막아보려는 헛된 시도의 일부였다. 학창 시절 시험 답안지에 만점 가까운 성적이 매겨져 돌아올 때마다 나는 뛸 듯이 기뻤다. 하지만 그 기쁨은 마약 정맥주사처럼 압도적인 동시에 덧없는 것이었고, 솟구치던 희열도 또다시 아버지가 사라졌다는 걸 확인하는 날이면 곧바로 스러져버렸다.

나이가 들면서 풋볼, 농구, 야구, 육상에서 승리를 거두는 순간도 있었지만, 패배할 때면 쓰라리다 못해 해독 불가능한 원한이 핏속에 솟구치는 듯했다. 나 혼자 대체 어떻게 우리 가족의 수수께끼를 풀란 말인가?

미미하게나마 단서가 나타날 때도 있었다. 가끔 부모님이 대화하고 있는 방에 들어가면 그런 느낌이 왔다. 두 분이 주고받는 비밀스러운 시선, 무언가를 억누르는 듯한 은밀한 신호, 내 시선이 닿지 않는 저 위쪽 어른들의 세상에서 오가는 메시지. 나는 계속 궁금해할 수밖에 없었다. 내가 알아서는 안 될 그것의 정체가 대체 무엇일까?

어느 흐린 오후, 나는 아버지의 서재에 있는 책들을 둘러보다가 별생각 없이 혹시 아버지도 책을 쓰는 중인지 물어보았다. 아버지는 잠시 말이 없다가 “그래, 내 생각을 정리하는 중이란다”라고 대답하더니 나직하게 덧붙였다. “하지만 시간이 오래 걸리는구나.” 몇 년 뒤 아버지는 내게 이렇게 털어놓았다. 논문 한 편씩은 쓸 수 있었지만 당신의 사상과 견해를 한 권의 책으로 정리하는 건 도저히 불가능했다고. 그런 말을 하는 아버지 얼굴에는 좌절감이 가득했다. 나도 어른이 된 뒤에는 아버지의 학문적 전성기가 잇단 조울증 삽화와 입원으로 소진되어버렸음을 이해할 수 있었다. 하지만 내가 그 질문을 했던 순간에 처음으로 목격한 것은 아버지의 취약함, 그분의 내면에 뚫린 구멍이었다.

나는 아버지의 서재에 앉아서 생각은 어디서 오는 거냐고 물었다. 아버지는 그것참 흥미로운 질문이라며, 철학자들은 사람이 처음부터 내면에 생각을 품고 태어나는가 아니면 바깥세상을 관찰하면서 생각을 하게 되는가를 놓고 계속 논쟁했다고 설명했다. 나는 생득설이냐 경험론이냐 하는 토론을 할 준비가 되어 있지 않았지만, 아버지는 항상 그런 문제를 숙고했던 듯 계속 말을 이었다. 진정으로 새로운 생각이란 지극히 드물고, 심지어 자신이 새로운 생각을 해냈다고 철석같이 믿을 때도 알고 보면 다른 누군가가 (어쩌면 수백 년 전에) 이미 그런 생각을 했던 게 보통이라고.

바로 그 순간 나는 느낄 수 있었다. 아버지는 자신이 새로운 생각을 하지 못할까 봐 두려워하시는구나. 놀랍게도 자신의 인생을 안타까워하시는 거야. 무언가가 아버지를 가로막고 아버지의 삶에 검은 그림자를 드리우고 있었다. 하지만 대체 그게 무엇일까? 내가 볼 수 없는 어딘가에 아버지의 또 다른 측면이 존재하고 있었다.

*

내가 임상심리학 석사과정을 막 시작했을 무렵 어머니에게 들은 이야기가 있다. 샐리와 내가 아직 한참 어렸을 때 학술회의에 다녀오는 아버지를 마중하러 옛 포트콜럼버스 공항으로 차를 몰고 갔다는 이야기였다. 며칠간 떠나 있었던 남편과 오붓하게 하룻밤을 보내려고 도중에 외할머니 집에 들러 우리 둘을 맡겼다고 했다.

그 무렵엔 아무나 게이트로 나가서 도착한 탑승객을 만나 볼 수 있었다. 기대감에 들떠 있던 어머니는 일찌감치 나가 있다가 비행기 출입구에서 뻗어 나온 작은 계단을 내려오는 아버지를 지켜보았다. 아버지가 아스팔트 도로를 건너 공항 터미널 문을 여는 순간의 눈빛을 본 어머니는, 자기도 모르게 무릎에 힘이 빠지며 그 자리에 쓰러질 뻔했다.

의심할 여지가 없었다. 아버지의 번뜩이는 눈빛은 조증 삽화를 일으키기 직전이라는 명백한 징후였다. 오직 어머니만이 알아볼 수 있는 쾌활하지만 무시무시한 특유의 눈빛. 어머니는 쓰러지지 않고 똑바로 서 있으려 애썼다. 앞으로 어떤 증상이 나타날지는 그때까지의 경험을 통해 너무나 잘 알고 있었다. 열의, 넘치는 활력, 의심, 들끓는 성욕, 발작적 분노. 그리고 일단 사태가 시작된 이상 무슨 수를 쓰든 막을 방법이 없다는 것도.

어머니에 따르면 가장 끔찍한 건 자신이 그런 상황 앞에서 아무것도 할 수 없다는 무력감이었다. 두려움은 철저히 어머니 혼자만의 몫이었다. 남편이 또다시 병원 신세를 지게 될까? 철학과 학과장이나 담당 의사에게 이제 남편의 행동을 감당할 수 없다고 몇 번이나 더 애원해야 하지? 혹시 경찰에 전화를 걸어야 하는 건 아닐까?

어머니는 좀처럼 분노를 표현하지 않는 성격이었지만 이 이야기를 할 때는 눈살을 찌푸렸다. 어머니는 아버지의 기분 변화가 뇌 내 화학물질의 급격한 변동 때문일 거라고 직감적으로 의심했지만, 아버지의 담당 의사들에게 그런 얘기를 할 때마다 절망감만 느껴야 했다. 의사들은 매번 환자 배우자의 견해 따윈 무의미하다는 반응을 보였다. 환자가 심각한 위험에 처해 당장 입원해야 하는 상황이 아닌 이상 의사는 환자의 비밀을 엄수해야 했고, 그래서 의사들은 아예 어머니와의 대화를 거부하곤 했다. 설사 의사와 대화를 할 수 있었다고 한들 미국 중서부 지역의 가정주부가(역사학 석사 학위를 딴 재원이라 해도) 당시 정신장애 이해의 기준으로 여겨지던 잠재의식에 관해 무엇을 알았겠는가? 정신질환 발병을 생물학적 변화와 연관시키는 어머니의 생각은 터무니없는 것으로 취급되었다. 오직 심리학 이론에 조예가 깊은 학자만이 심층 인격의 역학을 이해하고 장기적인 해석 요법을 통해 환자의 지속적인 변화를 꾀할 수 있다고 여기던 시절이었다.

이후 수십 년간 축적된 연구들은 어머니의 직감이 백 퍼센트 옳았음을 증명했다. 뇌 내 주요 화학물질의 변동은 의심할 여지없이 조울증 삽화와 연관되어 있으며, 과거의 심리학자들은 자신의 무지와 거만함을 드러냈을 뿐이었다. 내가 보기에 지금까지 정신건강 분야에 낙인이 남아 있는 이유 중에는 순수 과학에 대한 뿌리 깊은 반감도 있다. 대체 1950년대 의사들은 어떻게 자기네가 모든 걸 다 안다고 믿었던 걸까? 조증 환자가 서술 능력이 떨어진다는 것은 잘 알려진 사실이며, 따라서 정확한 정보를 확보하려면 진단 과정에 반드시 환자의 배우자가 개입해야 한다. 당시의 전문가들은 어떻게 기저의 생물학적 작용을 헛소리로 치부해버릴 수 있었을까? 지금 와서 보면 당대의 이론은 엘리트주의, 폐쇄성, 편협한 사고의 극치를 보여준다.

어머니의 이야기를 듣다 보니 분노가 끓어올랐다. 이야기의 시초까지 거슬러 올라가 생각해보면, 1936년에 노어크 시립병원 원장은 어째서 아버지가 임종 예배를 받을 지경이 될 때까지 할아버지에게 전화하지 않았던 걸까? 정신질환자와 그 가족은 그런 대우를 받아도 싸다는 말인가? 나는 최근에야 1975년 제작된 영화 〈내일을 재촉하다〉의 존재를 알게 되었다. 1970년대 노어크(나중에 메트로폴리탄 주립병원으로 이름이 바뀌었다)에서 일어났던 강제 치료와 지독한 비인도적 대우를 적나라하게 보여주어 분노를 자아내는 다큐멘터리 영화다. 중증 정신질환자 '치료'의 역사는 낙인이 기본적 인권을 무시하는 사태를 불러오며 잔혹 행위를 초래하기 쉽다는 사실을 보여준다.

다시 공항으로 돌아가 보자. 어머니는 정신을 가다듬고 아무 일도 없는 것처럼 아버지를 껴안았다. 두려운 마음을 숨기려 애쓰며 아버지와 함께 천천히 수하물 찾는 곳으로 걸어갔다. 일단 징후가 나타나면 아버지의 신경을 건드리지 않는 게 좋다는 건 알고 있었다. 이후로 며칠 동안 어머니는 아버지가 또다시 광기에 빠져드는 과정을 무력하게 지켜보며 기다릴 수밖에 없었다.

누가 어머니를 도울 수 있었겠는가? 미국혁명여성회* 회원인 외할머니에게 사위가 가끔 미쳐버린다고 고백할 수는 없었다. 유치원에 다닐 때부터 알았던 친한 친구들에게도 차마 그런 말을 할 수는 없었다. 버질 주니어가 사교 행사에서 기이하게 행동하는 모습을 이미 목격한 친구들도 있었지만, 그렇다고 해서 어머니가 어떻게 남편 머릿속의 목소리나 콜럼버스 시립병원, 전기 경련 요법에 관해 이야기할 수 있었겠는가? 너무도 수치스

* 미국 독립전쟁 참전자의 직계 여성 후손 모임.

러운 일이었기에 무조건 숨기는 수밖에 없었다. 남편은 친가 방문 중이에요. 학술회의에 갔어요. 그이는 몸이 안 좋아서요. 밥 삼촌이 동생을 치료하러 캘리포니아에서 비행기로 날아와야 했을 때조차도 다른 사람들은 상황을 전혀 몰랐다. 낙인은 절대적이었으니까.

가족을 지탱하려 애쓴 세월 동안 어머니의 내면에는 침묵과 억누른 두려움의 여파가 갇혀 있었다. 가정을 지키기 위해 어머니는 전심전력을 다해야만 했다. 그렇게 샐리와 나를 다 키워낸 이십 년 뒤의 어느 날, 축적된 후유증이 터져나와 어머니 몸의 모든 세포와 조직을 잠식해버렸다. 어머니는 이후로 돌아가시기까지 사십 년간 심한 류머티즘 관절염에 시달렸다. 결혼 생활 내내 도와줄 이도 없이 홀로 견뎌내야 했던 정신적 스트레스의 결과가 분명했다.

*

친가 친척들에 관한 아버지의 이야기를 듣다 보면 어른이 되는 게 무척 기대됐다. 초등학교 1학년 때 담임 선생님이 흥미로운 과제를 내준 적이 있었다. 뻣뻣한 검은 머리칼을 한 올도 남김없이 빗어 넘긴 디컨 선생님은 다른 선생님들보다 나이가 많았고 항상 말투가 차분했다.

1학년 교실은 학교 본관에서 한 블록 떨어진 나지막한 신축 건물이었다. 뒤쪽 잔디 운동장에는 집에서 가져온 구슬을 갖고 놀기에 딱 좋은 모래밭도 있었다. 알록달록하고 통풍이 잘되는 교실에서는 페인트, 크레용, 도화지 냄새가 물씬 풍겼지만, 그 중에서도 가장 두드러지는 건 흰 아교의 끈적끈적하고 시큼한 냄새였다. 아교를 만드는 재료가 말발굽이라며 수군거리는 아이들도 있었다.

"여러분, 오늘은 특별한 과제를 내주려고 해요." 디컨 선생님이 열성적인 어조로 말했다. 어른이 되면 하고 싶은 일을 주제로 그림을 그려보자는 것이었다. 우선 선생님은 우리더러 커서 뭘 하고 싶은지 생각해보라고 했다. 몇몇 아이들이 곧바로 손을 들었다. **선생님이요, 소방관이요, 의사요, 경찰관이요, 댄서요, 간호사요.** 하지만 나는 여전히 고민 중이었다.

다른 아이들이 그림을 그리기 시작하자 나는 손을 들고 선생님에게 내가 하고 싶은 일이 두 가지라고 말했다. 선생님은 잠시 생각해보더니 둘 중 어느 쪽을 더 하고 싶은지 물었고, 나는 도저히 둘 중 하나를 고르지 못하겠다고 대답했다. "저는 천문학자가 되어 별과 행성을 연구하고 싶어요. 하지만 농구 연습을 열심히 해서 프로 선수도 되고 싶거든요."

선생님은 생각에 잠겼다가 천천히 고개를 들고 대답했다. "그래, 스티브. 두 가지 전부 다 해봐도 괜찮을 거야." 내가 신이

나서 혹시 그림을 두 부분으로 나누어도 되느냐고 물어보자 선생님은 고개를 끄덕였다.

다음 날 나는 그림을 완성했다. 왼쪽에는 망원경을 들여다보는 천문학자와 천문대의 접이식 천장 밖으로 내다보이는 별 몇 개를 그렸다. 오른쪽에는 농구장의 나무 바닥에서 뛰어올라 (관중석에 여러 개의 동그라미로 그려 넣은) 관중의 열광 속에 슛을 넣는 키 큰 농구 선수를 그렸다.

몇 년 뒤 나는 어머니와 함께 새로 지은 집 부엌에 앉아 미래를 고민하고 있었다. 그러다 예전에 그린 그림이 떠올라서 프로 농구 선수 겸 과학자가 되는 건 어떨지 어머니에게 물어보았다. 어머니는 밝은 목소리로 이렇게 대답했다. "그래, 스티브. 스포츠는 무척 유익하지. 할 수 있는 한 계속하렴." 그러더니 갑자기 권위적인 목소리로, 하지만 스포츠가 내 인생의 중심이 되어선 안 된다고 선언했다.

"스포츠를 계속 즐기는 건 좋아." 어머니는 말을 이었다. "하지만 명심하렴. 너는 정신적으로 이 세상에 기여해야 한단다. 스포츠가 아니라 네 정신을 통해서 말이다."

나는 뭐라고 항의하려다가 문득 입을 다물었다. 말을 꺼내기도 전에 이미 어머니가 옳다는 것을 깨달았기 때문이다. 학문과 지식을 통해 세상에 기여하는 것이 우리 집안의 전통이었다. 하지만 어머니의 말에서는 내가 항상 맑은 정신을 유지하도록 경계해야 한다는 미묘한 뉘앙스가 느껴졌다. 경계하지 않으면 인간의 정신에는 온갖 이상한 일이 일어날 수 있었다. 뭐라고 정확히 꼬집어 말할 수는 없었지만, 몰락해버린 친가 친척들과 아버지의 말없는 실종에 얽힌 무언가 때문에 나는 좀처럼 이해하기 힘든 오싹함을 느꼈다.

*

1학년도 끝나가고 있었다. 화창한 토요일 오후면 우리 집 뒤뜰은 눈부시게 아름다웠다. 풀 이파리 하나하나가 맨발로 밟아보라고 유혹하는 듯했다. 해 질 녘이 가까워오면 은은하게 빛나는 서쪽 하늘에 연노란 줄무늬가 떠올랐다. 이웃집 나무 사이에서 솟은 흐릿한 연기가 우리 집 잔디밭까지 흘러왔다. 내가 성장하고 있으며 무한한 가능성을 지녔다는 게 느껴졌다. 나는 어머니가 앉은 의자로 다가갔다. 어른이 되는 게 내 생각만큼 짜릿한 일이라고 어머니가 동의해주기를 바라면서.

"나도 어른이 되면 안 돼요? 어른들은 아는 것도 많고 할 수 있는 것도 엄청 많잖아요. 어리다는 건 불공평해요!" 나는 이렇게 외치고 나서 말을 이었다. "지금 당장 커질 수는 없나요?"

어머니는 미소를 띠며 나를 바라보더니 뒤뜰 한복판으로 시선을 돌렸다. 내 두 발이 어찌나 가뿐하게 느껴지는지 그저 몸의 움직임을 만끽하기 위해 어딘가로 달려가고 싶었다. 하지만 그때 어머니가 입꼬리를 떨어뜨리며 이렇게 대답했다.

"그렇게 서둘러서 어른이 될 필요는 없단다, 스티비." 나는 무척 실망했지만 그런 티를 내지 않으려 애썼다. 아직도 눈앞에 생생히 떠오르는 듯하다. 그때까지 들어본 적 없는 부드럽고도 단호한 목소리로 말하던 어머니의 실루엣과 그 뒤로 펼쳐진 하늘이.

"스티비 넌 아직 모르겠지만, 어른이 되면 걱정거리도 많아지고 신경 써야 할 중요한 일도 많아지거든." 나는 가만히 서서 어머니를 빤히 쳐다보았다. "일단 어른이 되고 나면 다시 어린아이로 돌아가기를 바라게 될 거야."

대체 무슨 뜻일까? 어머니가 나에게 미처 꺼내지 못하는 이야기라도 있는 걸까?

어머니는 계속 말을 이었다. 어른이 되면 그만큼 책임도 막중해지니 아직 어리다는 걸 기뻐하라고. 그러고는 씁쓸한 표정으로 이렇게 끝맺었다. "어른이 되려고 서두를 필요는 없어."

뭐라고 대답해야 할지 알 수가 없었다. 우리는 잠시 더 바깥에 있었고 그사이 사방이 완전히 깜깜해졌다. 오후 내내 느꼈던 황홀한 기분을 붙잡아보려고 애썼지만, 그 감정은 햇살보다도 더 빨리 스러져가고 있었다. 나는 낙심한 채 집 안으로 들어왔다. 어른이 짊어져야 하는 온갖 책임에 관해 이야기하던 어머니의 회의감 어린 표정이 그 뒤로도 오랫동안 잊히지 않았다.

그로부터 얼마 지나지 않은 따스한 저녁이었다. 아버지는 바깥 그릴에서 바비큐 요리를 하고 있었다. 잔디 깎는 기계를 채울 때 쓰는 빨간 연료 깡통을 가져와서 조개탄에 휘발유를 듬뿍 끼얹고, 잠시 기다렸다가 성냥개비 한두 개를 던져 넣었다. 불이 제대로 붙기까지는 시간이 걸린다는 걸 알았기에 나는 차분히 기다리기로 했다. 하지만 일단 불꽃이 피어오르자 아버지는 그릴로 다가가 불에 휘발유를 더 뿌리고 재빨리 뒤로 물러났다. 금세 불꽃이 더 큰 소리를 내며 하늘로 쭉 뻗어 올라갔다. 무시무시한 **슈욱** 소리와 함께 주황색 불빛 위의 모든 것이 연기 속에서 어른어른 흔들렸다.

내 쪽을 돌아보는 아버지의 눈빛이 열광적으로 번득였다. 아버지는 짓궂게 히죽 웃더니 다시 불에 휘발유를 끼얹었고, 이번에도 짜릿한 감정을 숨기지 않았다.

나 역시 짜릿했지만 한편으로는 두려웠다. 타오르는 불에 연료를 부으면 안 된다는 건 나도 대충 알고 있었으니까. 그렇다 해도 나 또한 엄청난 흥분을 느낀 건 사실이었다. 상승기류를 타고 솟구치는 저 불꽃을 보라. 얼마나 강력한가! 하지만 그러면서도 혹시 통제할 수 없는 상황이 벌어지면 어쩌나 싶어 무서웠다. 아버지는 이런 종류의 짜릿함을 갈망했지만 나로서는 그 후폭풍을 생각지 않을 수 없었다. 지나치게 강렬한 자극에는 이유 모를 거부감이 들었다.

1학년을 마칠 때가 되자 학교에서 앨범에 실릴 사진을 찍었다. 1학년 전원의 단체 사진과 지갑에 넣을 수 있는 크기의 개인 사진이었다. 나는 은회색 바탕에 가늘고 검붉은 줄무늬가 있는 내가 가장 좋아하는 셔츠를 입고 유백색 단추를 맨 위까지 단정하게 채웠다. 사진 아래에는 조그만 글씨로 '1958~9년 학교생활'이라고 적혀 있었다.

"당신 이거 봤어?" 아버지가 사진을 들여다보며 어머니에게 말했다. "스티브 미소가 꼭 모나리자 같네!" 어머니도 고개를 끄덕이며 동의했다.

나는 모나리자가 누군지 몰랐기 때문에, 부모님은 미술책을 가져와서 다빈치의 〈모나리자〉를 내게 보여주었다. "희미하지만 심오한 미소지." 아버지는 이렇게 말했다. "입술이 원의 아주 작은 일부, 그러니까 활 모양을 그리고 있어. 어떤 각도에서 보면 미소처럼 보이지 않지만 다른 각도에서 보면 확실한 미소지. 자, 이쪽에서 보고 저쪽에서도 보려무나."

나는 책 페이지를 들여다보며 고개를 이리저리 갸웃거려 보았다. **정말**이었다. 신비롭고 묘하게 짜릿한 느낌이었다.

아버지는 우리 집에 손님이 오면 지갑을 열어 내 사진을 보여주었다. 이것 봐, 스티브의 모나리자 미소가 보여? 이렇게 열심히 물으면서. 그럴 때마다 다들 고개를 끄덕였다. 그런 순간이면 내 몸이 한없이 가벼워져 하루 종일 붕 떠올라 있는 듯했다. 원래의 나보다 훨씬 대단한 사람이 된 기분이었다. 불타는 조개탄 위로 솟아오르던 불꽃처럼 압도적인 기쁨이 몸속에서 솟구치는 게 느껴졌다.

하지만 영원히 그곳에 머물 수는 없었다. 내 시선 위의 영역, 어른들이 대화를 나누고 불꽃이 솟구쳐오르는 공간에서는 신비로운 일들이 일어날 수 있었다. 하지만 높은 곳에서 내려와야 할 때면 나는 어디에 착륙하게 될까?

3
자정의 드라이브

가로수가 늘어선 길에 당당히 자리 잡은 외할머니의 삼층집은 고요한 위엄을 풍겼다. 그 집은 아직도 콜럼버스 시내 반대편 벡슬리 외곽에 그대로 서 있다. 새로운 소유주가 현대식으로 개축한 덕에 부동산 가치는 확실히 올랐지만 예전의 매력을 상당히 잃은 채. 하지만 지금도 눈을 반쯤 감고 바라보면 그 집이 옛날엔 어떤 모습이었는지 떠올릴 수 있다. 등나무 흔들의자가 놓여 있던 측면 현관. 지붕을 향해 층층이 뻗어 오른 목조와 석조 뼈대의 윤곽선. 뒤뜰과 골목에 인접해 있던 진입로 끄트머리에 따로 지어진 차고. 차고에는 오래 전에 엄마와 버디 외삼촌이 탔던 나무 킥보드가 간직되어 있었고, 나와 샐리도 그걸 타고 놀았다.

실컷 킥보드를 타고 나면 샐리와 나는 집 안의 이 방 저 방을 돌아다녔다. 방마다 짙은 색 나무 바닥이 깔려 있었다. 외할아버지가 운영했던 웨스트버지니아의 제재소에서 가져온 목재였다. 삼층 방은 800미터쯤 떨어진 대학교에 다니는 학생들에게 세를 주고 있었다. 그들은 현관문 앞에서 무뚝뚝하게 고개만 한번 꾸벅하고는 수업을 들으러 달려나갔다. 외할머니는 구십대까지도 규칙적으로 하숙생들의 침대 시트를 갈고 빨래를 해주었다.

샐리와 나는 바닥이 반들거리고 묵직한 모직 침구로 꾸며진 이층 침실을 들여다보곤 했다. 발꿈치를 들고 살금살금 방에 들어가서는 킁킁대며 바닥 광택제 냄새를 맡거나 반쯤 쳐진 커튼 너머로 보이는 페어 애비뉴와 길 건너편 튜더 양식 주택들을 구경했다. 어머니의 언니 버지니아(지니 앤이라고 불렸다)는 태어날 때부터 일종의 정신 및 신체장애를 지니고 있었다. 당시에는 그게 정확히 어떤 장애인지 아무도 몰랐지만. 지니 앤은 다리 교정기를 끼고도 절름대며 걸었고 거의 알아들을 수 없는 소리로 외치곤 했다. 게다가 아홉 살쯤에 지하실로 이어지는 길고 가파른 돌계단을 내려가다가 거꾸로 떨어져 목숨을 잃을 뻔한 뒤로는 세상에서 거의 잊힌 존재가 되었다. 머리에서 피를 흘리며 가만히 쓰러져 있었던 이모는 살아남긴 했지만 그 뒤로 전혀 말하거나 걷지 못했다. 이모가 퇴원한 뒤로 이십오 년 동안 머물렀던 곳이 바로 그 침실이었다.

어머니가 초등학생이었던 1930년대에 집으로 놀러 온 친구들은 서로 조용히 하라며 타이르곤 했다. "에일린의 언니가 많이 아프대." 아이들은 눈을 내리깔고 속삭였다. "그러니까 시끄럽게 하면 안 돼. 그 언니는 위층 방에서 쉬고 있으니까." '언니가 아픈 줄은 나도 몰랐네.' 어머니는 속으로 생각했다. '그냥 원래 그런 줄로만 알았는데.'

어머니와 버디 외삼촌은 가끔 이모 방에 들어가 곁에 앉아 있곤 했다. 비극적 운명에 관해서는 아무도 언급하지 않았고, 인생은 그저 그렇게 계속되었다. 어머니가 결혼 생활 내내 취한 태도와 똑같이 말 없는 외면과 일관된 꿋꿋함 속에서.

지니 앤은 영원히 입을 다문 채 공허한 눈빛으로 휠체어에 묶여 지냈다. 1950년대 초가 되자 외할머니는 결국 이모를 콜럼버스 시립요양원에 보내야 했다. 시내 서쪽에 있던 대규모 정신박약자(당시에는 이런 명칭이 쓰였다) 수용 시설로, 웨스트브로드 스트리트를 사이에 두고 정신질환자를 수용하는 콜럼버스 시립병원과 나란히 서 있었다. 1970년대 초에 갑작스럽게 요양원 규모가 축소되었지만, 이모는 기적적으로 훌륭한 공공 거주 시설에 들어갈 수 있었다. 아홉 살 이후로 걷지 못했던 이모는 옮겨 간 시설에서 여든아홉 살까지 지내다 사망했다. 그곳 직원들의 애정 어린 보살핌은 낙인보다 인간 존중과 존엄이 먼저인 공간이 드물게나마 존재한다는 생생한 증거였다.

외할머니 집 일층은 거실이었다. 낮은 소파와 안락의자들이 뒤뜰과 텃밭의 포도나무를 내다보며 놓여 있었다. 외할머니는 해마다 포도잼을 만들었다. 우리는 외할머니가 부글부글 끓어오르는 짙은 보랏빛 잼을 유리병에 담고 놋쇠 뚜껑을 꽉 닫은 다음 왁스로 진공 밀폐하는 모습을 구경하곤 했다. 외할머니 집에서 자고 가는 날이면 샐리와 나는 저녁을 먹은 뒤 거실에서 보드게임을 하며 놀았고, 외할머니는 구석에 놓인 대형 제니스 텔레비전으로 가장 좋아하는 프로그램인 〈로렌스 웰크〉*와 〈로하이드〉**를 시청했다.

하지만 어머니가 열두 살이던 1930년대 말에는 뇌졸중으로 쓰러진 외할아버지가 일 년째 거실 안락의자에 머무르고 있었다. 외할아버지를 위층 침실로 옮길 방법이 없었기 때문이다. 외할아버지는 침을 질질 흘렸고 말투도 어눌해져 알아듣기 힘들었다. 어머니와 버디 외삼촌이 곁을 지키긴 했지만 외할아버지가 예전처럼 회복될 수 없다는 건 누가 봐도 분명했다. 일 년 뒤 외할아버지는 두 번째 뇌졸중으로 돌아가셨고 곧바로 외할머니가 집안의 가장이 되었다. 이번에도 온 식구는 묵묵한 인내로 일관했다. 아무도 훌쩍거리거나 불평하지 않았고, 삶은 그렇게 이어졌다.

어머니의 이야기까지 듣고 나니 내가 느끼던 괴로움을 감히 부모님의 고통과 비교할 엄두가 나지 않았다. 내가 아버지는 어디 갔는지, 왜 아무도 아버지의 실종에 관해 이야기하지 않는지 의아해했다고 한들, 선택지는 그 문제를 생각지 않는 것밖에 없었다는 사실이 분명하지 않은가?

* 1951년에서 1982년까지 방영된 버라이어티쇼.

** 1959년에서 1965년까지 방영된 서부 배경의 연속극.

외할머니 집 부엌 옆에는 아침 식사용 작은 공간이 딸려 있었고 그 안쪽에 정식 식당이 있었다. 식당에는 한쪽 벽면을 가득 채우는 대형 벽화가 그려져 있었다. 흰 구름이 피어오르는 바위 해안을 배경으로 청회색 바다에 요트가 떠 있는 그림이었다. 그곳의 나무 식탁에서 밥을 먹을 때면 내 마음은 외할머니 집에 얽힌 기억들과 우리 집의 말없는 공포에서 벗어나 머나먼 땅으로, 매혹적인 절벽과 산으로 항해하곤 했다.

어머니는 1942년에 고등학교를 졸업하고 나서도 계속 이 집에서 살며 오하이오 주립대학교에 다녔다. 전차로 메인스트리트를 내려가서 갈아탄 뒤 다시 하이스트리트를 올라가는 먼 길이었다. 졸업반 일 년은 캠퍼스 내의 여학생 기숙사에서 지냈다. 바다 너머에서는 2차 대전이 한창이었지만, 검은 머리의 예쁘장한 장학생이던 어머니는 그간의 상실을 극복하고 꿋꿋이 학업을 이어갔다. 몇 년 뒤 대학원에 진학하고 새로 부임한 철학 교수를 만나면서 어머니의 인생은 완전히 뒤바뀌게 된다.

*

어깨에 닿을 듯 말 듯한 연갈색 머리의 샐리. 젖니 갈이를 한 뒤로 앞니 사이가 살짝 벌어진 샐리. 내가 두 살이고 샐리가 한 살이던 때 샐리를 괴롭혔다가는 팔을 물리기 십상이었다. 물린

자리의 축축한 따가움과 살갗에 새겨진 작은 잇자국은 몇 시간이나 남아 있곤 했다. 하지만 어린 시절 우리는 대체로 떼려야 뗄 수 없을 만큼 가까운 사이였다.

아직 와이언도트에 살던 시절의 어느 날 위층에서 샐리의 비명 소리가 들렸다. 화장실에서 뛰다가 미끄러져 돌덩이처럼 단단한 도기 변기에 이마를 정면으로 부딪쳤던 것이다. 나는 화장실로 달려가는 부모님을 허겁지겁 뒤따랐다가 새빨간 피로 흠뻑 젖은 하얀 수건을 보고 눈이 휘둥그레졌다. 아버지가 두려운 기색을 억누르며 샐리 곁을 지키는 동안 어머니는 달려가서 병원에 전화를 걸고 바로 봉합수술 예약을 잡았다. 그 뒤로 오랫동안 샐리의 이마에는 반달을 옆으로 눕힌 모양의 흉터가 남아 있었다.

샐리와 나는 거의 날마다 함께 놀았다. 바깥 날씨가 춥거나 궂을 때면 뚱뚱한 흑백 얼룩무늬 고양이 슬림을 쓰다듬으며 안에 틀어박혀 있었다. 나는 자라면서 샐리에게 풋볼 스파이럴 투구법을 가르쳐주고 숙제도 도와주었지만, 아버지가 사라진 동안에는 우리 둘 다 절대 아버지 이야기를 꺼내지 않았다. 감히 그 이야기를 꺼냈다가는 아버지가 다시 돌아오지 못할까 봐 두려웠는지도 모른다. 우리는 같은 비행기에 탄 두 승객이었고, 좌석 벨트에 묶여 꼼짝 못 하고 앞만 바라보며 미지의 목적지를 향해 날아가는 중이었다.

샐리와 나의 차이라면 아버지가 수수께끼의 실종에서 돌아왔을 때 나하고만 따로 시간을 보내며 캘리포니아의 친가 친척들 이야기를 들려준다는 것이었다. 샐리는 제외였다. 아버지는 딸아이를 어떻게 대해야 할지 갈피를 잡을 수 없었던 것일까? 그렇기에 샐리는 나보다 더 자립적으로 스스로를 돌봐야 하는 처지였다.

샐리는 자기 침실 탁자의 맨 아래 서랍에 작은 플라스틱 동물 인형들로 상상의 세계를 만들어놓았다. 서랍 안에는 자그마한 나무와 해변이 있었고 바다 구실을 하는 푸른색 깔개도 깔려 있었다. 우리는 그 세계에서 동물 인형들을 갖고 놀며 그곳에서만 쓰이는 특별한 언어 '호사리니움'을 만들어냈다. 이 언어는 영어와 비슷하게 들렸지만 단어가 조금씩 달랐다. 'lea'는 'please(제발)'이라는 뜻이었고 'dip, tonk'라고 말하면 'yes, thanks(응, 고마워)'라는 의미였다. 샐리와 나는 이 방언으로 서로 대화를 나누었다. 아마도 사방을 둘러싼 침묵 속에서 우리만의 특별한 언어가 절실했던 것이리라.

때로는 샐리의 눈빛에서 어떤 감정을 읽을 수 있었다. 언뜻 스치는 두려움 그리고 집 근처에 있으면서 어머니를 보호하고 싶다는 마음을. 그렇다면 적절한 시기가 왔을 때 밖으로 나가 세상을 탐험해야 할 사람은 내 쪽일 터였다.

*

1학년이 끝났지만 아버지는 집에 오지 않았다. 바깥 공기는 뜨뜻했다. 정오의 태양에 보도가 이글이글 달궈지고 있었다. 어머니에게 한두 번 물어보았지만 아버지는 머지않아 여행에서 돌아올 거라는 대답밖에 들을 수 없었다. 아마도 몇 주만 더 기다리면 될 거라고. "무슨 여행인데요?" 내가 최대한 정중하게 여쭤보아도 어머니는 더 이상 말해주지 않았다.

어느 초여름 오후 나는 거실을 지나 뒷문 현관으로 가다가 불쑥 멈춰 섰다. 정체 모를 뭔가가 눈앞에 아른거리는 것 같았다. 살갗에 한기가 느껴졌다. 다음 순간 내 시선이 자석에 이끌리듯 위쪽을 향했다. 퍼뜩 놀라 살펴보니 천장 바로 아래 풍선 줄이 떠 있었다.

나는 어리둥절해서 눈을 껌뻑이며 현관 바깥을 내다보았다. 뒤뜰에 풍선 줄이 또 하나 떠다니고 있었다. 그 알록달록한 빛깔이라니!

근처에서 퍼레이드가 있었거나 무슨 행사라도 열렸던 걸까? 아무 소리도 없이 죽은 듯 가만히 떠 있는 풍선들의 탱탱한 고무 표면이 반짝거렸다. 계속 쳐다보고 있노라니 문득 저 풍선에 독가스가 채워져 있을 거라는 생각이 떠올랐다. 팽팽하게 당겨진 고무 막 속의 유독성 물질이 당장이라도 터져나올지 모른다고. 위급한 상황이었다. 나는 겁에 질려 허둥지둥 위층 침실로 뛰어올라갔다.

그건 일종의 환영이었을까? 지금까지도 어찌 된 일이었는지 모르겠지만, 당시에는 나 자신을 이렇게 타일렀던 기억이 난다. 똑바로 앞만 쳐다보고 있으면, 시선을 정면에만 고정하고 있으면 다시는 그 풍선들이 보이지 않을 거라고.

그해 여름에는 예전보다 훨씬 더 자주 자전거를 탔다. 몸 아래 바퀴의 진동과 양옆으로 휙휙 스치는 아스팔트를 느끼며 거리와 보도를 내달리다 보면 시원한 바람이 얼굴을 감쌌다. 자전거를 타면 적어도 **뭔가**를 느낄 수 있었고 가끔은 아버지 생각도 잊을 수 있었다. 아버지는 대체 어디 있을까 하는 생각마저도. 하루는 우리 집에서 반 블록 떨어진 텅 빈 주차장에서 얼굴만 아는 남자아이를 만났다. 옆 골목에 살던 하워드라는 아이였다. 우리는 나란히 자전거로 보도를 달렸다. 공기는 후덥지근했고 도로와 가로수는 새하얗게 내리쬐는 햇볕에 잠겨 있었다. 우리는 몇 블록 달려 석조 교회 건물 뒤 주차장에 멈춰 섰다. 그늘이 져서 시원한 계단을 자전거를 끌며 내려갔다. 계단 아래에 이르자 다시 자전거 페달을 밟으며 와이언도트 로드로 이어지는 완만한 오르막길을 한 줄로 달렸다.

내 뒤에서 둔중한 충돌 소리가 들렸다. 멈춰서 뒤돌아보니 하워드가 보도에 가만히 누워 있었다. 몸의 절반 정도가 자전거에 깔려 있었다. 자전거가 도로 턱에 부딪히면서 넘어져 움직일 수 없게 된 모양이었다. 나는 하워드의 얼굴을 쳐다보았다. 자전거에 살짝 가려지긴 했지만 넋이 나갈 정도로 아픈 게 분명했다. 하지만 하워드는 소리를 지르지 않았다. 아무런 말도 하지 않았다.

시간이 느리게 흘렀다. 내 다리가 납덩이처럼 느껴졌다. 거리는 한산했고 지나가는 자동차나 행인도 전혀 보이지 않았다. 산들바람은 완전히 멈추고 이글거리는 햇볕만 쏟아져내렸다. 잔디밭과 피어오르는 아지랑이 너머의 집들을 바라보아도 하나같이 커튼이 쳐져 있었다. 이 일은 전부 내 탓이 되겠지. 내가 잘못한 것도 아닌데 말이야. 아니, 정말 그럴까?

점점 더 뜨거워지는 오후의 적막 속에서, 나는 가장 가까운 집으로 다가가 문을 두드렸다. 하지만 아무도 대답하지 않았다. 힘이 쭉 빠져버려서 더는 뭘 해볼 엄두가 나지 않았다. 이상한 무력감에 온몸이 마비되는 듯했다.

다음 순간 나는 나 자신도 지금까지 이해할 수 없는 행동을 했다. 보도로 돌아와 다시 한번 죽은 듯이 누워 있는 하워드를 내려다보고 자전거에 올라 우리 집으로 온 것이다. 집 안으로 들어와서 갖고 놀 장난감을 찾았다. 남은 오후 내내 머릿속을 비우고 아무 생각도 안 하려 애썼다. 기억나는 것은 바깥의 지독한 열기 속에서 귓가에 울려대는 기괴한 소음을 들으며 꼼짝 못 하고 서 있던 그 순간의 감각뿐이었다.

다음 날 어머니가 나더러 어제 다른 아이랑 같이 자전거를 탔느냐고 물었다. 나는 눈을 내리깔고 순순히 고개를 끄덕였다. 어머니는 이웃 사람에게 무슨 얘길 들은 듯했다. 아무래도 하워드가 상당히 심하게 다친 모양이었다.

"그래서 어떻게 했니, 스티브?"

내가 어떻게 그 애를 거기 내버려두고 왔다고 말할 수 있겠는가? 수치스러움이 독약처럼 내 몸의 모든 세포에 퍼져나가는 듯했다. "전 어떡해야 할지 몰랐어요." 나는 얼굴을 시뻘겋게 붉히며 대답했다. 어머니는 혼란스러운 표정으로 나를 바라볼 뿐이었다. 우리 둘 다 더는 아무 말도 하지 않았다.

며칠 뒤 하워드가 자전거에서 떨어지며 머리를 부딪치긴 했지만 결국 무사히 회복되었다는 소식을 들었다. 하지만 내가 그 애를 내버려두고 떠났다는 사실이 도저히 잊히지 않았다. 다음 학년이 되어서도 이따금 하워드를 보긴 했지만 다시는 그 애와 함께 놀지 않았다. 수치감을 견딜 수 없었기 때문이다.

지금도 그 감정이 생생하다. 드라이아이스나 얼어붙은 불꽃과도 같던 그 수치감이.

나는 본능적으로 두려운 일을 무조건 진공 밀폐 포장 안에 넣어버리는 요령을 익혔다. 부정적인 감정을 풀어낼 언어를 몰랐기 때문이다. 실패나 좌절은 항상 두 번 다시 벗어날 수 없을 것 같은 끔찍한 자기혐오로 이어졌다. 하워드를 외면한 것도 그처럼 수치심과 침묵 속에서 굳어진 행동 패턴 때문이었다. 나는 평소의 정해진 일상을 벗어난 모든 일에 그런 태도를 보이곤 했다. 벽을 둘러치는 것이 당시의 내겐 일종의 생존 수단이었을 수도 있겠지만, 내가 명백히 괴로워하고 있는 사람을 외면했다는 사실 또한 인정할 수밖에 없었다.

심리학을 전공하기 시작하면서 나는 줄곧 이중의 싸움을 해왔다. 정신질환의 원인과 치료를 객관적으로 냉정하게 이해하려 애쓰는 동시에 나 자신의 인간성을 키워내야 했다. 그 싸움은 오늘날까지 계속되고 있다.

몇 달 뒤 어느 날 아버지가 돌아왔지만, 어머니는 아무 말도 없었고 샐리와 나도 그에 관해 언급하지 않았다. "같이 풋볼 공 던지면서 놀래요?" 집에서 나오는 아버지를 보고 나는 쭈뼛거리며 물어보았다. "물론이지." 아버지는 곧바로 대답하고 뒤뜰로 걸어왔다. 풋볼 공 제대로 잡는 법을 참을성 있게 가르쳐주고, 내 패스가 서툴다며 더 멀리까지 던지는 법도 알려주었다. 아버지가 어디 계셨는지 여쭤봐야 하는 게 아닐까? 하지만 아무도 그 문제로 소란을 피우지 않아. 그러니 나도 그러면 안 되겠지.

우리는 다시 역할극을 시작했다. 나 역시 각본 집필에 참여했고 날마다 직접 대사를 읊었다.

*

부자간의 대화도 재개되었다. 아버지는 고3 때 병을 앓는 바람에 수업 진도를 대부분 놓치고 나중에 따라잡아야 했다고 말했다. 대학교 1학년 봄방학 때 서재에서 아버지의 충격적인 고백을 듣기 전까지 나는 그 병이 무엇인지 몰랐다. 어릴 때는 단지 묘한 의구심을 느꼈을 뿐이다.

그 뒤로도 정기적으로 대화를 나누면서 아버지의 인생 궤적을 재구성할 수 있었다. 아버지는 고등학교 졸업생 대표가 되어 로즈 볼을 가득 채운 수천 명의 관중 앞에서 연설했다. UC 버클리와 스탠퍼드 대학교에 동시 합격하자 후자를 선택하고 철학과 심리학을 복수전공하기로 했다. 아버지가 감회에 벅차오른 어조로 말한 바에 따르면, 할아버지는 아들이 대학을 졸업하면 서던캘리포니아로 돌아와 퀘이커교의 대의에 봉사하기를 바랐다. 예를 들면 2차 대전의 비극 때문에 발생한 해외의 기아 구제라든가. 하지만 철학에 뜻이 있었던 아버지는 아이오와로 가서 구스타브 버그먼 밑에서 석사 학위를 땄다. 버그먼은 빈학파의 일원이었으나 나치를 피해 미국으로 망명한 학자였다. 평화주의자이자 퀘이커교도로서 양심적 병역 거부자였던 아버지는 프린스턴 대학교에 박사과정 장학생으로 들어갔다. 먼저 프린스턴에 가 있던 랜들(경제학과 대학원생) 삼촌이나 밥(심리학과

대학원생) 삼촌과 함께 재학한 시기도 있었다. 아버지는 반년간의 정신병원 입원 이력 때문에 심신 부적격으로 징병 유예 판정을 받았지만, 내가 대학을 졸업하기 전까지는 그 사실을 언급하지 않았다.

아버지가 박사과정 1년 차 때 철학과 학과장이 알려주길, 영국인 초빙 교수가 매주 자택에서 일대일 개별 지도를 한다고 했다. 아버지는 그 교수가 누구냐고 물어본 뒤 자신이 버트런드 러셀의 과외를 받게 되었다는 걸 깨달았다. 아니, 잠깐! 나는 깜짝 놀라며 생각했다. 아빠 서재에도 러셀이라는 사람의 책들이 꽂혀 있지 않았나? 《왜 사람들은 싸우는가》처럼 작고 얇은 책부터 《수학 원리》같이 크고 두꺼운 책도. 아버지는 러셀 덕분에 철학적 통찰을 한층 넓힐 수 있었다고 말했다.

박사과정이 끝나가던 삼 년 뒤에 아버지는 프린스턴고등연구소에서 알베르트 아인슈타인과 인사할 기회를 누렸다. 어느 날 아버지는 서재 책장에서 물리학 논문을 엮은 책을 꺼내더니 마지막 장을 내게 보여주었다. 아인슈타인의 사회 및 윤리 철학에 관한 글로, 저자는 버질 힌쇼 주니어라고 적혀 있었다. 나는 경외감에 빠졌다.

이후로 십 년도 더 지나서야 알게 된 사실이지만, 아버지는 그 논문을 완성하자마자 필라델피아 외곽의 바이베리 정신병원(이 병원이 위치한 필라델피아 북부 지역에서 따온 이름이다)에 갇히게 되었다. 대학원생이던 아버지는 연합국 국민 협력*에 참여했고, 반파시즘 투쟁을 돕기 위해 이따금 캠퍼스를 벗어나 보급품을 상자에 담는 일을 했다. 그 와중에 어느새 자기에게 종전을 예언할 수 있는 텔레파시 능력이 생겼다고 믿게 되었다. 1945년 초 박사 학위를 받은 아버지는 극심한 편집증에 시달리다가 다른 사람들도 자신의 능력을 눈치챘을 거라고 확신하기에 이르렀다. 실연 때문에 전전긍긍하며 분노하던 아버지는 뉴욕행 기차에 올라 헤어진 여자 친구를 찾아갔다. 혹한 속에서 전 여자 친구가 사는 아파트 문과 창문을 마구 두드리며 소리 지르던 아버지를 이웃 사람들이 경찰에 신고했다. 아버지는 체포당해 필라델피아로 옮겨졌고 정신병원에 강제수용되었다. 아버지가 다섯 달을 머물러야 했던 그 병원은 규모가 큰 편이었음에도 과밀 상태였고 비인도적 행위와 구타, 돌연사가 일상인 곳이었다.

바이베리 정신병원이 필라델피아 시내에서 한참 떨어진 외곽에 있었던 이유는 무엇일까? 심지어 20세기 초에 지어진 노어크 정신병원도 로스앤젤레스 시내에서는 한참 떨어져 있었다. 사실 대규모 공공 정신병원은 주요 도시에서 마차로 하루쯤 걸리

* 2차 대전 당시 군사 지원을 위해 연합국의 산업 및 인적 자원을 총동원한 정책.

는 위치에 짓는 것이 보통이었다. 표면적인 이유는 일상의 스트레스로부터 멀리 떨어진 피난처를 제공한다는 것이었지만, 실제로는 대중을 정신질환자들에게서 보호하려는 조치였다. 그보다 더욱더 큰 이유는 병원 내부에서 일어나는 야만적 관행들을 숨기려는 것이었다. 이는 명백히 고정관념과 그에 따른 낙인 때문이었다. 1950년대 말에는 거의 60만 명의 미국인이 대규모 주립 정신병원에 비자발적으로 갇혀 있었다.

바이베리 정신병원에서 다섯 달 동안 무슨 일이 있었는지 나로서는 알 수 없지만, 1945년 여름에 퇴원한 아버지는 랜들 삼촌과 기차를 타고 서던캘리포니아로 돌아갔다. 두 번째 광증 발작을 겪으면서 미래에 대한 불안감을 느낀 터라 일자리가 구해지는 대로 붙잡기로 했다. 아버지는 철학 박사 학위가 포함된 (그리고 바이베리 정신병원에서의 반년간은 삭제한) 이력서로 미국 전역의 교직 구인광고에 지원했다. 마침 오하이오 주립대학교가 철학과를 확장하던 참이었다. 졸업 논문의 상당 부분이 여러 학술지에 인용된 덕에 아버지는 오하이오 주립대학교에서 일자리를 제안받았다. 초봉은 2천 달러였지만 강사에서 조교수로 승진하고 나아가 종신 재직권도 얻을 수 있는 자리였다. 아버지는 콜럼버스로 떠나 중서부에서 새로운 인생을 시작했다.

*

내가 이십 대 후반이 되었을 때쯤에는 아버지와 내가 그분의 삶에 관해 거의 십 년간 대화해왔다는 걸 어머니도 알게 되었다. 어머니는 내가 아버지 삶의 이력을 자기보다 훨씬 많이 안다는 사실이 가슴 아프다고 말했지만, 그렇다고 원망을 드러내진 않았다. 아버지 인생의 중요한 부분들이 자기에게 영원히 알려지지 않으리라는 사실을 이미 오래전에 깨달았기 때문이었다. 낙인과 그 여파는 가장 친밀한 관계도 훼손시키고 서로 도울 수 있는 가능성을 갉아먹기 마련이니까.

그 무렵엔 어머니와 나도 둘만의 대화를 시작했다. 한번은 샐리와 내가 어렸을 때 아버지가 겪은 조증 삽화에 관해 들었다. 불안감이 극에 달한 어머니는 또다시 우리를 주말 동안 외할머니 집에 보내기로 했다.

"아빠가 요새 힘들어하셔." 당시 어머니는 우리에게 이렇게 말했다. "왠지 화가 나 계시는데 무엇 때문인지 모르겠네." 어머니에 따르면 어느 날 오후엔가는 아버지가 쿵쿵대며 집을 나가더니 골프채를 보관해둔 차고로 들어갔다고 했다. 그 무렵 아버지는 골프를 즐겨 쳤고 종종 캠퍼스 내의 골프장에서 샷을 날렸다. 아버지가 또 무슨 짓을 저지를지 몰라서 어머니는 부엌 창밖을 내다보고 있었다.

"너희 아빠가 골프 가방을 정원으로 끌고 나오더니 골프채를 하나하나 꺼내지 뭐니. 스티브 네가 아빠의 그 표정을 직접 봤어야 하는데." 어머니는 아버지가 계속 뭐라고 큰소리로 외쳐대며 골프채를 하나하나 무릎에 올리고서 성냥개비마냥 둘로 분질러버리더라고 말했다. 그러고는 부러뜨린 골프채를 이웃집 정원으로 내던지면서 눈에 보이지 않는 위협적인 존재에게 버럭버럭 고함을 지르더라는 것이다. 하여튼 그 뒤로는 아버지가 골프를 치는 일이 거의 없었다는 게 어머니의 결론이었다.

내가 오랫동안 모르고 지냈던 사건이 또 뭐가 있었을까? 나는 어떤 일들로부터 보호받았던 걸까?

어머니와의 대화로 알게 된 가장 인상적인 사건은 1950년대의 어느 초가을 밤에 일어났던 일이다. 어머니가 들려준 이야기와 치료받지 않은 양극성장애에 관해 내가 조사한 내용을 토대로 그 사건을 서술해보겠다. 놀랍게도 그 뒤로 이십오 년이 지날 때까지 나로서는 전혀 몰랐던 이야기였다.

사방에 낙엽 태우는 냄새가 가득했고, 와이언도트 로드에 늘어선 집들의 거실과 침실에서 은은한 불빛이 흘러나왔다. 우리집 위층 침실에서는 네 살 반인 나와 세 살인 샐리가 깊이 잠들어 있었다. 어머니는 설거지한 그릇을 닦아서 쌓아놓은 뒤 잠시 아버지와 함께 거실에 앉아서 흑백텔레비전으로 인기 버라이어티쇼 프로그램을 시청하고 있었다. 평소에는 그런 휴식 시간이 큰 위로가 되었지만, 그 무렵 아버지의 행동이 이상했기 때문에 어머니는 전면 경계 태세에 들어가 있었다. 밤 열 시에 160킬로미터쯤 떨어진 신시내티의 방송국에서 생방송 프로그램을 시작했다. 관현악단이 연주하는 경쾌한 리듬에 맞춰 매력적인 연예인이 춤을 추며 가요를 불렀다. 아버지는 전에도 그 가수를 본 적이 있었지만 그날 밤엔 유난히 텔레비전을 열심히 노려보았다. 급기야 소파에서 벌떡 일어나더니 가수의 스팽글 달린 의상을 빤히 쳐다보는 것이었다. "이리 와봐." 아버지는 텔레비전 바로 앞에 무릎을 꿇고 앉아서 어머니를 불렀다. "들어보라고. 당신도 들려?"

어머니도 아버지에게 맞장구를 쳐주고 싶은 마음이 간절했지만, 무슨 일이 일어나려는 건지 두려워서 뭐라고 대답할 엄두가 나지 않았다. "저 사람이 나한테 메시지를 보내고 있잖아." 아버지가 엄숙하게 속삭였다. 하지만 어머니에게 들리는 거라곤 노래 가사와 흥겨운 멜로디뿐이었다.

며칠 전부터 아버지는 꼭두새벽에 깨어나 지하 서재로 달려갔고, 노란색 유선 메모장에 알아볼 수 없는 메모를 끄적거리곤 했다. 캠퍼스 안의 사람들 표정, 길가에 세워진 차들의 패턴 등 곳곳에 암호가 숨겨져 있다고 주장하기도 했다. 오직 아버지에게만 발신된 중요한 메시지들이었다. 이처럼 일상적 사건에서 특별한 의미를 읽어내려는 행동은 **관계 사고**라고 불리는 편집증의 초기 증상인데, 종국에는 망상으로 이어지게 되는 징검다리와도 같다.

칠 년 전 콜럼버스에서 어머니에게 구애했던 학자, 어머니 쪽에서도 홀딱 반해 결혼했던 잘생기고 지적인 남자는 어디로 간 걸까? 이렇게 평소와 전혀 다르고 기괴한 남편의 모습을 혹시 다른 사람들도 본 적이 있을까? 어머니는 아버지가 축음기로 종교음악을 귀가 찢어지도록 크게 틀어놓고 스페인어로 지껄여댔다고 했다. 할머니와 의붓할머니가 선교사로 일하며 사용했던 아버지의 제2언어였다. 아버지는 스페인어를 빠르게 쏟아내며 그 관능적 음색 속에서 캘리포니아로 돌아간 것처럼 느꼈다. "철학자 호세 오르테가 이 가세트는 이렇게 말했지. '요 소이 요 이 미 시르쿤스탄시아(나는 내 자신이자 나의 환경이다).'" "'엘 문도 티에네 우나 벨레차 라라(이 세상은 보기 드물게 아름답구나)!'"

다시 그날 밤 거실로 돌아가 보자. 가수의 노래와 율동에 홀린 아버지는 시시각각 흥분하며 초조해했다. 노랫말에 숨겨진 의미가 있고 춤 동작이 자기에게만 보내는 수신호이기라도 한 것처럼. "방송국으로 가야 해!" 아버지가 소리쳤다. "지금 당장, 저 사람이 떠나기 전에!"

어머니는 필사적으로 머리를 굴렸다. 지금 이 사람 혼자 차를 몰고 가게 하면 대체 방송국에서 무슨 짓을 저지를까? 과연 무사히 도착할 수는 있을까? 그렇다고 샐리와 나를 뒷자리에 태울 수도 없는 노릇이었다. 그 시간에 깨운다면 우리 둘 다 기겁할 터였고, 저런 상태의 아버지를 우리에게 보여준다는 건 말도 안 되는 일이었다. 오늘날까지도 잘 알려지지 않은 사실이지만, 극도의 조증 환자는 도취와 허세뿐만 아니라 성급함과 분노에 휩싸인다. 그는 충동 조절 능력과 판단력을 잃고 강한 비합리성과 과잉 성욕을 드러낸다. 감히 그 누구도 그의 계획을 방해하거나 그가 내린 판단을 부정할 수 없다.

어머니는 심장을 졸이면서도 아버지를 따라가서 달래보기로 했다. 두 사람이 돌아올 때까지 우리가 계속 위층에서 잠들어 있기만을 빌면서. 만약 중간에 아이들이 깨기라도 한다면 도저히 남편을 용서할 수 없을 터였다. 대체 어머니가 왜 이런 선택을 내려야 하는 지경이 된 것일까?

누군가에게 전화를 걸고 싶은 마음이 간절했지만, 과연 누가 이 터무니없는 이야기를 믿어주겠는가? 게다가 어떻게 성난 남편 몰래 통화를 할 수 있겠는가? 시간이 없었다. 아버지는 이미 자동차 열쇠를 집어 들고 현관문으로 다가가고 있었다. 어머니는 허둥지둥 위층에 올라가 샐리와 나의 차분한 숨소리를 확인했다. "신이시여, 제발 저 애들이 계속 자고 있게 해주세요." 계단을 내려가며 어머니는 속삭이듯 기도했다.

두 사람은 밖으로 나와 우리 집 자가용에 탔다. 8기통 엔진이 달린 1956년형 포드 빅토리아였다. 아버지는 자기가 운전해야 한다고 고집했다. 어머니는 절대로 시간에 맞게 방송국에 도착할 만큼 빨리 운전하지 못할 거라면서. 아버지가 점화장치에 열쇠를 꽂자 엔진이 돌아가기 시작했다. 아버지는 후진 기어를 넣어 차를 빼고 기어를 1단으로 올렸다. 타이어가 도로를 긁으며 끼익 소리를 냈다.

일단 시 경계선을 벗어나자 아버지도 2차선·4차선 고속도로 표지판과 진입 신호등에 따라 차를 세웠지만, 어머니에게는 여전히 힘든 상황이었다. 아버지는 어머니가 바로 옆에 앉아 있는데도 불쑥 고함을 질러댔다. "반드시 도착해야 해! 이놈의 차, 더 빨리는 못 가나?" 하지만 그럴 때를 빼면 가수가 오직 아버지에게만 보내는 메시지를 포착하려는 듯 가만히 앉아 있었다. 탁 트인 도로로 나오자 속도계의 붉고 가느다란 바늘이 시속 100킬로미터를 넘어 110, 120킬로미터에까지 이르렀다. 새로운 도시가 나올 때마다 아버지는 뭐라고 혼자서 중얼거렸다.

도시를 지나 다시 시골로 들어선 차는 깜깜한 어둠을 뚫고 달렸다. 어머니는 마치 다른 사람의 몸에 들어온 것처럼 어질어질했지만, 최대한 힘을 끌어모아 정신을 가다듬고 기회가 생길 때마다 집으로 돌아가자며 아버지를 설득하려 했다.

놀랍게도 두 사람은 한 시간 반 만에 신시내티 외곽에 도착했다. 방송국의 거대한 송신탑이 등대 구실을 했다. 어느새 자정이 가까워져 있었다. 아버지가 차를 주차장에 진입시키며 브레이크를 세게 밟자 타이어가 헛돌며 자갈을 튕겨냈다. "차에 있어. 나 혼자 만나러 갈 거니까." 아버지는 어머니에게 명령하더니 자리에서 일어나 방송국 철책을 향해 달려갔다. 어머니는 방송국 직원이 아버지를 보면 어떻게 될지 생각하며 겁에 질렸다.

다행이었다! 철책은 잠겨 있었고 방송국이 있는 벽돌 건물도 불빛 하나 없이 깜깜했다. 차창이 닫혀 있는데도 아버지가 철책을 마구 흔들어대는 소리가 들려왔다. 저러다 철책에 기어올라 넘어가려고 하면 어쩌지? 어머니는 가만히 차에서 내렸다. 컴컴한 주차장 안에서 부드러운 불빛으로 동그라미를 그리고 있는 차의 문을 열어둔 채 아버지에게 다가갔다. 아버지의 가슴 근육이 들썩거렸고, 셔츠 가슴팍은 서늘한 밤공기 속에서도 땀으로 흠뻑 젖어 있었다.

"방송국은 닫혔어, 여보." 어머니는 차분한 목소리로 말을 건넸다. 아버지는 양손으로 쇠사슬을 쥔 채 씩씩대며 앞만 쳐다보고 있었다. 침착하자, 침착해. 어머니는 속으로 생각하며 말했다. "스티비랑 샐리가 아직 자고 있다는 걸 잊으면 안 돼. 우리도 돌아가는 게 좋겠어. 그 가수는 며칠 내로 다시 방송에 나올 거야."

아버지는 망설이는 듯 손수건으로 얼굴을 닦았다. 방송국 쪽을 한 번 더 흘끗 보더니 갑자기 "그래, 가야겠군" 하며 돌아섰다. 운전석 문이 열렸다가 쾅 하고 닫혔다. 두 사람이 탄 차는 다시 고속도로로 진입해 왔던 길을 되짚어갔다.

뒤따라오는 차는 하나도 없었다. 고속도로, 들판, 나무가 무시무시한 속도로 차 안의 고요한 세상에 가까워졌다가 양옆으로 휙휙 사라져갔다. 전조등 불빛이 돌진해오는 길바닥을 비추고 있었다. 그 기나긴 밤을 되돌아보며 어머니는 내게 격양된 어조로 이렇게 물었다. "그때 고속도로에서 경찰이 차를 세우기라도 했다면, 네 아버지가 저항하기라도 했다면 어떻게 되었겠니?" 어머니 말대로 아버지가 자기 힘을 과시하려고 했다면? 만약 문제가 생겼다면 누가 우리 집에 가서 샐리와 나를 챙겨주었을까? 우리는 어떤 시설로 보내졌을까?

하지만 들리는 것이라고는 고속도로 위에서 미친 듯이 돌아가는 타이어 소리뿐이었다. 아드레날린과 피로로 정신이 흐릿해진 어머니는 그저 말없이 기도했다. **'제발 사고가 안 났으면, 제발 경찰을 안 만났으면.'**

새벽 두 시경에 차가 기적적으로 콜럼버스에 다다랐을 무렵 속도가 느려지더니 잠시 후 끼익 소리를 내며 길가에 멈춰버렸다. 골목 전체가 으스스할 만큼 적막했다. 어둠 속에 드문드문 집들의 윤곽이 드러났다. 어머니는 차에서 내려 아버지와 나란히 걸었다. 몇 킬로미터가 지나도록 돌바닥에 희미하게 울리는 두 사람의 발소리 말고는 아무것도 들리지 않았다. 마침내 집에 도착하자 어머니는 아버지의 손에서 열쇠를 빼어 들고 계단을 뛰어올라 우리 침실 문을 열었다. 샐리와 나는 입을 살짝 벌리고 그날 밤 있었던 일을 전혀 모른 채 푹 잠들어 있었다. 몇 분 뒤 어머니는 침대에 쓰러지듯 드러누웠다. 결혼식 이후로 계속 아버지와 함께 침대를 썼지만, 그날 밤은 다른 남자 곁에서 잠들어야 할 터였다.

어머니는 숨을 고르며 잠 속으로 빠져들었다. 신시내티로의 끔찍한 한밤중 드라이브가 끝난 뒤 어머니가 마지막으로 떠올린 생각은, 그날 밤의 일을 비롯해 비슷비슷한 다른 사건들 모두를 평생 자기 가슴속에만 간직해야 한다는 것이었다. 우리 가족을 위해 그리고 의사의 엄격한 명령 때문에라도 침묵의 서약은 지켜져야 했다.

영원히.

✷

와이언도트 집의 부엌 식탁에서 저녁 식사를 마치고 나면 아버지는 가끔 나를 무릎에 앉혔다. 바깥 공기는 아직 오븐 속처럼 뜨거웠다. 내 양쪽 무릎과 팔꿈치는 자전거로 온 동네를 달리다가 넘어져서 생긴 상처들 때문에 온통 반창고투성이였다. 나는 도화지로 만들어 깃털 하나를 꽂은 아메리카 원주민 모자를 쓴 채 식탁에 앉았고, 그러면 아버지는 원주민 소년 니커슈가 카누를 타거나 대평원을 돌아다니며 겪은 모험 이야기를 들려주었다.

"인디언 아이들은 너나 요즘 아이들과 달리 학교에 다니지 않았단다. 하지만 항상 뭔가를 배우고 있었지. 부족 장로들은 니커슈에게 나무 조각하는 법과 낚시하는 법을 가르쳤어. 나이가 들어 성년에 가까워지면서 니커슈는 활과 화살만으로 사냥하는 법도 배웠단다. 꾸준히 연습한 끝에 매우 뛰어난 사냥꾼이 되었지. 인디언들은 그렇게 살았단다. 부족 전체가 땅에 의지해 살아갔지."

"제발요, 아빠. 가을철 대사냥 이야기 좀 들려주세요!" 나는 이렇게 졸랐다.

아버지는 살짝 미소 지으며 식탁에 똑바로 앉은 채 말을 이었다. "가을철 대사냥에 나설 때가 되었단다. 젊은 용사들은 여름 내내 이 행사를 준비했지. 화창한 날이면 니커슈는 다른 소년들을 이끌고 안내인 어르신과 함께 길을 나서곤 했어. 눈이 오기 전에 식량을 모아두어야 했으니까. 그들은 숲속 깊이 들어가 곰과 사슴을 찾아다녔지." 이야기의 세세한 내용 하나하나가 내 마음속 깊이 새겨졌다. 아버지는 니커슈가 자신의 활과 화살로 용기를 증명해야 했다고 이야기했다. 때 이른 눈보라가 쏟아지자 니커슈는 동굴로 피신했고, 날씨가 개자마자 마지막 사냥을 위해 그의 애팔루사*에 올라 바람처럼 빠르게 달려나갔다.

"마침내 용사들이 부족에게로 돌아왔지. 사냥한 짐승들을 말 등에 주렁주렁 늘어뜨린 채로 말이야. 부족 전체가 용사들을 맞으러 나왔어. 용사들이 캠프에 들어서자 장로들은 뿌듯해했지. 새로운 세대가 멋지게 해낸 거야. 언젠가는 니커슈가 그들의 추장이 되겠지. 대사냥이 끝난 것을 축하하기 위해 모두가 성대한 잔치를 벌였단다."

아버지는 **자기도** 어린 시절에 니커슈 이야기를 들었다고 했다. 서던캘리포니아의 산속에서 야영하던 중에 말이다. 나는 과연 니커슈만큼 용감해질 수 있을지 확신하기 어려웠지만 언젠가 시험에 들게 된다면 최대한 노력하겠다고 다짐했다. 언젠가는 나도 시험에 들게 될 때가, 지금까지보다 더 용감해져야만 할 때가 반드시 올 **것만 같았다**. 하지만 언제쯤 어떤 시험에 들게 될지는 도저히 짐작도 되지 않았다.

이 모두가 침묵의 1950년대에 있었던 일이다. 지금 돌아보면 거의 수백 년 전처럼 느껴지는 시대다. 그때와 비교하면 지금의 우리는 엄청나게 먼 길을 오지 않았는가? 특히 정신질환을 대하는 태도에 있어서 말이다. 정신질환자에게 찍히는 낙인도 동성 결혼에 대한 인식이 나아진 만큼 급속하게 사라지고 있지 않

* 미국 서부 원산의 몸집이 크고 튼튼한 말 종류.

은가?

그렇게 말할 수만 있다면 얼마나 좋겠는가. 정신질환에 관한 일반 대중의 지식이 이전 세대보다 훨씬 늘어난 것은 사실이다. 어쨌든 고등학교에서도 종종 심리학을 가르치고 예전처럼 정신질환을 쉬쉬하며 숨기지도 않으니까. 이제는 그 어느 때보다도 많은 미국인이 기분장애와 불안장애, 정신이상과 유년기 정신질환 증상을 제대로 구분할 줄 안다.

하지만 한편으로 여러 대규모 설문조사 결과를 살펴보면 1950년대 대중의 정신질환에 관한 부정적 태도는 지금까지도 본질적으로 크게 달라지지 않았음을 알 수 있다. 그때나 지금이나 정신질환자들과 거리를 두고 싶다는 생각이 현저하게 드러난다. 게다가 정신질환은 항상 폭력과 직결된다고 믿는 사람의 수는 육십 년 전의 세 배로 늘었다. 중요한 지점에서 상황이 오히려 퇴보하고 있는 셈이다.

이렇게 된 핵심 원인은 언론 매체가 끔찍한 총기 폭력 행위를 집중 보도한 데 있다. 광기 어린 살인마의 사진이 정신장애를 대표하는 이미지가 되어 정신질환은 반드시 공격성을 수반한다는 관념을 대중에 전달한다. 사실 정신질환자 개인은 오히려 폭력의 **피해자**가 될 가능성이 일반인보다 훨씬 더 높으며, 드문 예외를 제외하면 공격성을 분출할 가능성도 일반인과 크게 다르지 않다. 하지만 이 점은 대중에게 잘 알려지지 않는다.

정신질환과 치료의 역사에는 이 같은 진보와 퇴보의 순환이 흔히 나타난다. 18세기 후반부터 19세기 초반 유럽에서 어떤 운동이 시작되어 금세 아메리카 대륙에까지 이르렀다. 이 운동의 목적은 악령에 씌었다고 여겨졌던 만성 정신장애인들을 비인도적인 '수용소'의 속박에서 해방시켜 섬세하고 잘 훈련된 보호사들이 근무하는 요양소 형태의 전원 시설로 보내는 것이었다. **도덕적 치료**로 칭해진 이 같은 조치는 길 잃은 사람들을 일상의 스트레스로부터 떨어진 차분하고 치유적인 환경에서 인도적으로 대하려는 명백한 시도였다.

그러나 최선의 의도로 시작된 개혁이 종종 그렇듯 이런 요양소들도 점점 더 대형화되고 의료화됐다. 산업혁명이 본격화한 19세기 중반에 연방 입법기관들은 도덕적 치료라는 미명 하에 도시 중심부에서 멀리 떨어진 곳에 있는 대규모 시설을 개조해 비용을 절감하고 대중을 보호하려 했다. 남북전쟁 이후에는 이런 대규모 공공시설이 중증 정신질환자 치료 대부분을 독점하게 되었다. 아버지는 그런 곳에서 제공하는 '돌봄'이 얼마나 끔찍한지 몸소 체험했다. 아버지는 중산층 금주운동가 집안에서 자라나 교수 지위에 오른 사람이었지만, 정신병원 강제 입원에는 계급 구분이 없었다. 정신보건 분야에는 잔혹함이 만연해 있었다.

1970년대에는 탈원화로 지역 내 돌봄과 인도적인 대우를 지

향하는 추세가 나타났고 마침내 공공 정신병원 대부분이 폐쇄되기에 이르렀다. 이는 당연하고 마땅한 흐름이었으나, 지역 기반의 대안적 시설은 충분한 예산을 확보할 수 없었다. 실제로 탈원화는 사실상 재시설화였다고 주장하는 사람도 많은데, 그로 인해 많은 정신질환자가 감방이나 교도소, 일손이 부족하고 고립된 도심의 '복지' 센터에 수용되었기 때문이다. 더구나 오늘날 노숙자 인구의 다수가 만성 정신장애를 지녔다는 사실은 (마치 중증 정신장애가 개인 간의 접촉을 통해 옮을 수 있다는 듯한) 전염의 두려움을 증폭시키고 정신질환자는 경쟁력이 떨어지고 잠재적인 착취 대상이라는 관념을 부추긴다.

정신질환을 대하는 대중의 태도에는 어떤 사고방식이 깔려 있을까? 정신적 균형을 유지하기 힘들어하는 개인과 마주한 사람은 자신의 안정에 위협감을 느낀다는 의견도 있다. 많은 관찰자가 인생의 불안정함이나 자신의 빈약한 자제력을 실감하며 위협감의 근원으로부터 거리를 두려고 한다는 것이다. 게다가 제대로 규명되지 않은 질병은 심한 공포와 낙인의 대상이 되기 마련이다. 수 세대 이전의 암이나 원인 박테리아가 발견되기 이전의 한센병처럼 말이다. 오늘날 유방암은 중요한 '쟁점'이자 대규모 기금 마련 운동의 주제가 되었다. 나병 환자 격리촌은 과거의 이야기이며 한센병 환자는 고도로 발달한 항생제를 처방받는다. 그러나 정신질환은 여전히 개인의 비합리성과 나약한 의지력, 예측 불가능한 운명, 부적절한 양육의 결과로 여겨지며 연민보다도 경멸과 격분의 대상이 된다. 프린스턴 대학교 교수인 사회신경과학자 수전 피스크가 말했듯 정신질환자는 '가장 비천한 족속'이자 인간적인 감정과 경쟁력이 부족한 사람으로 간주되곤 한다.

정신질환에 관한 사실적 정보 전달이 오히려 대중의 거리감을 **키우기** 쉽다는 것도 놀라운 일은 아니다. '사실'이란 흔히 선입견을 부추기게 마련이니까. 대중에게 전달되어야 할 정보는 정신질환이 치료만 받는다면 충분히 이겨내고 극복할 수 있는 병이라는 사실이다. 지원 활동의 주된 목표는 정신질환자도 근본적으로 인간임을 강조하는 것이어야 한다. 정신질환이 국가 정책에서 합당한 위치를 차지하려면 그것에 대해 한층 더 허물없이 논의할 수 있어야 한다. 어떤 종류의 정신질환을 앓는 사람이든 효과적인 치료만 받는다면 잘 살아갈 수 있지만, 그런 목표에 이르는 길은 아직 멀고도 험하다.

*

1950년대 말쯤 어머니는 갈림길에 섰다. 아버지가 조울증 삽화에서 회복되어 돌아와도 어머니는 구체적으로 어떤 일이 있었는지 전혀 알 수 없었다. 이 사람이 다음번에 돌아오지 않으면 어떡하지? 남은 우리 가족은 어떻게 되는 거지? 어머니가 나와 솔직한 대화를 시작하고 나서 말해준 바에 따르면 아버지는 결혼 전 구애 기간에 자신의 과거를 거의 알려주지 않았다. 고등학교와 프린스턴 대학교 재학 시절에 '약간의 문제'가 있었다고 언급했을 뿐이다. 그 한마디만이 어머니가 아는 전부였다. "당시엔 아무도 정신질환 이야기를 하지 않았단다, 스티브." 그에 따르는 낙인이 너무도 끔찍했기 때문이다.

하지만 부모님이 결혼하고 어머니가 나를, 그에 이어 샐리를 임신하면서 명백한 진실이 드러났다. 두 번 모두 아버지는 어머니의 눈앞에서 최악의 조증을 일으켰다. 기분장애 병력이 있는 여성이 산후 우울증에 걸리기 쉽다는 점은 익히 알려져 있으며 중요한 공공 보건 문제로 다루어진다. 하지만 양극성장애 유전 가능성이 있는 남성이 여성 파트너가 임신했을 때 유사한 증상을 보인다는 점은 잘 알려지지 않았다. 여성 환자의 산후 우울증과 달리 이 경우는 직접적인 호르몬 분비와 관련된 것도 아니다. 신생아 양육에 따른 수면 부족 때문일까, 혹은 오랫동안 주기적으로 광기를 겪고 나서 자식을 낳는다는 데 실존적 두려움을 느꼈기 때문일까?

내가 추산한 바에 따르면 아버지는 결혼하고 나서 십 년 동안 최소 여섯 번의 조울증 삽화를 겪었고, 그때마다 어머니의 두려움도 점점 커졌다. 그렇게 십 년이 지나갈 무렵 어머니는 상황을 직시하고 몰래 변호사와 상담 약속을 잡았다. 아버지가 정신병원에서 돌아오지 못하거나 증상이 너무 악화될 경우 이혼할 수 있는지 알아보려고 한 것이다. 혹시라도 외벌이로 우리를 먹여 살려야 한다면 대학원에 복귀해 일자리를 구할 계획도 세우고 있었다.

"엄청나게 비싼 변호사였단다." 어머니는 이렇게 말했다. 하지만 막상 콜럼버스 시내 근방의 잘 꾸며진 사무실에 도착하자 어머니의 혀는 얼어붙어버렸다. 뭐라고 말할지 다 생각하고 왔는데도 막상 상담이 시작되니 말을 꺼내기가 어려웠다. 상대는 변호사고 어머니는 의뢰인이니 상담 내용이 새어나갈 일은 없었는데도 차마 뭐가 문제인지 이야기할 수 없었다. 남편이 주기적으로 중증 정신질환 증상을 보인다고 말하는 대신 모호하고 추상적인 용어로 이혼 가능성을 문의했을 뿐이다.

"변호사도 이 사람이 왜 이러나 궁금했을 거야. 내가 하도 에둘러 말했으니까. 상담 시간만 낭비한 셈이지." 요약하자면 당시 정신질환 이야기를 입 밖에 꺼내는 일은 금기였다는 것이다. 어머니의 말 한마디 한마디에서 쓰라린 감정이 묻어났다. 낙인이 어떤 것인지 이보다 더 명백히 보여주는 사례도 또 없으리라.

1950년대가 끝나가던 몇 달 동안 아버지는 다시 안정 상태에 접어들었다. 부모님은 건축가에게 새집 설계도를 의뢰했고 어머니도 이혼 생각을 서서히 잊어갔다. 새집을 짓는다는 건 우리 가족이 유지되어야만 한다는 맹목적 믿음에서 나온 결정이었다.

내가 초등학교 2학년이었을 때 우리 가족은 이따금 건설 현장까지 드라이브하곤 했다. 집 근처의 농지 위로 커다란 원통형 물탱크가 솟아올라 있었다. 마치 지구라는 거대 모함에 가느다란 다리로 매달린 대형 우주선처럼 보였다. 샐리와 나는 우주비행사 흉내를 내며 새집의 뼈대 위를 거닐고 나무 문틀과 벽 골조를 넘어 다녔다.

차를 타고 와이언도트 로드로 돌아가는데, 물탱크 근처 신축 쇼핑몰의 널따란 주차장 옆에서 줄줄이 매달린 채 반짝이는 알록달록한 전구가 보였다. "가서 봐도 돼요, 아빠?" 샐리와 나는 입을 모아 소리쳤다. 아버지가 그쪽으로 차를 돌리자 우리는 놀이공원이 있다는 걸 알아차리고 그리로 놀러 가자고 졸랐다. 가설 놀이공원에서는 톱밥과 쇠, 땀, 놀이기구를 돌리는 휘발유 냄새가 났다. 놀이기구가 빙글빙글 회전하는 동안 분홍빛과 보랏빛 솜사탕이 끈끈한 접착제처럼 샐리와 나의 손에 들러붙었다.

어느 한여름 날 대형 승합차를 타고 온 남자들이 우리 집의 모든 세간을 포장했다. 커클리 로드에 새로 지은 집은 중이층이 있었고 새하얗게 페인트칠 되어 새까만 진입로 위에서 두드러져 보였다. 아버지가 설계 단계부터 건축가에게 요청했던 집 안 서재에는 사면 벽을 따라 금빛 붙박이 책장이 설치되어 있었다.

우리 집 바로 뒤에는 우리가 다니게 될 신설 고등학교가 들어선다고 했다.

하지만 새 학년이 시작되기 직전에 아버지는 또다시 사라졌다. 지난번처럼 몇 달만 있으면 돌아오시겠거니 짐작했지만 확실한 건 아무것도 없었다. 희망 사항일 뿐이었다. 새 학교에서의 3학년이 시작되고, 집에 돌아와서야 아버지는 어찌 된 걸까 생각하는 하루하루가 이어졌다. 여전히 전화는커녕 편지 한 통도 없었다. 아버지는 공허 속으로 빨려들어갔다.

나의 세계는 서서히 무너져내렸다. 아무리 노력해도 도저히 기운이 나지 않았다.

아빠가 또 사라진 건 내가 뭔가 잘못했기 때문일까? 지지부진하게 몇 주가 흐르자 무슨 대답이든 듣고 싶어졌다. 어머니에게 뭐라고 물어볼지 궁리해봐야 했다.

나는 마음을 단단히 먹고 적당한 순간을 기다렸다.

4

우익에서 본 풍경

나는 어머니에게 안녕히 주무시라고 인사한 뒤 새 침실의 이층 침대 위 칸으로 올라갔다. 가만히 누워서 눈을 최대한 꼭 감고 잠들려 애썼지만 소용없는 일이었다. 아버지가 사라진 지도 어느새 한 학년이 지나버렸다. 그 생각만 하면 불안해서 견딜 수가 없었다.

맑은 정신과 졸음의 흐릿한 경계 즈음에서 무언가가 나타났다. 내 침실의 맞은편 벽에 투사한 것처럼 희미하게. 처음에는 그게 뭔지 알 수 없었지만 곧 시야가 뚜렷해졌다. 은빛을 띤 대형 기계가 공중에서 맴돌며 은은한 굉음을 내고 있었다. 기계 입구에서 천천히 하얀 리본이 풀려나오며 허공에 나풀나풀 나부꼈다. 아래로 흘러내리는 리본의 곡선과 주름이 그림자를 드리웠다. 리본은 시종일관 한결같은 속도로 쏟아지며 내 눈앞의 공간을 채워나갔다. 리본의 정체는 바로 시간, 영원한 시간이었다.

절대로 멈추지 않는 시간.

아버지는 내게 무한에 관해 말해준 적이 있었다. 구골*보다도 더 많고 구골플렉스**보다도 더 많은 것이라고. "그건 숫자

* 10의 100 제곱.

조차 아니란다. 숫자를 뛰어넘은 개념이지." 아버지는 이렇게 말했다. 우주는 무한할까, 아니면 무한히 유한할까? 아버지의 질문에 나는 머리가 아찔해졌다.

하지만 영원은 그보다도 훨씬 더 두려운 것이었다. 나는 줄곧 시간에 관해 생각했다. 모든 일을 제대로 처리하려면 시간이 얼마나 부족한지, 결코 해답을 알 수 없는 의문들을 생각할 때면 시간이 얼마나 느리게 지나가는지. 하지만 시간이 절대로 멈추지 않는다면 그 모든 게 무슨 의미일까? 분수도 더는 의미가 없으리라. 어딘가에 3분의 1, 10분의 1, 혹은 100분의 1만큼 가까워진다는 게 무슨 의미란 말인가? 시간이 영원한 것이라면 우리는 결코 목적지에 근접할 수 없을 텐데. 시간 안에서 얼마나 멀리 나아가든 정확히 그만큼의 리본이 계속 풀려나올 테니 우리의 위치는 출발점 그대로일 것이다. 영원 안에 진보란 없다. 어딘가에 다다르려는 또 다른 하루만큼의 헛된 몸부림이 있을 뿐이다. 영원한 시간 앞에서는 아무것도 의미를 갖지 못한다.

나는 그런 생각을 하다가 마침내 잠에 빠져들었다. 학교에서 담임 선생님이 시험 답안지나 과제에 점수를 매겨 돌려줄 때마다 두근거렸던 시절도 있었다. 하지만 이제는 하루하루가 덧없이 흘러만 갔다. 내 온몸이 가제 붕대로 꽁꽁 감싸여 세상과 단

** 10의 구골 제곱.

절된 것만 같았다.

도저히 멈출 수 없는 생각들로 머리가 터질 듯한 밤도 있었다. 특히 '개자식' '엿 먹어' 같은 비속어가 자꾸 떠올랐다. '하나님 개자식, 하나님 개자식'이 무슨 노랫말처럼 튀어나오더니 아무리 노력해도 머릿속에서 사라지지 않았다. 신이 이렇게 끔찍한 말을 듣기라도 한다면 어떻게 될까?

그렇게 가만히 누워 마음을 가라앉히려고 애쓰는데 문득 내가 소변을 끝까지 누었나 하는 생각이 들었다. 한 번만 더 시도해본다면, 소변을 마지막 한 방울까지 다 짜낸다면 차분히 잠들 수 있을지도 몰랐다. 나는 이층 침대에서 일어나 사다리를 내려갔다. 복도를 지나 세면대 두 개가 나란히 놓이고 바닥에 청록색 타일이 깔린 화장실로 들어갔다. 낑낑거리며 간신히 변기에 소변 한 방울을 떨군 다음 당당히 침대로 돌아갔다. 하지만 몇 분 지나지 않아 또다시 소변이 아직 남은 것 같다는 생각이 들었고 조금 전의 과정을 그대로 되풀이했다. 당시 나는 행동 강박에 따른 심사숙고에 굴복한다면, 다시 말해 방광을 다 비우지 못했다는 두려움을 달래려고 계속 소변을 본다면 순간적인 만족밖에 얻을 수 없다는 것을 몰랐다. 강박관념은 점점 더 강화되며 악순환을 되풀이하기 마련이다.

어머니에게 내 속상함을 털어놓을 수는 없었다. 어머니는 나도 이미 잘 아는 표정을 지으며 내가 불행해하는 모습은 보고 싶지 않다는 의사를 드러낼 테니까. 내 평생 가장 외로운 시기였다. 때로는 뭔가를 부숴버리고 싶기도 했다. 내가 얼마나 노력하고 있는지 누가 알기나 할까? 하루하루가 지날수록 괜찮은 척하기가 점점 더 힘들어졌다. 결국 나는 아버지에 관해 뭐든 알아내야겠다고 결심했다.

어머니는 화창한 가을날 오후면 부엌 식탁에 앉아 있곤 했다. 유리 미닫이문 너머로 뒤뜰에 새로 심은 앙상한 나무들과 서서히 황갈색으로 변해가는 잔디밭이 내다보였다. 집 안은 죽은 듯이 고요했다. 나는 망설이면서도 기운을 짜내어 어머니에게 다가갔다.

"그래, 스티비." 어머니는 나를 보며 말했다. "무슨 일이니?"

절호의 기회였다. 나는 꿀꺽 마른침을 삼켰다. "엄마, 여쭤볼 게 있어요. 아빠는 어디 계세요?"

어머니의 미소가 순식간에 사라졌다. 어머니는 화가 난 것 같진 않았지만 그래도 지극히 심각한 표정이었다. 시간이 째깍째깍 흘러갔다. 어머니가 마침내 입을 열더니 또렷한 목소리로 대답했다. "너희 아빠는 캘리포니아에서 쉬고 계셔. 언제 돌아오실지 모른단다." 어머니는 내 눈을 똑바로 바라보며 이렇게 마무리했다. "더는 묻지 않는 게 좋겠구나."

나는 어머니의 말을 곱씹어본 끝에 간신히 이렇게만 되물을 수 있었다. "쉬고 계신다고요?"

어머니는 고개를 끄덕일 뿐이었다. 더는 아무 말도 없었다. 나는 고개를 떨어뜨리고 천천히 위층으로 걸어올라갔다.

그동안 읽은 책들과 머릿속 생각을 싹 잊어버리고 실컷 낮잠을 자는 아버지를 상상해보았다. 아버지가 쉬고 있다니 나도 기뻐해야 마땅했다. 하지만 아버지는 대체 캘리포니아 어디에 있는 걸까? 어째서 우리한테 연락 한번 안 하는 거지? 그날 밤 침대에 눕자 또다시 기계에서 풀려나오는 시간의 리본이 보였다. 리본은 가만히 굽이치며 끝도 없이 흘러나오고 있었다.

3학년 담임인 설러 선생님은 새 학년 첫날 우리에게 자신이 신임 교사라고 소개했다. 선생님의 커다란 눈망울과 젊고 열의 어린 동그란 얼굴을 보면 무슨 질문에든 대답해드리고 싶은 의욕이 솟구쳤다. 어느 날 오후 수업을 마치는 종이 울리고 아이들이 함성을 지르며 달려나가는데 설러 선생님이 나더러 교실에 남으라고 말했다. 텅 빈 책상들이 반듯하게 늘어서 있고 책장에는 교과서들이 가지런히 꽂혀 있었다. 벽 위쪽에 성조기가 걸려 있고 그 아래에는 알파벳 인쇄체와 필기체가 깔끔하게 적힌 초록색 비닐 끈이 걸려 있었다. 나는 필기를 정말 못했다. 글을 쓰든 그림을 그리든 연필심을 부러뜨릴 만큼 손에 힘을 주는 버릇이 있었다. 유선 용지에 연필을 꾹꾹 눌러가며 적었던 시커먼 글씨와 단어 들이 지금도 눈앞에 선하다. 그렇게 손에 힘을 주느라 오른쪽 어깨뼈에 느껴지던 통증이, 영원히 뭉쳐버린 근육과 힘줄이 아직도 선명하게 느껴진다.

높다란 창문으로 오후의 햇살이 비스듬히 비쳐 들었다. 설러 선생님은 밝고 희망찬 표정으로 나를 바라보며 물었다. “뭐 좀 물어봐도 되겠니, 스티브?”

“네.” 나는 빨리 대답을 끝내고 밖으로 나갈 수 있기만을 바라며 대답했다.

“너희 아빠는 어디 계시니? 못 뵌 거 같아서.”

몇 초 동안 숨통이 막혀버린 기분이었다. 선생님이 뭔가 아시는 걸까? 아니면 그냥 호기심 때문일까? 저 커다란 눈망울 좀 봐. 정말로 대답을 듣고 싶으신 거야. 갑자기 일주일 전에 신학기 전야제가 열렸던 게 기억났고, 아버지가 왜 거기 안 오셨는지 궁금하셨나 보다 하는 생각이 들었다. 같은 반 아이들의 부모님은 십중팔구 두 분 다 오셨으니까.

나는 침을 꿀꺽 삼키고 최대한 단호한 목소리로 대답했다. “저희 아빠는 캘리포니아에 가셨어요, 선생님. 거기서 쉬고 계세요.”

선생님은 내 대답을 곱씹어보는 듯했다. 얼굴에는 여전히 미소를 띠고 있었지만, 눈빛이 살짝 달라졌다. 선생님이 눈을 가늘게 뜨더니 고개를 오른쪽으로 갸웃했다. 꽉 다문 아랫입술이 윗입술 위까지 올라올 것 같았다. “그래?” 선생님은 명랑한 목소리를 내려고 애썼지만, 입술을 살짝 비튼 채로는 그러기가 힘든 모양이었다.

"네, 저희 엄마가 그러셨어요."

"그렇구나." 선생님이 대답했다. "근데 언제 돌아올지는 아무도 모르시는 거니?"

머리를 굴려봤지만 적당한 대답이 떠오르지 않았다. "잘 모르겠어요." 나는 조용히 대답했다.

어색한 침묵이 흐른 뒤 선생님은 내게 다른 질문을 던졌다. 아마도 과제에 관한 질문이었던 것 같다. 나는 무뚝뚝하게 대답하고 안녕히 계시라는 인사를 한 뒤 계단을 내려가 운동장으로 나갔다. 그 뒤로 한참 동안 선생님의 표정이 머릿속에 남아 있었다. 갑자기 변하던 눈빛, 입술이 살짝 비틀어지면서 기대감 어린 얼굴이 당혹스러운 표정으로 바뀌던 모습이.

어머니가 왜 그리 복도를 오락가락하느냐고 묻는 바람에, 밤마다 자꾸 화장실에 가고 싶어진다는 사실을 털어놓을 수밖에 없었다. 어머니는 걱정스러운 기색으로 우리가 다니는 소아과에 전화를 걸어서 전문 병원에 진료 예약을 잡았다.

일주일 뒤 우리는 차를 타고 시내 근처의 병원으로 갔다. 간호사가 나더러 연두색 가운을 입으라고 했다. 나는 탈의실로 들어가 팬티만 빼고 옷을 몽땅 벗은 다음 가운에 달린 가느다란 끈 사이로 양팔을 집어넣었다. "아가야, 그게 아냐." 간호사는 나를 보더니 이렇게 말했다. "돌려서 입어야 해. 끈 있는 쪽이 뒤로 가야 한단다. 걸치고 나오면 내가 끈을 묶어줄게." 나는 기죽지 않으려고 애쓰며 끙끙댄 끝에 가운을 제대로 입는 데 성공했지만, 내 몸엔 가운이 너무 헐렁했다.

종이컵에 든 희뿌연 액체를 삼키고 진찰대에 누웠다. 머리 위로 거대한 연두색 엑스레이 기계가 솟아올라 있었다. 이런저런 각도로 몇 장씩 엑스레이 촬영을 한 다음 돌아누우라는 지시를 받았다. 사진이 흔들리게 나올까 봐 나는 숨을 꼭 참고 있었다. 마침내 촬영이 끝나고 나와서 도로 옷을 입었다.

차 뒷좌석에 앉아 집으로 돌아오는 동안 어머니에게 말을 걸고 싶었지만 뭐라고 해야 할지 생각이 나지 않았다. 그래서 청회색 하늘 아래 뻗은 노스하이 스트리트와 나지막한 벽돌 건물만 내다보고 있었다. 차는 좌회전하여 오하이오 주립대학교 축구 경기장을 지나 우리 집으로 향했다. 내 바로 곁에 유독성 풍선들이 둥둥 떠 있는 것만 같았다. 언제 새어 나올지 모르는 치명적 독가스로 가득 찬 풍선들이.

며칠 뒤 어머니가 말해주길, 병원에서 엑스레이 검사 결과 아무 문제도 없었다는 전화가 왔다고 했다. 어머니는 당황한 기색이었지만 나는 전혀 놀라지 않았다. 문제는 내 몸이 아니라 마음에 있으리라는 것을 이미 알았으니까.

샐리와 나는 몇 주에 한 번씩 외할머니 집에 가서 잤다. 우리는 기억나지 않을 만큼 오래전부터 집에 문제가 생길 때마다 외할머니 집으로 피신하곤 했다. 외할머니는 우리를 영화관에 데려가주었다. 외할머니가 좋아하던 엘비스가 나온 영화를 보거나, 우리에게 종교적 가르침을 주고 싶을 때면 〈십계〉를 보기도 했다(영화가 너무 길고 지루해서 끝나지 않을 줄 알았다). 신앙이 깊던 외할머니는 침실에 딸린 작은 전실에서 우리와 함께 성서를 읽고 그 내용에 관해 설교하곤 했다. 어느 날 오후 외할머니는 유난히 엄한 설교 끝에 이렇게 말했다.

“성서에 따르면 나중에 용서받을 수 있는 잘못도 많단다. 하지만 도저히 구제받을 수 없는 일도 있어. 신의 이름을 헛되이 입에 올리면 영원히 저주를 받게 돼.” 샐리와 나는 갑자기 겁이 나서 그게 무슨 뜻이냐고 여쭤보았다. “영원히 지옥에 떨어진다는 뜻이지.” 외할머니는 힘주어 대답했다. “지옥의 불꽃은 이승의 그 무엇보다도 뜨겁단다. 그 불에 데면 상상을 초월할 만큼 고통스럽지. 우리는 이런저런 잘못을 저지르고도 용서받을 수 있지만, 신의 이름만큼은 절대로 헛되이 입에 담아선 안 돼.”

나는 경악했다. 도저히 믿을 수 없었다. 밤마다 나 혼자 침대에서 신을 욕하는 노래를 흥얼거렸다고 영원히 지옥에 떨어지게 된다니. 끔찍한 상상을 하지 않으려고 애썼지만 불안해서 도저히 견딜 수가 없었다.

다음번에 샐리와 함께 외할머니 집에 간 날 나는 미리 계획했던 일을 실행했다. 샐리와 외할머니가 부엌에서 분주히 일하고 있는 걸 확인한 뒤 까치발로 계단을 올라 뒤뜰과 그 뒤쪽 골목까지 환히 내다보이는 전실에 들어갔다. 추수감사절이나 크리스마스이브 저녁에 너무 과식하고 나면 그곳의 라디에이터 옆에 드러누워 쉬곤 했다. 하지만 그날은 누워서 쉴 시간이 없었다. 나는 용기를 끌어모아 외할머니의 침실로 들어갔다. 침대 옆 독서대에 놓인 성서를 집어 올록볼록하고 거무스름한 표지를 펼치고 양파껍질처럼 얇은 책장을 넘겼다. 머리빗과 향수 냄새가 풍기는 외할머니 책상에 앉아서 구약성서를 뒤적이며 신의 이름을 헛되이 언급하는 데 대한 내용을 찾았다. 놀랍게도 몇 분 지나지 않아 해당 단락을 찾아낼 수 있었다. 온 세상이 뒤집히는 것 같았다. 내 눈앞의 성서에 외할머니가 한 말이 그대로 적혀 있었다. 신의 이름을 언급하는 건 용서받을 수 없는 일이라고. 나는 멍하니 그 단락을 바라보았다. 이제는 학교나 집에서 지금보다 더 열심히 노력하는 것만이 유일한 희망이었다. 내가 노력한다면 최후의 심판 날에 어느 정도나마 참작이 될지도 몰랐다. 하지만 그게 다 무슨 소용인가? 내 운명은 이미 결정되었는데.

✷

아버지 없는 쓸쓸한 크리스마스가 지난 뒤 1월에 어머니에게 깜짝 선물을 받았다. 내가 라디오에서 듣고 마음에 든다고 말했던 지미 딘의 〈빅 배드 존〉 싱글 레코드판이었다. 나로서는 전혀 예상치 못했던 일이었다. 나는 레코드를 들고 거실에 있는 턴테이블로 달려갔다. 창밖으로 내다보이는 거리에 흰 눈이 두껍게 쌓여 있었다. 회전판에 레코드를 올려놓자 작은 암이 딸깍 소리를 내며 레코드를 고무 매트에 밀착시켰고, 톤암이 움직여 까만 홈 위에 바늘을 올렸다. 나직한 쉬익 소리가 들리고 일이 초 뒤 노래가 시작되었다가, 갑자기 멈추고 잡음만 이어졌다. 다시 한번 틀어보았지만 이번에도 톤암이 튕겨 나왔다.

"하나님 맙소사." 나는 짜증이 나서 한숨을 내쉬며 중얼거렸다. 왜 이리 제대로 되는 일이 없지? 하지만 뒤돌아봤다가 그새 어머니가 거실을 들여다보고 실망감에 굳은 얼굴로 조용히 계단을 내려가버렸다는 걸 깨달았다. 게다가 마침 나는 신의 이름을 헛되이 입에 담고 있었다. 침대에 누워 나도 모르게 중얼거린 것이 아니라 대놓고 큰 소리로.

어쩌면 결국엔 신도 내가 학교나 집에서 얼마나 노력했는지 참작해주지 않을까? 하지만 내 죄가 얼마나 큰지 고려하면 그 정도는 아무 의미도 없을 것 같았다.

몇 년 뒤 어머니는 샐리와 내게 대공황 시기에 보낸 어린 시절 이야기를 들려주었다. 당시 어머니는 새로 나온 모노폴리 보드게임이 너무나 갖고 싶었지만, 외할머니는 반년 뒤 크리스마스 때까지는 아무런 선물도 줄 수 없다고 선언했다. 애원해봤자 헛수고임을 깨달은 어머니는 궁리 끝에 좋은 생각을 해냈다. 등사지, 게임용 말 대신 쓸 잡동사니, 찬스 카드와 공동기금 카드를 만들 도화지, 지폐를 만들 색종이, 부동산 증서를 만들 판지를 모은 다음 친구 집에 있던 진짜 모노폴리 보드게임의 완벽한 복사판을 직접 만든 것이다.

어머니는 그때까지 간직해온 게임판을 새집 거실 벽장에 넣어두고 있었다. 어머니가 게임판을 꺼내 보여주자 샐리와 나는 진짜와 구분이 안 될 정도라며 놀라워했다. 하지만 한편으로는 부끄럽기도 했다. 이렇게 끈기가 있었던 어머니에 비하면 나는 그야말로 최악의 응석받이가 분명했으니까. 이런 내가 감히 어떻게 힘들다고 불평할 수 있겠는가? 하지만 내가 잊고 있었던 (아마도 아예 몰랐던) 사실은 고통을 비교하기란 불가능하다는 것이었다. 그때 나에게 필요했던 건 아주 약간의 현실 감각이었다. 나는 현실 대신 온 가족이 눈만 감고 있으면 모든 게 괜찮아질 수 있는 가짜 세상에 살고 있었다. 우리가 사는 곳은 낙인이 드리운 그림자 속의 세상이었다.

을씨년스럽게 추운 2월이었다. 어머니와 외할머니는 샐리와 나를 토요일 아침에 열리는 콜럼버스 관현악단 어린이 음악회에 데려가기로 했다. 이번에는 나도 들떠서 전날 밤 평소보다 일찍 잠자리에 들었다. 아침에 눈을 떠보니 침실 커튼 사이로 흐릿한 햇살이 스며들고 있었다. 진입로와 뒤뜰에 폭설이 쌓였고 눈

구름에 뒤덮인 하늘은 연회색이었다. 온 세상이 태곳적처럼 새하얗고 깨끗했다. 나는 얼른 아침밥을 먹었다. 부츠를 신고 장갑을 끼고 외투를 걸친 다음 차고로 달려가 눈삽을 가져왔다. 외할머니가 차를 타고 오시기 전에 진입로의 눈을 치워야지!

고운 가루눈이라 삽으로 떠서 치우기 수월했다. 사방에 새하얗고 장엄한 풍경이 펼쳐져 있었다. 나는 곧바로 작업에 착수했다. 부츠를 신은 양다리를 내디디며 쟁기질하듯 삽을 앞으로 밀고 나간 다음 정면에 쌓인 눈 더미를 양옆으로 휙휙 밀쳐냈다. 길바닥이 한 줄 드러나자 몸을 빙 돌려 바로 옆의 눈을 치우기 시작했다. 처음에는 얼어붙을 듯 추웠지만, 다리를 움직여가며 일하자 금세 몸이 훈훈해졌다. 차 몇 대가 홍수를 헤치고 나아가는 보트처럼 거리를 지나쳐갔다. 단단하게 굳은 눈 위에서 타이어 굴러가는 소리가 나직하게 들렸다.

나는 돌아서서 속도를 내어 또다시 눈을 치웠다. 하지만 바로 다음 순간 입에 뭔가 부딪혀 딱 하고 부러지는 소리가 났다. 나는 입술에 얼얼함을 느끼며 그 자리에 멈춰 섰다. 손에서 떨어진 삽이 둔중한 소리를 내며 반쯤 치워진 진입로에 떨어졌다. 삽날이 꽁꽁 언 눈을 건드리면서 금속 손잡이가 튕겨 나와 얼굴에 부딪혔다는 걸 깨닫고 나는 경악했다. 입안을 혀로 더듬어보니 뭔가 이상한 게 느껴졌다.

내가 입술에 피를 흘리며 화장실로 뛰어들어가는 소리를 어머니와 샐리도 들은 모양이었다. '아마도 그냥 베인 정도일 거야.' 나는 마음속으로 이렇게 빌었다. "세상에, 스티브." 내 입안을 들여다본 어머니가 헐떡이며 외쳤다. "네 앞니가 깨졌구나!" 거울을 들여다보니 놀랍게도 앞니 한쪽 모서리가 떨어져 나가고 없었다.

나는 상황을 진정시키기 위해 "별거 아니에요!"라고 말했지만, 어머니는 혼비백산 상태였다. "네 예쁜 영구치가 영원히 망가져버렸잖니!" 어머니가 흐느끼다시피 외쳤다. 상황이 어쩌면 이렇게 순식간에 달라졌을까? 바깥에서의 황홀한 기분은 어디로 가고 금세 이 지경이 되다니.

잠시 후 도착한 외할머니가 어머니의 말을 듣고 내 이를 들여다보더니 끔찍하다는 듯 설레설레 고개를 저었다. 내 침실로 들어가 옷을 갈아입는데 외할머니의 목소리가 복도에 울려 퍼졌다. "뭐 저 정도는 치과의사가 고쳐줄 거다, 에일린. 하지만 눈 치우는 건 남자의 일이야. 버질이 여기 있었더라면 이런 일은 결코 없었을 거다." 외할머니가 말을 이었다. "그 녀석은 대체 어디 **있는** 거냐? 왜 자기 집에 없는 거야?"

화가 나서 온몸이 뜨거워졌다. 방에서 뛰쳐나가 내 이 걱정은 그만하라고, 아빠 때문에 싸우지 말라고 얘기하고 싶었다. 아빠는 그냥 캘리포니아에서 쉬고 계시는 거예요! 하지만 나는 그저 가만히 서 있었다.

어머니가 줄곧 아버지의 정신병원 입원을 숨기고 있었다는 걸 그때 내가 어떻게 알았겠는가? 무엇이 진실이고 무엇이 반쪽짜리 진실일까? 우리 모두가 수치심과 거짓의 중압감에 짓눌려 있었다.

두 분은 결국 싸움을 멈추고 다시 나를 불렀다. 한 번 더 입안을 들여다본 다음 치과의사가 이 모서리를 갈아내면 해결될 거라고 결론을 내렸다. "얼른 외투를 따뜻이 껴입고 나가자꾸나." 외할머니가 말했다.

우리는 차를 타고 시내로 나갔다. 질퍽거리는 주차장을 지나서 흥겨워하는 가족들로 붐비는 대형 공연장 복도에 들어섰다. 하지만 흥분하고 난 뒤라 김이 다 빠져버린 기분이었다. 나는 푹신한 의자 쿠션에 기대앉은 채 빨리 월요일이 와서 수업이 시작됐으면 좋겠다고 생각했다. 내가 뭔가를 너무 기대하면 재난이 생기는 게 분명했다. 아예 아무것도 느끼지 않으려고 애써야 훨씬 편하게 살 수 있을 터였다.

이른 봄에 브라이언이라는 새 친구가 생겼다. 브라이언은 항상 친절한 말을 건네주는 아이였다. 브라이언네 집 뒤뜰은 오하이오 주립대학교 농대 부지인 옥수수밭과 맞닿아 있었고 밭 양쪽으로는 온실이 있었다. 야구 시즌이 다가오던 터라 우리는 함께 연습하곤 했다. 브라이언이나 나나 장타를 날렸다가 바로 뒤 나지막한 온실 건물의 유리판을 깨뜨릴까 봐 은근히 걱정했다.

4월의 따스한 오전이었다. 나는 충분히 기다리라던 아버지의 말을 상기하며 브라이언의 손을 떠난 공을 지켜보고 있었다. 방망이를 크게 휘두르며 두 팔을 쭉 뻗자 공이 정통으로 맞았다는 게 느껴졌다. 다음 순간 쨍그랑하는 소리가 들렸다.

우리가 달려가 방금 일어난 일을 얘기하자 브라이언의 어머니는 "괜찮아. 그럴 수도 있지 뭐"라고만 말했다. 공을 되찾을 길은 없었지만, 다행히 여벌이 있었다. 나는 안도감에 한숨을 내쉬었다.

나는 브라이언네 집에 놀러갈 때마다 어머니와 누나밖에 볼 수 없었다. 일주일 뒤 우리는 야구 연습을 마치고 그늘에 앉아 레모네이드를 마시고 있었다. 브라이언이 지평선을 바라보며 자기 아빠는 이 년 전에 돌아가셨다고 말했다. "아빠는 천국에 계셔. 엄마 말로는 우리도 모두 언젠가 그분 곁으로 갈 거래." 브라이언은 지금 아버지가 계신 곳을 바라보듯 고개를 비스듬히 치켜들며 이렇게 말했다.

나는 꿀꺽 침을 삼켰다. 정말 안된 일이라고 생각하긴 했지만 대체 뭐라고 말해야 할지 알 수 없었다. 나한텐 아직 아빠가 있어, 그렇지? 하지만 그분에 관해 뭐라고 얘기해야 할까? 캘리포니아에서 쉬고 계신다고? 아무 말도 생각나지 않았다. 브라이언을 위로할 말도, 나 자신을 위로할 말도.

브라이언은 아버지가 돌아가셔서 안 계신 것이었다. 하지만 나는? 내가 아는 한 아버지는 산 것도 죽은 것도 아니었다. 적어도 브라이언은 자기 아버지가 어디 계신지는 알고 있었다.

그해 봄이 지나자 브라이언도 나도 각자 다른 친구를 사귀었다. 나는 또다시 침묵 속에 갇혀버렸다.

*

또래 아이들이 전부 컵 스카우트* 야구팀에 들어가는 걸 보고 나도 어머니를 졸라서 등록했다. 아버지의 부재가 길어지면서 어머니도 그쪽이 내가 견디는 데 도움이 되겠다고 생각했으리라. 팀마다 아메리카 원주민 부족에서 딴 이름이 붙어 있었다. 내가 속한 오세이지 팀의 유니폼은 남색으로 선수 번호가 적힌 연노랑 티셔츠였다. 다른 아이들은 전부 연습이나 시합이 있을 때마다 아버지와 함께 오는 것 같았지만, 나는 혼자 자전거를 타고 필드에 왔다 갔다 했다.

컵 스카우트 야구 리그는 3학년에서 5학년까지였기에 나 같은 3학년생은 몸집이 가장 작고 실력도 모자란 축에 속했다. 더구나 생일까지 12월이었던 나는 리그 전체에서 세 번째로 어린 선수였다. 하지만 규칙에 따르면 모든 선수가 매 시합에서 최소

* 보이스카우트에서 8~10세에 해당하는 유년 반.

2회 이상을 뛰어야 했다. 코치들은 우리가 경기장에 나가는 짧은 시간 동안 공이 우리 쪽으로 날아오지 않기를, 주자가 나와 있을 때 우리가 타석에 들어설 일이 없기를 기도할 뿐이었다.

따스하고 맑지만 흐린 5월 저녁이었다. 4회였고 우리 팀이 한 점 앞선 상황이었다. 코치는 선수 대기석을 골똘히 쳐다보다가 한숨을 쉬며 나를 지목하더니 공이 거의 날아오지 않는 우익에 수비수로 서라고 했다. 나는 터덜터덜 외야로 걸어나가며 서쪽 하늘에 낮게 걸린 석양과 저 멀리 적갈색 학교 건물을 바라보았다. 갓 깎아낸 잔디 냄새가 풍겼다. 푸른 풀잎 사이 드문드문 흰 토끼풀꽃이 섞여 있었다. 내야수들이 외치는 소리가 들려왔다. "어이, 타자! 어이, 타자! 어디 날려보시지!" 그래, 이번 회는 아마도 금방 끝날 거야.

상대 팀 선수 몇몇이 안타를 날리거나 아웃되었다. 원아웃에 주자 두 명이 출루해 있었다. 제발 공이 내 쪽으로 날아오지 않게 해달라고 기도했지만, 그 순간 왼손잡이 타자가 타석으로 걸어 나왔다. 왼손잡이는 우익으로 공을 날릴 확률이 높다는 걸 알았기에 나는 얼굴을 찌푸렸다. 힘 좋게 생긴 타자가 시험 삼아 방망이를 몇 번 휘두르자 휙휙 소리가 났다. 투수가 공을 던진 순간 방망이에 정통으로 맞고 휙 날아오는 새하얀 물체가 보였다. 한 찰나 늦게 '따아악' 소리가 울려 퍼졌고, 공은 2루수의 머리 위를 넘어 내 앞으로 굴러왔다. 상대 팀 관중이 응원 구호를 외쳐댔다.

나는 공을 주우러 오른쪽으로 달려갔다. 내 발은 제법 빠른 편이었기에 달리는 건 별문제가 아니었다. 하지만 글러브로 잡은 공을 다른 손에 옮겨 든 순간 이상한 일이 일어났다. 내 몸이 얼어붙은 것이다. 나는 오른팔을 머리 위로 들어 올렸지만, 공은 풀로 붙인 것처럼 내 손아귀에 그대로 머물러 있었다.

상대 팀 주자들이 빠르게 달려 베이스를 도는 동안 나는 머리 위의 흐릿한 하늘만 바라보고 있었다. 상대 팀 관중은 이제 환성을 지르고 있었다. 호피 팀이 역전할 상황이었으니까!

"어서 던져!" 코치들이 외치는 소리가 아득히 먼 우주 저편에서 희미하게 들려왔다. 내야수들이 뭐라도 해보라는 듯 나를 향해 정신없이 손을 흔들어대고 있었다. 그런데도 나는 공을 쥔 손을 머리 위로 쳐든 채 얼어붙은 듯 서 있기만 했다. 그때쯤엔 이미 주자 둘 모두가 득점했고 3루를 돌아온 타자도 양팔을 번쩍 들며 홈플레이트를 밟은 터였다. 상대 팀 관중이 열광했다.

나는 무아지경에서 깨어난 것처럼 팔을 내리고 느릿느릿 내야로 달려갔다. 내가 슬그머니 아래로 던진 공을 내야수가 짜증스럽게 손목을 탁 털며 낚아챘다. 유격수는 글러브를 벗어 흙먼지 날리는 내야에 집어던졌다. 나는 수치감으로 멍해진 채 터덜터덜 우익으로 돌아갔다. 그냥 그 자리의 잔디 속으로 꺼지고 싶었다. 하지만 그 뒤로 나온 타자들은 줄줄이 뜬공을 날리거나 삼진아웃을 당했고, 그렇게 4회가 끝났다. 나는 얼굴을 가리고 허둥지둥 선수 대기석으로 돌아왔다. 글러브를 벗어 던지고 똑바로 앞만 바라보며 앉아 있었다. 아무도 나를 쳐다보지 않았고 말 한마디 건네지 않았다.

5회에 보조 코치 하나가 벤치에 앉은 내게 다가와 상냥하게 말해주었다. "거기 나가서 어떻게 해야 할지 몰랐나 보구나. 그렇지?" 하지만 내가 해야 할 일은 공을 내야로 던지는 것뿐이었다. 나도 **그 정도**는 알았다. 무엇보다도 그 마비된 느낌, 공이 손바닥에 딱 달라붙어버린 채 필드를 도는 주자들을 바라보며 서 있던 감각이 잊히지 않았다. 그 순간의 굴욕감은 절대로 사라지지 않을 것 같았다.

시합에 진 우리 팀은 내야로 나가 상대 팀과 마주 섰다. "둘, 넷, 여섯, 여덟, 고마워요, 호피! 호피! 호피!" 상대 팀도 우리에게 똑같이 외쳐주었지만, 그들의 얼굴에는 승자의 미소가 떠올라 있었다. 나는 내 빨간 자전거를 타고 집으로 달려갔다. 그리고 몇 분 뒤에는 자전거를 현관에 가만히 내려놓고 계단을 올라갔다.

"시합은 어땠니, 스티브?" 부엌에 있던 어머니가 물었다.

"우리가 졌어요." 나는 조용히 대답했다. 방금 있었던 일을 어머니나 샐리에게 얘기하면 속상해하면서 나를 위로하려 들겠지. 그러면 기분만 더 나빠질 거야.

잠들기 직전에 문득 나의 정신적·신체적 실패에 관해 아버지가 뭐라고 말씀하실까 하는 생각이 떠올랐다. 만약에 아버지가 돌아온다면 말이지만. 나를 둘러싼 어둠이 영원히 사라지지 않을 것 같았다.

*

6월의 화창한 아침이었다. 나는 계단을 내려가 식당에 들어섰다. 식탁의 내 자리에 앉으니 저 뒤쪽 가스레인지에서 요리하는 아버지가 보였다. 언제나 그랬듯 허둥지둥 분주하게 움직여 스크램블드에그를 만들고 우리 남매의 접시에 조심스럽게 담아준 다음, 마침 토스터에서 튀어나온 빵을 가지러 또다시 조리대로 달려갔다. 부엌 안은 훈훈하고 비좁았다. 아버지가 입은 골지 속셔츠에는 벌써 땀이 흠뻑 배어 나와 있었다. 아버지는 바쁘게 움직일 때면 항상 차분한 철학자의 내면에 숨겨진 뜨거운 열정을 드러내듯 뻘뻘 땀을 흘렸다.

하지만 아버지가 대체 여기서 뭘 하는 거지? 돌아왔다는 인사는커녕 언제 돌아왔는지조차 들은 기억이 없는데. 분명 축하 행사가 있었을 텐데, 조촐하게라도 말이야. 당연하잖아? 아버지는 한 학년 내내 사라져 있었는데. 나도 희망을 거의 잃어버린 참이었는데.

"음식은 괜찮니?" 프라이팬과 조리 도구를 만지작거리던 아버지가 조리대 너머로 샐리와 나를 바라보며 외쳤다. "네, 좋아요." 우리는 부엌 가득 흘러들어온 샛노란 햇살을 받으며 대답했다.

한층 신중한 어머니와 달리 아버지의 움직임은 부산스러웠고 조마조마해 보였지만, 그래도 익숙하고 안심되는 광경이긴 했다. 아버지에게 캘리포니아에서 충분히 쉬고 오셨는지 묻고 싶었지만 아버지는 그 얘기를 꺼내지 않았고 나 역시 그러지 않았다. 우리가 대본을 벗어난다면 어떤 일이 일어날지 알 수 없었으니까. 나는 그 대신 학교에 가실 거냐고 물었고 아버지는 그렇다고 대답했다. 우리는 오후에 집에서 다시 만날 터였다. 예전에 항상 그랬던 것처럼.

나에게 계획이란 게 있다면 학업과 스포츠 양쪽에서 최대한 계속 노력하는 것이었다. 후자에 있어서는 영 젬병이긴 했지만. 내가 힘껏 노력하면 아버지가 다시 떠나는 일도 없어지고 나를 기다리는 영원한 징벌도 미룰 수 있을지 몰랐다. 게다가 내가 알아서 바쁘게 지내면 아버지도 좀 더 쉴 수 있을 터였다. 이런 노력이 무척 부담스러울 때도 있었다. 등산로가 보이지 않는 거대한 산봉우리를 올려다보는 심정이었다. 하지만 내가 할 수 있는 일은 그저 무작정 앞으로 나아가는 것뿐이었다.

*

나는 지금까지도 가끔 무너지곤 한다. 그럴 때마다 항상 똑같은 기분이 든다. 계기는 대체로 뭔가에 거부당하는 경험이다. 가까운 사람과의 연락 두절이나 한창 시도하던 일에서 최초로 나타난 실패의 징후 같은 것. 그런 일이 생기면 미처 깨닫기도 전에 나는 뭘 하든 안 될 사람이라고 지레짐작해버린다. 어린 시절의 익숙하고 숨 막히는 기억 속으로 돌아가서 결코 듣지 못할 대답을 절실히 기다리게 된다.

좌절과 절망이라는 치명적인 독약이 전신의 세포로 퍼져나간다. 발아래 딛고 있던 바윗덩어리가 땅에서 통째로 뽑혀 나가는 것만 같다. 차갑고 빠른 파도가 나를 먼바다로 휩쓸어간다. 내가 아는 모든 이들이 눈앞에서 사라져가지만, 나로서는 그들을 붙잡을 방법이 없다.

내 팔은 너무나 야위어 더는 세상을 막아낼 힘이 없다. 오래전의 우익수 자리로 되돌아온 것처럼 온몸이 꼼짝도 하지 않는다.

그럴 때면 몇 시간 동안, 때로는 하루 이틀씩 얼굴 전체가 굳어버린다. 평소의 에너지도 완전히 고갈되어 만나는 사람마다 도대체 무슨 일이냐고 묻는다. 공허의 급류에 휘말리면 나 자신을 포함한 그 누구와도 소통할 기력이 없다. 마치 게슈탈트

심리학에서 활용하는 '루빈의 꽃병'과도 같다. 흰 배경에 놓인 검은 꽃병처럼 보이다가 문득 서로 마주 보는 두 사람의 흰 얼굴이 되는 형상 말이다. 평소 내가 보는 세상은 활기와 생명력으로 가득하지만, 그렇게 내 발 밑이 무너질 때면 희망도 모조리 사라져버린다. 나 혼자만의 지옥 구덩이에 갇히는 것이다.

그런 순간이면 내가 광증 직전까지 치달았음을 느낀다. 병리적 수준의 기분장애에 이르는 건 피했을지언정 기분 저하를 막을 수는 없다.

이제는 나도 이해한다. 유년기의 침묵과 역할극이 빚어낸 심연이 항상 내 곁에 도사리고 있다는 걸. 아무리 막으려고 몸부림쳐도 그 심연을 완전히 물리칠 수는 없다는 걸.

무엇이 나를 심연에서 건져내는가? 음악 한 소절, 훈훈한 추억, 우리 부부의 마음이 아직 통하고 있으며 결국엔 모든 게 괜찮아질 거라는 아내의 신호. 내 산소마스크에 공기가 가득 차오른다. 유독가스가 서서히 몸에서 빠져나간다. 하지만 언젠가는 또다시 추락이 시작되리라.

지금쯤이면 충분히 회복될 만하지 않으냐고 생각할 수도 있겠지만, 나는 아직도 매번 압도당하고 만다. 서서히 곤두박질치다가 마침내는 돌이킬 수 없고 꼼짝도 할 수 없는 지점에 다다르게 된다. 내 마음 깊은 곳 어딘가에는 아직도 결정적인 퍼즐 몇 조각이 빠져 있다.

가끔은 이런 생각도 든다. 대학교 1학년 봄방학의 첫 번째 대화 이후 아버지의 삶에 관해 정기적으로 대화를 나누었으니 이 모든 게 바뀌었어야 하지 않느냐고. 하지만 아버지가 자신의 삽화와 진단과 입원 경험을 이야기하고 나는 가만히 앉아 들으면서 어쩌다 말참견 정도만 하는 것이 우리의 협약, 우리가 맺은 무언의 계약이었다. 우리의 대화는 결코 쌍방 소통이라고 할 수 없었다.

그렇다 해도 그 최초의 대화는 내게 제2의 탄생과도 같았다. 내 심리치료사의 표현에 따르면 나의 심리적 재탄생이었던 셈이다. 내가 심리학 연구와 정신질환의 이해, 이 분야 전반에 새겨진 낙인의 완화를 평생 과업으로 삼게 된 것은 아버지의 서재에서 최초로 나눈 삼십 분간의 대화와 그 뒤로 이어진 이십오 년간의 대화 덕분이다.

그러나 내가 갈 길을 찾아내고 앞으로 나아가는 것은 나 혼자만의 몫이었다. 온 가족이 아버지의 격변에 따라 흔들리는 동안에도 나는 마음을 가라앉히고 끈질긴 두려움을 숨기려 애썼다. 그런 상황이 내게 얼마나 큰 영향을 끼쳤는지 인정할 엄두가 나지 않았다. 정신장애가 있는 부모 슬하에서 자란 아이들이 흔히 겪는 문제다. 나는 진정한 쌍방 소통을 경험하지 못했다. 매번 우리 가족의 고통에 관해 또 어떤 새로운 사실을 듣게 될지 궁금해하며 숨죽여 귀 기울였을 뿐이다.

내가 한층 마음을 열고 살아가게 되기까지 수십 년이 더 걸렸다. 마음속 수치와 낙인을 극복하는 일이야말로 내 평생 가장 고된 과업이었다.

그 과업은 아직도 끝나지 않았다.

5

현대 의학의 기적

아버지는 어째서 내 대학교 1학년 봄방학, 그러니까 1971년 4월에야 자신의 과거 이야기를 시작한 걸까? 부모님이 좀 더 빨리 터놓고 말해주었더라면 내가 그토록 오래 답답해하지 않았을 텐데. 해답은 대학 시절 내내 이어진 아버지와의 대화에서 얻을 수 있었다. 아버지는 쓸쓸한 눈빛으로 이렇게 말했다. 샐리와 내가 아직 어렸을 때 아버지의 정신이상 발작과 입원에 관해 우리에게 어떻게 얘기해야 할지 깊이 고민했다고. 적어도 우리가 좀 더 자라고 나면 **어느 정도는** 알려줘야 하지 않겠느냐며 담당 의사에게 물어보기도 했다고.

하지만 아버지의 정신과 주치의였던 사우스윅 박사는 그런 애처로운 질문에도 주저 없이 이렇게 대답했다. "아이들한테는 **절대로** 정신질환 얘기를 하지 마세요. 아이들이 조금이라도 알게 되면 지울 수 없는 상처를 받을 겁니다." 전문가의 지시에 따라 이 주제는 무조건적인 금기가 되었다. 어머니도 이 협약에 참여했다.

낙인이란 대체 뭔지! 1950년대의 정신의학 전문가들은 자신이 치료하는 바로 그 질병에 관해 환자의 가족에게 전혀 알려주지 않으려 했다. 암이나 심장 전문의가 환자더러 가족에게 종양이나 심장병 얘기를 꺼내지 말라고 지시하겠는가? 상상도 할 수 없는 일이다.

하지만 정신질환 만큼은 너무도 수치스러운 문제였기에 그것을 일절 언급하지 않는 것이 치료에 도움이 된다고 여겨졌다. 우리 가족의 역할극은 전문가의 승인과 심지어 명령에 따라 진행된 것이었다.

이런 관점은 어처구니없을 뿐만 아니라 말 그대로 사고를 마비시킨다. 낙인은 또 다른 광기, 정신질환 자체보다 훨씬 나쁜 최악의 광기다. 수치심 때문에 강요되고 최근까지도 정신보건 전문가들이 옹호했던 이런 침묵은 당사자와 가족뿐 아니라 관련된 모든 이에게 끔찍한 영향을 끼친다. 물론 가족이나 친구, 동료에게 정신질환을 고백하는 일은 적당한 시점에 신중하게 해야겠지만, 그런 고백이 있어서는 안 될 끔찍한 일이라는 흔한 선입견은 척결되어야 마땅하다.

아버지는 내가 열여덟 살이 되자마자 이제 아이가 아니니 솔직히 얘기하더라도 의사의 권고를 어기는 건 아니라고 판단한 듯하다. 아니면 그냥 더는 숨기기가 불가능하다고 생각했는지도 모른다. 우리의 대화는 일방적이었기에 나는 아무것도 묻지 않았다. 하지만 시간을 되돌릴 수 있다한들 당시 아버지의 상태에 관해 무슨 말을 할 수 있었을까? 나로서는 도저히 상상할 수 없다. 우리는 기만의 마법 속에서 하루하루를 살아갔으니까.

하지만 뭐라도 이야기를 나눌 수 있었다면 어느새 내 일부가 되어버린 수치와 분노, 두려움은 훨씬 덜했으리라.

하버드 대학교 의대 동료이자 저명한 아동 정신과 의사인 윌리엄 비어즐리는 우울증이나 양극성장애 같은 중증 기분장애가 있는 부모와 그 아이들을 위한 가족 심리치료를 개발했다. 비어즐리는 약물 치료나 심리적 개입 등 부모 개인에게 일반적으로 필요한 치료를 넘어 가족 내의 문제를 숨기려는 경향에 주목한다. 다시 말해 정확히 정신질환에 따르는 침묵과 낙인을 겨냥한 치료인 셈이다.

16주간의 프로그램 동안 심리치료사는 부모가(초반에는 아이들이 참여하지 않는다) 그들 가족에게 일어난 일을 정확히 전달할 언어를 찾도록 돕는다. 처음에는 많은 부모가 아이들에게 솔직히 말하기를 꺼린다. '우리 애들은 아직 너무 어려서 이해할 수 없을 거예요.' '애들이 상처받지 않을까요?' '이런 부끄러운 일을 굳이 왜 알려줘야 하죠?' 하지만 가족 심리치료사의 격려와 조언을 들은 뒤 부모는 서서히 아이들도 이해할 수 있는 서사를 완성하고, 마침내 온 가족이 한자리에 모여 심리치료사의 도움으로 엄마의 부재, 아빠의 분노, 유전적 음주벽, 휴직 등 가족 내의 문제를 털어놓게 된다.

가족 심리치료의 궁극적인 목표는 이런 가정에서 흔히 일어나는 일, 즉 아이들이 자신을 탓하게 되는 상황을 막는 것이다.

실제로 가족 내의 문제에 관해 전혀 대화하지 않으면 아이들은 갈등을 **내재화**하여 자기가 나쁘다고 생각해버리기 쉽다. 이런 관점이 이상하게 보일 수도 있지만, 이렇게 생각하는 아이들은 적어도 자신이 상황을 어느 정도는 통제할 수 있다고 믿는다. 세상이 잔인하고 비논리적인 곳이라고 믿는 것보다는 이편이 차라리 나을 수 있다. 그렇다 해도 이처럼 자책하다 보면 아이들이 자기 비난과 죄책감에 빠지게 되며 이후 우울증에 걸릴 위험성도 커진다. 가족의 현실에 관해 터놓고 대화할 수 있다면 이런 내재화도 자연히 중단될 것이다.

이런 '가족 대화' 심리치료를 받은 아이들은 기존의 가족 내 개입 치료만 받은 아이들에 비해 즉시 상태가 나아졌다. 사회성과 학업 성적이 향상되었으며 전반적인 적응도도 개선됐다. 더욱 흥미로운 것은 기분장애가 나타날 위험성이 이후 4년 뒤까지 현저하게 줄어드는 효과도 있었다는 점이다. 이런 결과에 함축된 의미는 분명하다. 정신질환의 위험성은 어느 정도 유전자를 통해 전달되며 양극성장애의 경우 더욱 그런 경향이 두드러지지만, 정신질환이 다음 세대로 이어지는 원인의 나머지는 '소통'에 있다는 것이다. 현재와 같은 생화학 만능주의 시대에도 침묵을 깨는 것은 꼭 필요한 일이다.

✷

대학교 2학년 방학에 가족을 만나러 본가에 들렀다가 아버지에게 두 번째 삽화 이야기를 들었다. 프린스턴 대학교에서 박사 학위를 받은 직후였던 아버지는 바이베리 정신병원에 수용되었다. 입원 중에 주목할 만한 사건이 있었다. 바이베리에서 일요일에 참석할 수 있는 예배는 가톨릭 미사뿐이었다. 아버지는 그날 퍽 들떠 있었던지 신도석에 해당하는 벤치에 앉더니 신부와 성배 그리고 직원과 환자들 앞에서 거행되는 예배에 관해 큰 소리로 농담을 했다. 다시 말해 옆에 앉은 신도들에게 이렇게 소리쳤다. "저 사람 우리한테 딸딸이를 쳐주고 있잖아!"

조증에 빠진 사람은 사회적 관례를 벗어난 방식, 때로는 성적인 방식으로 유머와 아이러니를 인식하며 그런 생각을 거리낌 없이 남들과 공유하려 드는 경향이 있다. 하지만 그 자리에 있던 신도들은 재미있어하는 대신 격분했다. 아버지에 따르면 그날 밤 동료 환자들이 아버지를 붙잡아 간병인 하나가 망을 보는 동안 집중 치료실로 데려갔다고 했다. 그들은 방문을 걸어 잠그고 아버지를 체조용 안마에 엎드리게 한 뒤 구타했다. 이런 폭력이 주말마다 의식처럼 이어졌다. 아버지의 상처투성이 몸을 가려줄 것은 누더기가 된 환자복뿐이었다.

나는 경악에 휩싸인 채 말없이 귀를 기울였다. 하지만 한편으로는 아버지의 이야기가 정말일지, 아니면 조현병(삼십오 년 동안 아버지에게 내려진 진단이었다)에 따른 망상일지 궁금하기도 했다. 아버지의 말을 전부 믿고 싶긴 했지만, 그분의 기억이 광기로 왜곡되었을 가능성도 없진 않았으니까.

아버지의 격앙된 행동을 진정시키는 데 바르비투르산 신경안정제와 인슐린 혼수 요법이 처음 사용된 것도 바이베리에서였다. 인슐린 혼수 요법이란 환자에게 다량의 인슐린을 투여해 일시적 혼수상태나 발작을 일으키는 구식 치료법으로, 뇌전증 환자가 조현병에 면역이 있다는 (이제는 폐기된) 이론에서 비롯된 것이었다. 1940년대 미국에서는 인슐린 혼수 요법이 널리 쓰였다. 기존의 대화 치료는 조현병 환자에게 효과가 없었고, 두개골에 충격을 가해 직접적으로 발작을 유도하는 전기 경련 요법은 아직 널리 보급되지 않았기 때문이다. 하지만 전기 경련 요법에도 부작용이 있었다. 그중에서도 기억 상실 문제는 아버지가 여러 차례 삽화와 입원을 겪은 1950년대에 부모님의 골칫거리가 되었다. 전기 경련 요법은 제대로 시행하면 중증 우울증에 큰 효과가 있지만, 그 당시엔 마구잡이로 시행되기 일쑤였다. 나중에 인슐린 혼수 요법이 실제로 효과적이라는 근거가 없고 심각한 부작용을 초래할 수 있으며 환자가 혼수상태에서 깨어날 때 충격을 준다는 사실이 밝혀지긴 했다. 바이베리에 관한 아버지의 기억은 전반적으로 매우 끔찍했다.

내가 서던캘리포니아에서 대학원에 다닌 이십 대 후반에는 아버지보다 다섯 살쯤 손위인 랜들 삼촌의 집에서 열린 가족 모임에도 참석했다. 앞에서 언급했듯 십 대 초반에 침대에서 요양하며 브리태니커 백과사전을 탐독한 삼촌이었다. 랜들 삼촌은 조급하고 예민하며 때로는 불안해 보였지만 머리가 영민했으며, 전공인 국제경제학 분야에 날카로운 관심을 기울였다. 내가 심리학에 관심이 있다는 것과 아버지의 정신질환 이력을 잘 알았던 삼촌은 나를 한구석으로 데려가더니 오랫동안 마음속에 품어온 이야기를 들려주었다. 삼촌의 표정에서 그 기억이 얼마나 강렬한 것이었는지 짐작할 수 있었다.

1945년 겨울에 랜들 삼촌은 워싱턴에서 일하고 있었다(그곳에서 연방준비위원회 자문위원을 거쳐 나중에는 저명한 교수가 되었다). 겨울이 깊어가면서 격렬했던 벌지 전투*도 끝나고, 연합군은 점점 유럽의 동쪽으로 밀고 들어가는 중이었다. 동부전선에서는 소련군이 베를린으로 진격하고 있었다. 날마다 승리가 임박했다는 소식이 들려왔다. 그러던 3월, 프린스턴 대학교에 오래 근무한 대학원장에게서 긴급 전화가 왔다. 삼촌 본인도 몇 년 전 프린스턴에서 박사 학위를 받은 터였다. 대학원장이 울먹

* 2차 대전 당시 서부전선에서 있었던 독일군 최후의 대반격. 1944년 말에서 1945년까지 이어졌다.

이는 목소리로 인사를 건네자 삼촌은 불길한 예감이 들었다. 동생이 얼마 전 프린스턴에서 박사과정을 마쳤다는 걸 알았기 때문이다.

“자네 동생 버질이 필라델피아 주립 정신병원인 바이베리에 갇혀 있다네.” 대학원장이 착잡해하며 말했다. “듣기로는 박사 학위를 받은 직후에 상태가 악화되었나 봐.” 그의 괴로운 목소리에 삼촌은 문득 1936년 9월 패서디나에서 현관 지붕 아래 보도에 뻗어 있던 동생의 모습을 떠올렸다. 또 그런 일이 생긴 걸까? 정말로 주니어가 다시 정신병원에 들어갔단 말인가?

동요한 랜들 삼촌은 상관인 여성 장군에게 당시 무척 귀했던 휘발유 배급 카드를 여러 장 구입하게 해달라고 요청했다. 일요일마다 휴가를 내고 필라델피아로 가서 동생을 면회할 생각이었다. 팔 년 전 아버지가 노어크에 입원했을 때는 기껏해야 가끔 만나는 정도였지만, 이번에도 그럴 수는 없었다고 삼촌은 힘주어 말했다. 삼촌은 일요일마다 일찍 일어나서 필라델피아 시골의 대형 병원까지 먼 길을 차로 달렸다. 동생 곁에 있어주는 데 그치지 않고 동생의 행동을 자세히 관찰할 계획이었다. 매주 경과를 기록해서 의료진과 소통하다 보면 조기 퇴원할 길이 생길지도 몰랐다.

첫 면회는 긴장된 분위기였다. 아버지는 성가셔하는 기색이 역력했다. 아버지의 병이 길어지자 삼촌은 낙심했지만, 4월 말에 이르자 죄악, 종교, 염력, 파시즘 등에 대한 아버지의 집착이 약화되면서 어렴풋하게 희망이 보였다. 삼촌은 워싱턴에서 병원장에게 전보를 보내 동생의 일일 외출 허가를 요청했다. 둘이서 함께 병원 밖에서 점심을 먹을 생각이었다. 이렇게 계속 경과를 관찰하다 보면 퇴원할 계기도 생기지 않을까?

외출 허가를 받아낸 삼촌은 신이 나서 정오가 되기 전 병원에 도착했다. 웅장한 정문 복도를 지나서 대기실에 자리를 잡고 들어오는 사람들의 얼굴을 쳐다보았다. 하지만 마침내 나타난 아버지의 눈가에는 이상하게 그늘이 져 있었다. 삼촌은 긍정적으로 생각하려고 애썼다. '여섯 주 넘게 이곳에서 못 나갔으니 그럴만도 하지.' 두 사람은 주차장으로 나왔다. 이 대규모 주립 정신병원에 면회를 오는 사람은 많지 않았기에, 주차장은 의료진의 차를 제외하면 대체로 텅 비어 있었다.

랜들 삼촌은 미묘한 표정으로 이야기를 이어갔다. 1945년의 그 운명적인 일요일 오후에 점점 깊어가던 불안감을 되새기는 것처럼. 문제가 생긴 게 분명했다. 삼촌의 차에 타서도 아버지는 계속 긴장하고 경계하는 모습이었다. 좁은 고속도로로 접어들자 아버지는 곧바로 도로 표지판과 노변 광고판을 훑어보더니 날카로운 목소리로 독일어 단어를 외쳐댔다.

"뭐야, 왜 그러는데?" 삼촌이 화들짝 놀라며 물었다.

"위험해." 아버지는 이번엔 영어로 대답했지만, 목소리에는 끔찍한 위협감이 담겨 있었다. "뭐가 위험하단 거야?" 삼촌이 불안을 숨기려 애쓰며 대꾸했다. "우린 일일 외출 허가를 받아서 점심 먹으러 가는 거잖아. 방금 바이베리에서 나왔고. 기억하지?"

하지만 아버지는 불길한 눈빛으로 삼촌을 바라보았다. "거짓말 마. 우리가 나온 곳은 독일군의 강제수용소야. 무슨 배짱으로 내 탈출을 도우려고 한 거지?"

삼촌은 간신히 침착한 표정을 유지하며 아버지를 달랬다. "주니어, 터무니없는 소리 마. 여긴 펜실베이니아주의 필라델피아 교외야. 정신 좀 차려."

"조용히 해." 아버지가 엄숙한 목소리로 경고하더니 독일어로 뭔가 지껄이기 시작했다. 그러고는 다시 영어로 자기가 사라진 걸 알면 수색대가 출동할 거라고 말했다. 평화롭던 드라이브가 순식간에 악몽으로 변했지만, 삼촌은 침착하게 아버지를 설득하려 했다.

"여긴 바이베리 근처라니까, 주니어. 이 주변에 강제수용소 같은 건 없어."

"돌아가야 해." 아버지가 소리쳤다. "날 수용소 밖으로 내보냈다가는 우리 둘 다 총살당할 거라고!"

삼촌이 필사적으로 한 번 더 호소해보았지만, 아버지는 한마디도 들으려 하지 않았다. 결국 삼촌도 두 손 들고 교차로가 나오자 차를 돌려 느릿느릿 병원으로 돌아왔다. 이번 주의 경과 기록은 이걸로 끝이군, 하고 씁쓸하게 생각하면서.

차를 주차장에 세우자마자 아버지는 병원 정문을 향해 달려가더니 직원들의 눈길을 피하며 복도로 들어섰다. 삼촌도 서둘러 뒤따라갔지만, 면회는 이미 끝난 게 분명했다. 아버지는 연합군 협력자와 더 접촉하는 건 너무 위험하다고 생각한 모양이었다. 낙심한 삼촌은 다음 주에 또 오겠다고 외쳤지만, 아버지가 과연 듣긴 했는지도 확신할 수 없었다.

랜들 삼촌과 나는 한동안 다른 친척들과 떨어져 곁방에서 대화를 나누었다. 이제는 일행들에게 돌아갈 시간이었다. 삼촌이 마지막으로 한 말은, 그날 바이베리에서 워싱턴으로 돌아가는 길이 끝도 없이 길게 느껴졌다는 것이었다.

*

나는 초등학교 4학년이 되었다. 아버지가 돌아온 지 몇 달이 지났다. 내 정신 상태도 아버지가 영원히 나타나지 않을 것만 같았던 일 년 전보다는 확실히 나아졌다. 어느 서늘한 가을 오후에 아버지는 학교에서 돌아오자마자 나를 진입로로 불러내더니 이렇게 말했다. "양손을 앞으로 내밀어보렴." 그러고는 내가 두 팔을 뻗기를 기다렸다가 덧붙였다. "좋아, 그럼 이제 공기를 한 움큼 잡아보렴." 뭔가 과학과 관련된 수업을 시작하려는 낌새였지만, 어쩌면 그보다 더 심오한 내용일 수도 있었다. 아버지는 속내를 짐작하기 어려운 사람이었으니까.

"지금 네 손 안에 공기 분자가 몇 개나 있을지, 그 분자를 이루는 산소와 질소 원자는 몇 개나 될지 알겠니? 짐작해볼 수 있겠어?"

원자가 아주 작다는 건 나도 알고 있었다. "음, 백만 개쯤요?"

아버지는 고개를 저었다. "훨씬 더 많지." 그러고는 경탄하는 눈빛으로 말했다. "정답은 아마도 1,000조나 1,000경에 더 가까울 거야. 상상해보렴! 넓디넓은 바닷가, 아니 그런 바닷가 여러 곳의 모래알을 다 합친 것보다도 많다니까." 아버지는 원자의 대부분은 빈 공간이라고 덧붙였다. 핵과 전자는 그 사이의 거대한 여백에 비하면 작디작아서 태양을 공전하는 행성 정도에 지나지 않는다고. "아인슈타인이 말했듯 원자핵은 대성당 안의 파리 한 마리 같은 거야." 아버지가 이야기를 늘어놓는 동안 내게 익숙한 일상 세계가 사라져가는 듯했다. "우리를 둘러싼 세계는 기적으로 가득하단다. 그에 비하면 우리의 관찰력은 미미하기 이를 데 없지." 아버지는 이렇게 결론을 내렸다.

가족 모임에서 잡담을 주고받을 때 아버지는 날씨나 저녁 메뉴에 관한 질문에 긴장한 얼굴로 공손히 대답하곤 했다. 하지만 과학이나 다른 시대 역사에 관해 이야기할 때면 아버지의 목소리는 조용한 열정으로 가득했다. 아버지는 가끔 살짝 혼란스러워 보였고 남들이 살아가는 세상에 적응하기가 쉽지 않은 듯했지만, 또 가끔은 열정적이고 설득력 넘치며 존재의 본질을 꿰뚫어보는 것처럼 보였다. 아버지의 이런 두 가지 모습을 생각하면 정확히 왜인지는 모르겠지만 등골이 오싹해지는 듯했다. 그때만 해도 나는 아버지의 어색한 모습이 자기가 나머지 인간들과는 다르다는 인식, 뼛속까지 비정상적인 정신질환자라는 확신의 그림자 때문이었음을 미처 몰랐다.

어머니는 한층 바빠졌다. 두 번째 석사 학위와 교사 자격증을 따기 위해 오하이오 주립대학교로 돌아갔기 때문이다. 어머니의 목표는 중학교에서 영어와 역사를 가르치는 것이었다. 어머니가 그런 결심을 하게 된 속내나 몇 년 전 시내 변호사와의 소득 없는 상담에 관해 나는 전혀 모르고 있었다. 사실 어머니의 결심은 상당히 진보적이었다. 여권 향상 시대였던 1960년대가 이제 겨우 시작된 참이었으니까. 부모님은 날씨가 따뜻해지면 뒤뜰에 내놓는 피크닉 테이블에 나란히 앉아 목을 길게 빼고 어머니가 듣는 언어학 수업의 변형문법이론 자료를 들여다보곤 했다. 아버지는 거미줄처럼 촘촘한 다이어그램들을 짚어가며 촘스키의 난해한 분석을 찬찬히 설명하는 중이었다. 두 분은 머리와 몸을 서로 가까이 기울인 채 대화에 심취해 있었다.

그 무렵 나는 모든 기력을 계획과 학업, 운동이라는 과녁 한

가운데 집중하고 있었다. 마치 평평한 대륙 하나만 그려진 중세 지도처럼, 그 세 가지 활동 외부의 세계는 내겐 존재하지 않는 것이나 마찬가지였다. 그 밖의 모든 곳에는 차마 말할 수 없는 것들이 도사리고 있었다. 완벽하게 통제된 내 삶의 경계선 바로 너머에 무언가 잠복해 있었지만, 나로서는 그 정체를 상상할 수 없었다.

하지만 아직도 밤은 힘겨웠다. 아버지가 집에 없었던 일 년 전처럼 머릿속에 욕설이 떠오르지는 않았지만, 좀처럼 잠이 오지 않아서 끔찍한 병에 걸릴까 봐 걱정되었다. 공포가 만성 열병처럼 내 몸에 들러붙었다. 어쩌면 나도 아버지처럼 휴식을 취해야 하는 걸까? 어느 늦가을 저녁 나는 일찌감치 잠들었다가 한밤중에 소스라치며 일어나 앉았다. 심장이 쿵쿵거렸다. 겁에 질리고 꼭두새벽이라 정신도 혼미했기 때문에 어느새 내가 전혀 잠을 못 잤다고 믿게 되었다. 침대에 계속 누워 있으면 심장이 멈춰버릴 거라는 확신이 나를 압도했다. 나는 이층 침대 위 칸에서 뛰어내렸다. 카펫 위로 달려가서 부모님의 침실 문을 쾅쾅 두드렸다. 바로 옆방에서 자는 샐리를 생각해서라도 조용히 해야 했지만, 도저히 참을 수가 없었다.

“엄마! 아빠!” 나는 흐느끼며 외쳤다. “나 아파요. 살려주세요!” 아무 대답도 없었다. 나는 다시 한번 문을 두드렸다. “제발요, 살려줘요. 나 죽을 거 같아요.”

잠시 후 나직한 발소리가 들렸다. 문이 천천히 열리더니 아버지가 고개를 내밀었다. 파자마 바람이었고 눈가에 졸음이 서려 있었다. "무슨 일이니?" 아버지가 속삭였다.

"밤새 깨어 있었어요. 잠을 못 자겠어요. 난 살아남지 못할 거예요."

아버지는 멈칫하더니 뒤돌아 어머니 쪽을 바라보며 뭐라고 가만히 말했다. 그러고는 나더러 앞서가라며 손짓하고 내 침실까지 뒤따라왔다. 내가 사다리를 올라 이층 침대 위 칸에 올라가자 아버지가 내 이마를 쓰다듬었다.

"뭐가 문제인지 다시 한번 말해보렴." 아버지가 내게 조용히 물었다. 나는 반쯤 목이 멘 채 중얼거렸다. "밤새 깨어 있었어요. 잠을 못 자겠어요. 아침이 되기 전에 죽을 거 같아요." 그러고는 다시 흐느끼기 시작했다.

아버지는 잠시 생각에 잠겼다. "걱정할 필요 없어." 차분하지만 단호한 목소리였다. "그냥 쉬기만 해도 몸에 유익하거든. 수면의 70퍼센트 효과 정도는 될 거야." 아버지는 힘주어 말을 이었다.

"스티브 넌 모를 수도 있겠지만, 우리는 기적의 시대에 살고 있단다. 네가 정말로 병에 걸리더라도 이제 의사들은 새로운 약으로 온갖 병을 다 치료할 수 있어." 아버지는 자기가 어렸을 땐 항생제를 비롯해 많은 약들이 존재하지도 않았다고 말했다. 그래서 여러 사람이 처참할 만큼 어린 나이에 죽기도 했다고. 아버지는 내 종조부인 코윈 할아버지가 폐결핵을 치료하는 항생제의 기전을 발견한 연구팀에 있었다는 걸 다시 한번 상기시켰다. "그런 약들이 발견되기 이전 시대를 상상해보렴. 당시의 사망률은 끔찍했단다."

아버지는 이렇게 결론을 내렸다. "그래, 오늘날 이루어지고 있는 진보와 현대 의학의 기적들로 볼 때, 네가 건강을 조심하기만 한다면 백 살까지는 살 수 있을 거다!" 그 순간 내 침실 천장이 1학년 때 그렸던 천문대 천장처럼 활짝 열리며 환한 별빛이 쏟아져 들어오는 듯했다. 백 살이라니!

아버지는 의학 분야의 새로운 발견에 관해 더 이야기하기 시작했지만, 내 눈꺼풀은 이미 무거워지고 있었다. 아버지도 얼마 지나지 않아 잘 자라고 인사하더니 카펫 위로 걸어가버렸다. 잠들기 직전에 나는 100이라는 숫자를 머릿속에 새겨두었다. 영원까지는 아니라 해도 백 살이라면 엄청난 시간일 터였다.

어른이 되고 나니 아버지가 현대 의학의 기적에 그처럼 관심이 많았다는 사실을 새삼 되돌아보게 되었다. 아버지는 왜 자기에게는 그런 기적이 찾아오지 않았는지 의아해했으리라. 아버지의 불가사의한 조울증 삽화는 어째서 그토록 갑작스럽고 수치스럽게 닥쳐왔으며, 어째서 결코 적절한 치료의 대상이 될 수 없었던 걸까? 훗날 아버지의 말에 따르면, 아무도 자신의 고통을 이해하지 못한다는 생각뿐만 아니라 어쩌면 자기는 도움을 받을 자격이 없는 게 아닐까 하는 생각까지 들었다고 했다.

낙인찍힌 집단의 구성원은 필연적으로 그 집단을 향한 사회의 메시지에 노출되게 마련이며 어느새 그 관점을 그대로 받아들이게 된다. 다시 말해 사회적 낙인이 **자기 낙인**으로 변하여 악순환을 일으키는 것이다. 이처럼 내재화한 낙인, 자신이 근본적으로 잘못되고 무가치한 인간이라는 관점은 끔찍한 결과를 가져온다. 비주류 집단의 일원이라는 것도 충분히 고통스러운 일이지만, 그런 개인이 자신의 약점과 도덕적 결함을 탓하게 되는 것이야말로 최악의 상황이다. 충분히 짐작할 수 있는 일이지만 정신질환자의 경우 낙인의 내재화가 심각해지면 치료를 받아도 소용없을 거라고 지레짐작하거나 이미 치료를 시작했더라도 조기에 중단해버리기 십상이다.

낙인찍힌 집단에 소속되었다고 해서 무조건 낙인을 내재화하는 건 아니다. 미국의 여러 소수인종 구성원들은 끈질긴 인종차별과 편견에도 불구하고 높은 자존감을 드러낸다. 같은 인종 간의 연대와 긍정적 동일시가 이들의 보호 요인이 된다. 블랙 파워*, 게이 프라이드, 여성 해방 운동 등은 부정적 동일시를 막아내고 소속 집단을 옹호하며 유익한 자존감을 북돋우고 있다.

* 흑인의 인권과 사회적 지위 향상을 위한 사회운동.

하지만 얼마 전까지의 상황을 본다면, 과연 누가 말 그대로 미치고 돌아버린 정신병자 집단과 자신을 동일시하려고 했겠는가? 정신질환에 따르는 고립감과 수치심이 낙인을 지속적으로 내재화하면서 이들의 절망감은 더욱 깊어진다. 정신질환자 자조 모임이나 인권 운동은 아버지가 젊었을 때만 해도 존재하지 않았으나 이제는 정신보건 분야의 중요한 변수가 되었다. 그런 운동만으로 사회적 낙인이나 자기 낙인을 근절할 수는 없다 해도, 부분적으로나마 문제를 해결할 수 있다.

*

아버지는 이듬해 봄 야구 시즌 내내 우리 팀 시합에 와주었다. 내가 자전거를 타고 일찍 가서 워밍업을 하고 있으면 아버지가 시합 시간에 맞춰 차를 끌고 왔다. 나도 이젠 가끔 안타를 날렸고 1루수로 설 만큼 몸집이 커졌다.

그래도 여전히 지는 건 참을 수 없었다. 그 무렵 샐리는 내가 오는 소리만 들어도 우리 팀이 이겼는지 졌는지 알 수 있다고 했다. 내가 자전거를 느긋하게 몰고 와 멈춘 다음 "우리가 이겼어요! 뭐 먹을 거 없어요?"라고 외치며 경쾌하게 계단을 올라오는 날이 있었다. 그런가 하면 현관문을 쾅 열어젖히고 자전거를 리놀륨 깔린 바닥에 내팽개치는 소리가 온 집 안에 울려 퍼지는 날도 있었다. 그러고 나면 내가 쿵쿵대며 계단을 올라와 침실 문을 세차게 닫았다고 했다.

"오빠 팀이 이겼는지 아닌지 바로 알 수 있다니까." 샐리는 나를 이렇게 놀렸다. 하지만 샐리가 그런 말을 할 수 있는 것도 몇 시간은 지나고 나서였다. 안 그러면 내가 곧바로 울화를 터뜨렸을 테니까.

샐리와 나는 계속 가깝게 지냈다. 샐리는 저녁이면 처량한 목소리로 "오빠, 나 수학 문제 푸는 것 좀 도와줄래?"라고 묻곤 했다. 짧게 자른 깜찍한 머리가 어느새 삐죽삐죽 자라난 샐리는 사슴 같은 눈망울에 소심한 표정으로 애처롭게 말했다. "이거 도저히 모르겠어."

"잠깐만, 샐. 나 하던 일 좀 끝내고. 몇 분 뒤에 내가 가서 봐줄게."

샐리가 어려운 수학 문제를 아버지에게 가져가서 물어볼 때도 있었지만, 아버지는 쉽게 풀어 말하는 데 약했기에 이론적이고 추상적인 대답밖에 해주지 못했다. 나는 샐리와 함께 찬찬히 문제를 살펴보고, 순서대로 계산만 하면 샐리 혼자서도 충분히 답을 구할 수 있다는 걸 알려주려 애썼다. 하지만 샐리의 대답은 항상 똑같았다. "나는 오빠처럼 이해하지 못하겠어. 내 머리는 그렇게 돌아가지 않는다고." 내가 샐리에게 큰 영향력을 미칠 수 있다는 걸 나도 서서히 깨닫게 되었다.

소녀단 활동을 했던 샐리는 항상 행동파였고 활기가 넘쳤다. 우리 집에는 샐리의 친구들이 우글거렸다. 샐리는 언제나 남을 배려하는 성격이었지만 자기 자신을 돌보는 데는 그만큼 빠릿빠릿하지 못했다. 반 친구들, 어머니, 우리 고양이들뿐만 아니라 힘들어하는 모든 이에게 극도로 세심했던 만큼 자기가 원하는 일은 뒷전으로 미루는 경우가 많았다.

어린 시절 나는 샐리보다 더 자유롭게 집 안의 답답한 침묵을 벗어나서 바깥세상을 탐험할 수 있었다. 아버지는 내게 도움이 필요하다는 것을 직관적으로 느끼고 실제로 나를 도와주었지만 샐리에게는 그렇게 해주지 못했다. 남자밖에 없는 가정에서 다섯 형제와 경쟁하며 자란데다 겨우 세 살에 할머니를 여읜 아버지는 여성과 제대로 소통해본 경험 자체가 없었다. 아버지는 거의 평생을 남성 집단에서 보냈고 어른이 된 이후로도 쭉 남성 위주의 철학 분야에서 치열하게 싸웠다. 불가사의한 광증 삽화를 겪은 뒤 아내에게 이웃들 이름을 알려달라고 도움을 청할 수는 있었지만, 자신의 정신 상태나 입원 생활에 관해서는 절대로 얘기하지 않았다. 아버지에게 그 영역은 너무도 내밀하고 부끄러운 것이었다. 대학교 1학년인 아들에게는 솔직하게 고백할 수 있을지언정 딸은 물론 아내에게도 말할 수 없었다. 자기 낙인이 아버지를 가로막았다. 어쩌면 여성은 자신의 경험을 이해하지 못할 거라고 생각했는지도 모른다.

샐리와 나는 사이좋은 남매였지만 서로 다른 세상에 살고 있었다. 아버지가 여성과의 친밀한 관계를 피하는 또 다른 이유도 있었지만, 내가 그 이유에 관해 알게 된 것은 한참 더 나이가 들어서였다.

*

초등학교 5학년 봄방학 때 우리는 서던캘리포니아로 여행을 떠났다. 마침내 아버지와 삼촌들이 자란 집을 볼 수 있게 된 것이다. 아버지는 진입로에 차를 세우고 짐을 싣느라 부산하게 움직였다. 툴툴대고 땀을 뻘뻘 흘려가며 트렁크 안의 짐을 정리하는 와중에도 공항으로 출발할 시간에 맞추려고 규칙적으로 손목시계를 들여다보았다. 내 소지품을 가방에 집어넣고 있는데 날카롭고 고통스러운 비명이 들렸다. 허둥지둥 달려가니 아버지가 몸을 굽힌 채 얼굴을 찡그리고 있었다. 왼손에 감긴 손수건에는 이미 피가 흥건했다. 엄마와 샐리도 곧이어 달려나왔다.

"짐 가방을 하나 더 집어넣으려던 참이었어." 아버지가 앙다문 이 사이로 내뱉었다. "서두르다가 왼손을 빼기도 전에 트렁크 문을 닫아버렸지 뭐야. 손가락은 안 부러진 것 같은데."

"비행기 예약을 취소하는 게 좋겠어, 여보." 어머니가 머뭇거리며 말했다.

"절대 안 돼." 아버지의 대답이었다. "이번엔 반드시 갔다 와야 해. 얼음 좀 가져다줘. 그럼 손을 감싸고 비행기를 타러 갈 수 있어." 손수건에 감싸인 아버지의 손가락은 자줏빛으로 퉁퉁 부어 있었다. 고등학생 때 이미 한 번 왼손과 손목이 부러졌는데 제대로 아물지 않아서 그 뒤로 계속 시원찮다는 게 아버지의 설명이었다. 물론 그것이 아버지가 현관 지붕에서 뛰어내렸을 때 입은 부상이었음을 우리는 전혀 몰랐다.

아버지는 물도 없이 아스피린 몇 알을 우적우적 씹어 삼켰다. 어머니가 운전석에 앉아 차에 시동을 걸었다. 우리가 탄 비행기가 활주로로 접어들자 샐리가 이륙이 무섭지는 않을지 물었고, 아버지는 일단 비행기가 뜨기만 하면 하늘을 나는 줄도 모를 거라고 대답했다. "이게 어떤 물리 현상 때문일지 생각해보렴. 어떻게 몇 톤이나 되는 금속 덩어리가 하늘에 뜰 수 있을까? 비행기의 날개 형태 때문에 위쪽의 압력이 줄어들어 양력이 발생하는 거란다." 아버지는 통증에 시달리면서도 강의할 기회를 놓치지 않았다.

패서디나에 도착한 우리는 아버지가 자라난 노스오클랜드 애비뉴 935번지에서 네텔라 의붓할머니를 만났다. 거리에서 살짝 안쪽으로 물러난 작은 집이었다. 아래층은 짙은 색 목재로 지어졌고 위층은 침실이었다. 정문 현관 위에 작고 평평한 지붕이 얹혀 있었다. 정원에서 금귤 나무가 자라는 걸 보고 샐리는 깜짝 놀랐다.

"정말 경사스러운 날이구나." 다음 날 찾아온 다른 친가 식구들과 함께한 자리에서 할머니는 몇 번이고 이렇게 말했다. 할머니는 흰 머리를 핀으로 틀어 올렸고 식당에 상다리가 휘어지도록 음식을 차려놓았다. 나는 학교 과제로 제출했던 〈내가 쓴 내 인생〉이라는 제목의 자서전을 짐 가방에 챙겨온 터였다. 내가 지금까지 얼마나 행복하게 살았는가 하는 이야기로 시작해서 평생의 모든 경험을 서술한 글이었다. 저녁 식사가 끝난 뒤 랜들 삼촌과 밥 삼촌이 아버지에게 아버지 본인만큼이나 철학적인 아들을 두었다고 말하는 것을 우연히 듣게 되었다.

그 다음 날엔 차를 타고 아카디아의 샌개브리얼 밸리에 있는 힌쇼 백화점에 갔다. 바로 위 언덕에는 밥 삼촌의 나지막한 현대식 저택이 들어서 있었다. 백화점 간판에 우리 가족의 성이 커다란 글씨로 박혀 있는 걸 보고 나는 깜짝 놀랐다. 아버지의 두 배다른 동생 중 손아래인 폴 삼촌은 휘티어에 있는 힌쇼 백화점 분점에서 일하는데 멋진 바리톤 목소리를 갖고 있어 로저 와그너 합창단에서 독창자로도 활동한다고 했다. 나는 건물 뒤쪽 사무실로 가서 백화점 설립자인 에즈라 종조부를 소개받았다. 흰 머리가 성기게 난 종조부는 휠체어에 앉아 침을 질질 흘리고 있었다. 나는 얼른 눈을 돌렸다.

"에즈라 종조부는 파킨슨병에 걸리셨단다." 차를 타고 돌아오는 길에 아버지가 알려주었다. "정신은 멀쩡하지만 근육을 통제하는 뇌 영역이 고장 난 거야." 그렇게 된 원인은 아무도 모른다는 게 아버지의 말이었다. 과학자들이 여전히 해결하려고 노력 중인 의학적 수수께끼라고.

내가 고등학교에 입학하고 온 가족이 서던캘리포니아를 재방문했을 때 내 청소년기의 충격적인 사건 하나가 일어났다. 우리는 이번에도 힌쇼 백화점을 찾았다. 뒤쪽 사무실에 들렀는데 이리저리 돌아다니며 직원들에게 웃고 인사하는 백발노인이 보였다. 잠시 후 삼촌들이 나를 불러 에즈라 종조부에게 다시 인사하라고 했다. "스티브 너도 몇 년 전에 만나 뵌 분이지, 기억나니?"

나는 입을 열고 뭔가 잘못됐다고 얘기하려 했다. 에즈라 종조부는 불편한 몸으로 휠체어에 앉아 있지 않았던가. 하지만 눈앞에 있는 사람은 예전에 본 노인과 분명 닮아 있었다. 이번에도 나는 말없이 눈을 돌렸다.

그날 저녁 아버지가 설명해주었다. "에즈라 종조부는 L-도파라는 파킨슨병 약을 복용하고 계셔. 손상된 뇌 영역에 작용하는 약인데 그 덕분에 많은 환자가 근육 기능을 되찾았다더구나." 현대 의학의 기적이 실존한다는 증거가 마침내 내 눈앞에 나타난 것이다. 나도 언젠가는 그런 발견을 이루는 연구팀에 들어가고 싶었다. 인간을 고통에서 벗어나게 하기 위해 해야 할 일은 아직도 무척 많을 게 분명했다. 그러려면 과학 지식뿐만 아니라 맑은 정신도 필요할 터였다.

*

초등학교 마지막 봄 학예회에서 우리 6학년들은 무대 공연을 준비했다. 나는 사회자 겸 해설자였다. 아버지는 집에 없었지만 나는 너무 바빴던 나머지 그 사실을 알아차리지도 못했다. 학예회 날 저녁이 되자 많은 가족이 강당으로 몰려들었다. 공연이 끝난 뒤 어머니는 복도에 있던 내게로 다가와서 이렇게 외쳤다. "세상에! 네가 그렇게 중요한 역할을 맡았다는 얘기를 왜 안 해준 거니?"

나처럼 아직 기력이 남았지만 뒤풀이 파티엔 관심이 없던 남자아이들은 학교 건물을 들락날락하며 숨바꼭질을 하고 놀았다. 내가 현관 앞까지 달려오자 문 바로 바깥에 서 있던 아이가 잡히지 않으려고 문을 세게 밀어붙였다. 내 쪽에서도 최대한 힘껏 밀자 문이 빠끔 열렸고, 나는 지렛대 삼아 문설주를 붙잡았다. 하지만 상대가 문을 되민 순간 온 세상이 멈추더니 지독한 통증이 느껴졌다. 손가락에서 시뻘건 피가 철철 흘러나왔다.

긴 음식 테이블 옆에 있던 어머니가 달려왔다. "무슨 짓을 한 거니?" 어머니는 눈을 휘둥그렇게 뜨고 내 상처를 살펴보며 울부짖었다. 나는 봉합 수술을 받고 진통제 주사를 맞았다. 부러진 손가락에는 한 달 동안 부목을 대고 있어야 했다. 나는 습관대로 스스로를 다그쳤다. 이것 봐, 지나치게 흥분하면 이런 꼴이 되는 거야. 아버지의 정신질환에 관해 전혀 몰랐으면서도 자제력을 잃으면 어떻게 되는지 본능적으로 느낀 것이다. 내게는 두려움이 호기심보다 훨씬 강력했다.

아버지는 몇 주 뒤에 돌아왔다. 언제나 그랬듯이 다들 아무 말도 하지 않았다. 이미 오랫동안 지속된 일상이니까. 1964년 여름방학에는 외할머니를 모시고 차를 몰아 뉴욕에서 열린 세계박람회를 보러 갔다. 한참 지하철을 타고 퀸스로 가서 거대한 스테인리스스틸 지구 모형을 비롯한 전시물을 구경했다. 아버지와 외할머니는 비교적 사이좋게 지냈다. 어느 날 저녁 식사를 하러 나가려는데 외할머니가 어디로 갈 거냐고 물었다. 아버지가 짓궂은 미소를 띠며 "윌러드 식당 어때요?"라고 묻자 모두가 폭소를 터뜨렸다. 심지어 어머니까지도 웃었지만, 나는 어이가 없었다. 어떻게 그곳에 관한 농담을 할 수 있지?

호텔로 돌아왔을 때 캘리포니아에서 아버지를 찾는 전화가 왔다. "중요한 전화일 것 같으니 화장실에 가서 받아야겠구나." 아버지가 이렇게 말하자 샐리가 "별일 아니면 좋겠네요"라고 대답했다.

몇 분 뒤 아버지가 침울한 얼굴로 방에 들어왔다. "네텔라 할머니가 오늘 돌아가셨단다." 아버지는 엄숙한 목소리로 말했다. "아프시긴 했지만 이렇게 빨리 돌아가실 줄은 몰랐구나. 삼촌들 말로는 나도 패서디나에 와서 장례식에 참석하는 게 좋겠단다. 나도 그렇게 생각하고." 어머니는 슬픈 표정으로 아버지를 안아주었다.

"그럼 저희 방학은 어떡하고요!" 나는 실망을 숨기지 못하고 외쳤다.

"얘야." 어머니가 말을 잘랐다. "아빠가 얼마나 상심이 크시겠니. 이럴 때는 정말 슬프시겠다며 위로해드리는 거란다. 외할머니와 엄마가 너희를 데리고 원래 계획대로 보스턴과 케이프코드까지 운전해 갈 테니 걱정말고." 어머니는 단호한 얼굴로 아버지에게 어떻게 생각하느냐고 물었다.

"물론 그래야지. 당신이 그렇게 해준다면." 아버지가 대답했다.

다음 날 아침 아버지는 택시를 타고 공항으로 갔고, 우리는 뉴욕 시내를 메운 노란 택시들 사이를 지나 케이프코드와 보스턴, 나이아가라 폭포로 향했다. 일주일이 지나고 우리가 콜럼버스로 돌아오니 아버지도 서부 해안에서 막 돌아와 있었다.

아버지와 나는 서로 여행은 어땠는지 물어보았다. "장례식은 슬펐지만 장엄했단다. 삼촌들도 모두 참석했지. 덕분에 오랜만에 다들 얼굴도 봤고."

그렇게 말하는 아버지의 얼굴에 씁쓸한 표정이 떠올랐다. 뭔가를 말할까 말까 망설이는 듯했다. 아버지가 친가 식구들과 자신의 과거에 관해 새로운 얘기를 들려주려는 걸까? 닫혀 있던 문이 열리고 숨겨진 세계가 드러날까? 내가 지금까지 듣지 못한 의붓할머니와 유년기에 관한 추억이? 나는 마음을 졸였다.

하지만 다시 바라보니 아버지의 얼굴에 떠올랐던 표정은 어느새 사라졌다. 내심 아쉬워하며 다시 한번 마지막으로 바라보았지만, 결정적 순간은 이미 지나가버리고 없었다. 나는 모든 게 항상 그랬던 대로 되돌아가겠구나 싶어 낙심했다. 봉인된 비밀을 외면하고 똑바로 앞만 바라보며 달리는 생활로.

6

CBS 저녁 뉴스

지금까지도 대체 어떻게 부모님이 아버지의 심각한 광증 삽화들을 샐리와 내게 숨길 수 있었는지 모르겠다. 신시내티로의 한밤중 드라이브나 아버지의 갑작스러운 가출 같은 사건 말이다. 어머니의 초인적인 노력이 없었더라면 우리는 이미 굶어 죽었으리라.

광증 삽화를 헤쳐나가는 동안 아버지는 터무니없는 판단을 내리거나 사납게 행동하곤 했다. 서양철학을 구해내야 한다는 신념으로 말도 안 되는 계획을 세우고 전국 곳곳의 동료들에게 한밤중에 불쑥불쑥 전화를 걸었다. 그런 한편 남들이 자기 아이디어를 훔친다고 굳게 믿었다. 도둑맞았다는 의심이 심해지면 오하이오 주립대학교의 교수 회의에 난입하기도 했다. 아버지는 낯선 사람이 자기를 이상하게 쳐다보았다거나 읽고 있던 원고의 날짜 배열이 세계 역사를 뒤흔들 대재난을 암시한다는 생각만 들어도 집으로 달려와 타자기로 해독 불가능한 메모를 작성하곤 했다. 강의만큼은 평소처럼 세심하고 체계적이었지만, 때로는 이리저리 날아다니는 벌새처럼 이 생각 저 생각을 오락가락하기도 했다.

그런 시기의 아버지에게 아이들 앞에서 조심할 자제력이 있었다고 생각하기는 어렵다. 더구나 경찰이 출동해 아버지를 입원시키거나 밥 삼촌이 캘리포니아에서 달려와 개입해야 했던 상황에 말이다. 그런데도 어머니는(그리고 아버지는) 어찌어찌 최악의 광증을 우리에게 보이지 않을 수 있었다.

하지만 진실을 말하자면 그것이 부모님 둘만의 공은 아니었다. 나 역시 협력자였다. 나는 무슨 일이 일어나고 있는지 알고 싶지 **않았다**. 우리 집의 차분한 분위기 아래 무엇이 도사리고 있는지 굳이 알아내려 하지 않았다. 아버지가 일 년 내내 종적을 감추었던 3학년 때도 어머니에게 딱 한 번 물어보고 대답을 못 듣자 포기하지 않았는가. 아침 식사로 망각의 가루약이 나왔다면 나는 기꺼이 그것을 시리얼에 뿌려 먹었으리라. 기억을 뽑아내는 펌프가 있었다면 손수 차고에서 꺼내다가 내 정수리에 올려놓고 작동시켰을 것이다. 오늘날까지도 나는 골치 아픈 일은 무조건 덮어두어야 한다는 강박과 싸우고 있다. 익숙한 그 습관은 지금까지도 나를 종종 곤경에 빠뜨리고 있으며, 내가 계속 맞서 싸워야 할 주된 적수 중 하나다.

*

"이걸 보렴, 스티브." 중1 대수 숙제를 잠시 멈추고 쉬던 내게 어머니가 부엌 식탁에 쌓인 파란색 공책 무더기 중 한 권을 건넸다. 어머니는 오하이오 주립대학교에서 1학년 작문 강사로 일하고 있었다. 영문학 박사 학위를 따려고 수업을 듣던 중에 학과장이 중학교 교사가 되는 건 그만두고 대학에서 가르치는 게 어떻겠냐며 어머니를 설득한 것이다. 어머니는 전임 강사로 매 학기 외국인 대학원생들에게 작문을 가르쳤을 뿐만 아니라 영문학과 1학년 필수 강좌를 여럿 맡았다.

며칠 걸러 저녁마다 부엌 식탁 여기저기에 점수를 매겨야 할 과제 무더기가 흩어져 있었다. 고등학교 졸업장만 있으면 오하이오 주립대학교에 입학이 가능하던 시절이었기에 영문학과 신입생들 간의 수준 차이도 컸다. 그날 과제의 주제(글쓰기 연습에 도움이 된다면 무엇이든 상관없었다) 중 하나는 '지난 주말 휴가'였다. 나는 공책을 펼쳐 읽어보았다. 공책 주인이 대충 갈겨쓴 마지막 문장은 다음과 같았다. '비가 오고 비가 오고 또 비가 왓다. 온통 진흑탕이엇다. 정말 슬펏다.'

눈이 튀어나올 뻔했다. **이게** 대학 수준의 영어라고? 나는 말 그대로 문단 구조와 문법을 퍼먹으며 자랐고 완벽에 가까운 과제를 제출하지 못하면 세상이 무너지는 줄 알았다. 이 신입생을 보니 측은한 감정이 들었다. 온 힘을 다해 문법과 문체를 가르치던 어머니도 마찬가지였다. 우리 가족은 가방끈이 긴 특권층이었지만, 오하이오의 고등학교 졸업생 중 상당수는 학업에 전혀 대비가 되어 있지 않았다.

우리는 웃음과 공포 속에서 묘한 안도감을 느꼈다. 다 함께 지하 거실에서 〈스리 스투지스〉나 〈로럴과 하디〉를 볼 때 아버지가 그랬듯이. 아버지는 자기가 좋아하는 옛날 영화를 볼 때마다 포복절도했다. 세상 모든 근심을 잊고 다시 패서디나 극장에 앉아 있는 어린 소년이 된 것처럼. 그런 귀중한 순간에는 집 안에 넘치던 무언의 긴장감도 증발하는 듯싶었다.

하지만 이따금 다른 방향으로 물꼬가 터져버리기도 했다. 하루는 시내 수영장에서 헤엄을 치고 왔는데 집 현관이 잠겨 있고 뇌우까지 쏟아지는 바람에 뼛속까지 젖게 되었다. 나는 잠긴 덧문을 쾅쾅 두드려도 인기척이 없자 짜증이 나서 오른손 주먹을 정통으로 날려 유리를 부숴버렸다. 유리 파편이 아슬아슬하게 정맥을 비껴갔다고 했다. 한번은 샐리가 나를 너무 심하게 놀려서 발끈한 나머지 침실 문을 거세게 내리쳤더니 문 뒤쪽에 달려 있던 전신 거울이 바닥에 떨어져 부서지기도 했다. 길이 1.5미터의 직사각형 유리가 쨍하고 깨어지는 소리가 온 집 안에 울려 퍼졌다. 다행히도 산산조각이 나지는 않았지만 말이다.

두께 몇 밀리미터의 내 살갗 안쪽에서 폭발할 순간만을 기다리고 있던 것은 과연 무엇이었을까? 침묵을 지키려는 노력이 너무나 버거웠기에 내 감정도 가끔은 부글부글 끓어넘칠 수밖에 없었다. 게다가 나도 아버지의 양극성장애 유전자를 얼마간 물려받은 게 사실이다. 아버지가 최악의 삽화를 일으켰을 때의 무절제한 감정에 비하면 미미한 정도지만, 그래도 유사한 충동조절장애 경향이 있는 건 분명하다. 상당수의 정신장애는 가족 문제이기도 한 것이다.

내가 중학생일 때 아버지는 어머니와 함께 다니던 진보적 성향의 대형 개신교 회중교회*에서 합창단 활동을 시작했다. 교회 합창단은 매우 수준이 높았고 가끔 콜럼버스 시립 교향악단 연주자들과 협연도 했다. 아버지는 목요일이면 일찌감치 저녁식사를 마치고 리허설을 하러 갔다. 주중에는 서재에서 음계와 노래 연습을 하는 아버지의 목소리가 나무 미닫이문 너머로 선명히 들려왔다. 일요일 아침마다 나는 교회의 설교단 뒤에 예복을 입고 서서 노래하는 아버지를 바라보았다. 아버지의 시선은 손에 든 악보를 향했다가 머리 위 하늘을 향하곤 했다. 그런 순간 아버지의 마음은 어디에 있었을까? 시간을 초월하여 신앙만 지킨다면 언젠가 누리게 될 영원한 삶을 향해 나아가고 있었던 걸까? 아니면 패서디나에서 보낸 어린 시절의 종교 수업을 되돌아보고 있었을까?

종교와 철학이라는 두 세계를 융합시키는 방법에 관해 아버지는 이렇게 말했다. "나는 아직도 절대자가 우리를 둘러싼 모

* 당회의 권한이 강한 장로교회와 달리 전체 회중이 결정을 내리는 형태의 교회.

든 것을 창조했다고 믿는단다. 그런 신비를 일부나마 이해하려고 애쓰는 게 철학자와 과학자의 일이지." 영원한 저주에 대한 두려움은 내 머릿속에서 사라졌지만, 나 자신에게 완벽함을 요구하는 습관은 여전했다. 나는 깊은 심연에 드리워진 좁다란 밧줄 다리를 건너는 중이었고, 언제든 팔이나 어깨에 힘이 빠져 추락할 것만 같았다.

어머니는 오하이오 주립대학교에서 《위대한 개츠비》 같은 미국 소설을 비롯해 19세기와 20세기 시를 가르쳤다. 자기가 가장 좋아하는 시 중 하나라며 에드워드 알링턴 로빈슨의 〈리처드 코리〉를 섈리와 내게 보여주기도 했다. 그 시의 첫 구절과 마지막 구절은 아직도 내 가슴속에 남아 있다.

> 리처드 코리가 시내에 나올 때마다
> 길가를 지나던 우리는 그를 바라보았네
> 그는 머리끝부터 발끝까지 신사였고
> 단정한 외모에 의젓하고 늘씬했다네
> (…)
> 우리는 그렇게 일하면서 희망의 날을 기다렸고
> 고기 없이 살며 맨 빵을 저주했네
> 그리고 어느 고요한 여름밤에 리처드 코리는
> 집으로 돌아가 자기 머리에 총을 쏴버렸다네

어머니는 학생들에게 이 시의 주제를 이해시키려 애쓰는 중이라고 했다. 남들에겐 완벽하게 보이는 표면과 그 아래 숨겨진 비밀, 아무도 모르는 절망감 간의 괴리를. 사실 이 시야말로 샐리와 내가 어머니에게서 들은 것 중에 우리 가족의 상황을 둘러싼 진실과 가장 가까웠다고 하겠다. 어머니는 아버지의 문제를 우리에게 절대 발설하지 않겠다던 맹세를 충실히 지켰으니까. 우리가 단서라도 얻을 수 있었던 것은 오직 문학 토론을 통해서뿐이었다.

UC 버클리의 저명 사회학자 어빙 고프먼은 **명예 낙인**courtesy stigma이라는 용어를 만들어냈다. 이는 낙인찍힌 개인이나 집단과 연관된 모든 사람을 폄하하려는 강력한 사회적 경향을 가리킨다. 고프먼은 사회에서 특정 집단 구성원을 힐책하고 낙인찍는 만큼 그 집단과 연계된 개인도 폄하하는 관례가 생긴다고 냉소적으로 언급했다. 한센병 환자의 친척이나 18세기에서 19세기 초까지 미국 남부의 노예를 도운 사람들이 어떤 대접을 받았는지 생각해보라. 이들은 당시 주류 사회에서 철저히 배제되었다. 오늘날에는 중증 정신장애 환자의 가족들이 명예 낙인으로 큰 타격을 입는다. 정신병이라는 오점을 지닌 사람의 친척이 되는 것보다 더 명예 낙인과 가까운 일이 있겠는가?

더구나 심리학과 정신의학 전문가들은 20세기 거의 내내 정신질환의 원인이 환자의 가족, 특히 부모에게 있다며 대놓고 비난했다. 자폐증은 감정적 유대감을 제공하지 않은 '냉장고 부모' 탓이며, 조현병은 적대적이고 의존을 초래하는 양육 방식으로 아이들을 미치게 한 '분열증 유발 어머니' 탓이라고 말이다. 배우자와 형제자매, 자식 또한 저주의 대상이었다. 조현병, 양극성장애, ADHD 등의 질환에는 유전적 위험성도 크게 작용한다는 명백한 사실이 발견되었지만, 이런 생물학적 취약성은 고려되지 않기 일쑤였다.

명예 낙인과 관련하여 정신질환자의 가족은 이에 따르는 상당한 **객관적 부담**에 직면한다. 이는 환자를 돌보는 데 소모되는 노동 시간과 비용을 아우르며 흔히 경제적 부담과 심한 스트레스를 초래한다. 그러나 환자의 가족은 정신질환이라는 주제를 둘러싼 수치와 굴욕, 이 문제를 은폐하려는 온갖 노력 등 소위 **주관적 부담**의 괴로움에 관해서도 강하게 토로한다. 객관적 부담이 많은 희생을 요구하는 건 사실이지만, 대부분의 가족들은 주관적 부담이야말로 더욱 고통스럽다고 말한다. 집안에 정신질환이 존재한다고 인정하는 것 자체가 지극히 불편하고 불안한 일이 되어버리는 것이다.

침묵의 1950년대에 주기적으로 광증을 겪은 남자의 아내로서, 어머니는 하루하루를 명예 낙인의 심연 속에서 살아갔다. 정신의학 전문가들은 어머니 말에 귀 기울이지 않았고 어머니의 통찰력도 웃어넘겼다. 게다가 그 당시 선택 가능했던 정신건강 조치들은 가족 부양 문제를 전혀 고려하지 않은 것이었다. 당연하게도 어머니로서는 누가 이 사실을 알아차린다면 우리 가족이 '도덕적 결함'을 지닌 최악의 부적격자들이라며 따돌림 당할 거라고 생각할 수밖에 없었다. 우리가 확보한 사회적 지위도 모두 사라질 게 분명했다.

명예 낙인은 환자의 가족과 친지에게만 해당되는 것이 아니다. 심리학자와 정신의학자, 정신장애인 돌봄 노동에 종사하는 사회복지사와 이 문제의 원인과 치료를 연구하는 과학자 등 정신보건 분야 종사자 전체를 생각해보라. 까놓고 말하자면 '이런 사람들은 평생 미치광이를 돌보며 보낸다'는 무언의 편견이 존재하는 게 현실이다. 실제로 정신보건 분야 종사자들은 사회적 지위가 낮을 뿐만 아니라 조롱당하기도 한다. 임상심리학자들은 심리학계에서 언제나 최하위 집단이었으며, 의대를 졸업한 레지던트들이 정신과를 기피한다는 사실은 이미 널리 알려져 있다. 정신보건 분야는 신체장애를 비롯한 '진짜' 질병보다 항상 적은 액수의 지원금을 받는다. 낙인, 자기 낙인, 명예 낙인은 패배감과 절망감의 끔찍한 악순환을 불러오며, 정신질환의 영향을 받는 사람 모두에게 끔찍한 결과를 초래한다.

*

중1 동안 내 키는 십 센티미터 넘게 훌쩍 자랐다. 야구팀 1루수 역할도 점점 더 재미있어지고 있었다. 내야수들이 잘못 던진 공도 족족 붙잡을 수 있었으니까. 어느 화창한 늦봄의 토요일 아침, 우리 팀은 더블헤더*를 치르게 되었다. 샐리는 친구 집에 놀러 가 있었지만, 부모님은 접이의자까지 챙겨 시합을 보러 왔다. 정오가 되자 흙먼지 가득한 내야가 뜨뜻해지면서 아지랑이가 피어올랐다. 야구 모자를 꾹 눌러썼는데도 눈살이 찌푸려질 정도로 햇볕이 내리쬐었다. 휴식 시간을 틈타 가볍게 뛰며 몸을 풀다 멈춰서 눈을 껌벅이는데 무언가가 시야에 들어왔다. 깨알만 한 빛이 나타나 지그재그를 그리더니 하늘의 오른쪽 절반이 새하얘질 만큼 눈부신 번갯불로 변했다. 천 개의 전구가 켜진 듯 휘황찬란한 불빛들이 빠르게 공전하며 안구 밖에서 깜박거렸다. 나는 손으로 두 눈을 가렸다.

"스티브, 괜찮니?" 어머니가 달려나오며 물었다.

"아무것도 안 보여요." 나는 겁이 나는 걸 꾹 참으며 대답했다. "어떡하면 좋죠?"

아버지가 코치에게 내 몸이 안 좋다고 알린 뒤에 차를 가지러

* 야구에서 한 팀이 하루에 연달아 두 번 같은 팀과 시합하는 것.

갔다. 내 시야의 절반이 황금빛 눈보라로 뒤덮여버렸다. 그 빛은 집으로 돌아가는 사이 신기하게 사라졌지만, 이제는 머리에서 통증이 시작되었다. 칼끝이 관자놀이 깊숙이 파고들어 두개골까지 찔러대는 느낌이었고, 몸을 1밀리미터라도 움직이면 더욱 심하게 욱신거렸다.

나는 어리둥절하고 반쯤 마비된 상태로 침대에 기어올랐다. 어머니가 내 방에 들어와 속삭이는 소리가 대포처럼 귀를 쾅쾅 울렸다. 스탠드 아래로 떨어져내리는 희미한 불빛이 경기장의 조명만큼 눈부셨다. 몇 시간 뒤 나는 지독한 통증에도 불구하고 몸을 일으킬 수밖에 없었다. 구정물을 몇 리터쯤 들이켠 기분이었다. 간신히 화장실로 달려가 변기에 몸을 구부리고 격심한 구토를 했다. 물, 주스, 담즙을 몽땅 다 게워낸 뒤 숨을 몰아쉬며 타일 바닥에 주저앉았다. 구부정하게 몸을 일으켜 변기 물을 내리고 살살 이를 닦고 나니 왼쪽 관자놀이의 통증이 살짝 나아진 듯했다. 나는 느릿느릿 몸을 움직여 침대로 돌아왔다.

깊이 잠들었다가 한밤중에 목이 말라서 깨어났다. 조심조심 화장실로 걸어가면서도 몸 상태가 거의 평소대로 돌아왔다는 게 믿기지 않아서 물을 몇 모금만 넘기고 다시 침대로 왔다. 그런 다음에는 정신이 들고 보니 벌써 아침이었다. 사방이 환했다. 어찌어찌 몸속의 독이 빠졌음을 느끼며 꼬르륵대는 배를 안고 계단을 내려갔다. 음식이 그토록 맛있게 느껴진 건 몇 달 만에 처음이었다. 내가 동시에 두 개의 우주에서 살아가는 것 같았다. 이해 불가능한 고통으로 가득한 우주와 유쾌한 유예 상태의 우주. 아버지는 자기가 십 대에 그랬듯 나 역시 인생 첫 편두통을 겪은 게 분명하다고 말했다. 버질 시니어 할아버지를 비롯해 힌쇼 집안의 모든 남자가 겪었으며 조만간 샐리에게도 시작될 병이었다. 나는 이제 고통을 통해 친가 친척들과 연결되어 있었다.

*

가끔은 저녁 식사를 마친 뒤 온 가족이 부모님의 과거에 관해 이야기하기도 했다. 샐리와 나는 십 대 초에 부모님에게 이렇게 물어본 적이 있었다. "엄마 아빠는 어떻게 만났어요?"

"소개팅blind date을 했지." 어머니의 대답이었다. 우리가 아직 모르는 단어였다. 눈이 먼blind 척하고 데이트를 했다는 걸까? "서로 모르는 두 사람이 처음 만나보는 자리를 말하는 거야." 어머니가 찬찬히 설명해주었다. "오하이오 주립대학교에 다니던 내 친구가 그곳에서 철학을 가르치던 아버지를 만난 뒤 나와 연결해주기로 했단다. 결국 우리는 사랑에 빠졌지."

우리는 '1950년 6월 12일'이라고 적힌 결혼식 사진첩을 들여다보았다. 하얀 드레스를 입은 어머니는 믿기지 않을 만큼 엄숙한 모습이었다. 턱시도 차림의 아버지는 놀랍도록 젊어 보였다. 어머니는 두 분이 차를 몰고 서부로 신혼여행을 떠나 패서디나에 도착했다고 말했다. 어머니에게는 최초의 미 대륙 자동차 횡단 여행이었다. 오랜 시간 뒤 내가 어른이 되었을 때 어머니는 다섯 삼촌과 그들 가족을 만났던 이야기를 자세히 들려주었다. "정말 대단했어. 식당에 들어와 식탁에 둘러앉자마자 다들 지껄여대는 거야. 다른 형제들보다 조금이라도 우위를 차지하려는 치열한 경쟁이었지. 버질 시니어와 네텔라는 그런 아들들을 흐뭇하게 바라보고 있었어. 세계정세, 정치, 역사, 과학에 관해 누가 가장 잘 아는지 말이야. 우리 아내들은 한마디도 끼어들 틈이 없었지." 아버지의 지적 열정은 그처럼 경쟁적인 남성만의 요새에서 종교와 학문으로 다져진 유대감 속에 자라난 것이었다.

어린 시절의 저녁 대화에서 어머니는 이런 얘기도 했다. "1952년에 첫 임신을 했을 때, 그러니까 스티브 널 가졌을 때 또 다시 캘리포니아의 친척들을 만나러 갔었지."

"하지만 그때 비극이 일어났어." 아버지가 말을 이었다. 샌프란시스코에 도착한 부모님은 호텔 프런트에서 메시지를 전달받았다. 할아버지가 베이커스필드 외곽에서 교통사고를 당했다는 내용이었다. 일흔여섯 살이던 할아버지는 직접 운전하는 대신 운전기사를 고용했지만, 음주운전 차량이 도로를 가로질러 뒤에서 치받는 바람에 할아버지가 즉사한 것이다. 샐리와 나는 아무 말도 할 수 없었다.

"우리는 바로 차에 올라 산을 통과해 달렸지. 유해를 확인해야 했으니까." 아버지는 이렇게 말했다. 나는 지치고 우울한 마음으로 검시관 사무실에 도착했을 아버지의 모습을 상상해보았다. 이제는 아이러니에 익숙해져 있었지만, 그래도 금주주의자였던 할아버지가 음주운전 사고로 사망했다는 게 믿기지 않았다.

할아버지를 떠나보내고 집으로 돌아온 아버지는 그해 가을 조증을 일으켰다. 어머니가 삽화를 목격한 것은 그때가 처음이었다. 어머니가 나중에 말해주길, 아버지는 내가 태어나는 것만 간신히 확인하고 바로 입원해야 했다.

샐리와 나는 우리가 어떤 아기였냐고 물었다. "너희 둘 다 **정말** 사랑스러웠지." 어머니가 말했다. "와이언도트 로드의 집 부엌에서 얼마나 많은 젖병을 소독해야 했는지 몰라! 하지만 그래도 매 순간이 행복했단다." 나는 아기 시절의 내가 담긴 사진 한 장을 찾아냈다. 셔츠를 벗고 단단한 상체를 드러낸 아버지의 품에 안겨 햇살에 눈을 찌푸린 모습이었다. 그 사진을 찍고 몇 달 뒤 아버지가 극심한 정신이상을 일으켰다는 건 나중에야 알게 되었다. 당시 어머니는 샐리를 낳기 직전이었고, 아버지가 심한 발작을 일으켜 캘리포니아에서 강제 입원해 있던 1954년

2월에 샐리가 태어났다는 것도.

어머니는 샐리와 나를 사실상 혼자서 낳은 셈이었다.

"네가 아기였을 때 즐겨 하던 짓이 있었지." 아버지가 말했다. "넌 책장에서 내 책을 끄집어내길 좋아했어. 그중에서도 가장 좋아한 건 페이지에 양각 무늬가 있는 가죽 장정 사전이었지. 할아버지가 나한테 선물한 책이었단다. 넌 함박웃음을 띤 채 그 사전을 한 장 한 장 펼쳐 쭉쭉 찢어내곤 했어. 얄팍한 종이가 찢어져 나가는 느낌이 마음에 들었던 게지."

나도 그 사전이 기억났다. 책을 덮으면 앞표지와 뒤표지 사이의 책배에 입혀진 은은한 금박이 반짝이던 것도. 하지만 내가 아기였을 때 정말로 그렇게까지 말썽꾸러기였다고? 아버지는 잠시 나한테 벌을 줄까 생각도 했지만, 그것이 내 나름의 책 탐구 방식임을 깨달았다고 했다. 벌을 주었다간 책을 읽고 싶은 욕구도 사라질지 모른다는 생각에 그냥 사전을 빼앗아 내 손이 닿지 않는 곳에 꽂아두었다고.

"절대로," 아버지가 거듭 말했다. "네가 책을 싫어하게 되는 일은 없길 바랐으니까."

그런 시기에 아버지가 조증이나 심각한 우울증을 앓고 있었다면 어떻게 되었을까? 벌컥 화를 내면서 나한테 고함을 쳤을까? 하지만 멀쩡한 상태일 때, 그러니까 조증과 우울증 사이의 시기에 아버지는 나를 아꼈고 참을성과 관용으로 대해주었다.

양극성장애 환자가 조증으로 치닫거나 우울증에 빠져드는 시점을 어떻게 예측할 수 있을까? 수십 년간의 연구에도 불구하고 이는 아직도 매우 어려운 일이다. 양극성장애는 대체로 유전적 취약성 때문이지만, 생활에 따른 스트레스가 삽화를 유발하기도 한다. 발병 패턴은 사람마다 각각 다르다. 아버지의 정신이 맑을 때가 훨씬 많았다는 게 우리 가족에겐 정말로 다행스러운 일이었지만, 우리 가족의 일거수일투족은 조증과 우울증이 이루는 극명한 대조에 무언의 영향을 받고 있었다.

*

나는 예전보다 훨씬 더 많이 여자아이들 생각을 하게 되었다. 4학년 때 메리앤이라는 금발 여자아이를 바라보고 있으면 온몸에 야릇한 감각이 솟구치던 기억이 난다. 중학생이 되고 나니 그런 감각을 거의 매일 느끼게 되었다. 나도 언젠가는 어느 여자아이와 마음이 맞아서 내 기분을 털어놓게 될까? 그전에 나 스스로 내 기분을 이해할 수 있다면 말이지만. 갈망과 두려움이 뒤섞여 내 마음을 짓눌렀다.

겨울이면 토요일 오후마다 얼어붙을 듯 차가운 공기 속에 쇼핑몰을 배회했다. 녹은 눈 더미 사이로 차들이 주차할 자리를 찾아다녔고, 늦은 오후에는 이미 하늘이 어둑해졌다. 나는 한 여자아이에게 선물할 반지를 찾고 있었지만, 내게 정말로 그걸 건넬 용기가 있을지는 알 수 없었다. 가게 안에 진열된 모조 옥 반지가 눈에 들어왔다. 하지만 여성 판매원이 내게 반지를 보고 싶은지 물었을 때 나는 얼굴이 빨개지며 시선을 돌렸다. 내가 느끼는 갈망을 밖으로 드러낼 엄두가 나지 않았다. 어느 여자아이에게든 내가 정말로 어떤 사람인지 말할 수 있을까? 내가 과연 무슨 말을 할 수 있을까?

사실 나는 가능한 한 나 자신과도 대화하지 않았다. 바쁘게 지내고 학업과 스포츠에서의 성취에 집중하다 보면 생생한 감정을 느끼고 싶다는 유혹도 스러졌다. 속내를 드러내지 않고 담아두는 편이 훨씬 나을 거라고 생각했다.

중2 때의 어느 저녁이었다. 나는 아버지와 함께 부엌에 앉아서 월터 크롱카이트가 진행하는 CBS 방송 저녁 뉴스를 보고 있었다. 아버지는 저녁 식사 전에 버번을 섞은 콜라나 다른 알코올음료를 한 잔 들곤 했다. "세속인의 종교 체험 같은 거지." 아버지는 자기가 만드는 칵테일에 관해 이렇게 말했지만, 나는 아버지가 술을 두 잔 이상 마시는 걸 한 번도 본 적이 없었다. 아버지가 알코올에서 얻는 통찰이란 어떤 것이었을까?

아버지에게 저녁 뉴스 시청은 하루의 가장 중요한 일과였다. 아버지는 크롱카이트를 좋아했다. 그날 밤 주요 소식 중 하나는 미국 전역에서 휘발유 값이 갤런 당 몇 센트씩 상승했다는 것이었다. 하지만 아버지는 먹이에 덤벼들려는 코브라처럼 눈을 야릇하게 번들거리며 텔레비전 화면을 뚫어지게 노려보고 있었다.

"말도 안 돼!" 아버지가 화면을 향해 으르렁거렸다.

"뭐가요?" 나는 아버지가 진정하길 빌면서도 이렇게 물어보았다.

"저런 가격이라니 터무니없어." 아버지가 내뱉었다. "예전엔 이보다 훨씬 사소한 일로도 폭동이 일어나곤 했는데. 조만간 계급투쟁이 터지고 말 거야!" 아버지는 분노를 뚜렷이 드러내며 노발대발하더니 악의가 묻어나는 목소리로 이렇게 덧붙였다. "나중에 역사를 돌아보면 내가 옳았다는 걸 알 수 있겠지."

'제발 그만해요.' 나는 마음속으로 이렇게 대꾸했다. '그런 사소한 문제로 계급투쟁이 일어나진 않을 거라고요.' 한순간 내가 아버지보다 더 나이 먹고 성숙한 사람이 된 기분이었다. 정말로 아버지가 창피하게 느껴질 정도였다. 그나마 친구들이 와 있지 않았다는 데 안도했다. 내 친구들이 이렇게 어리석고 유치하고 감정적인 아버지의 모습을 보면 무슨 생각을 하겠는가?

내가 한마디 해야 할까? 하지만 텔레비전 화면을 쏘아보는 아버지의 매서운 표정을 보니 입 다물고 있는 편이 나을 듯했다. 물가 인상이 그렇게 큰 문제는 아닐 거라고 중얼거리긴 했지만, 아버지는 내 말을 무시해버렸다. 아버지의 단호하고 우월감 어린 어조는 외계에서 온 힘처럼 나를 꼼짝 못 하게 했다.

이처럼 드물게 아버지의 조증 초기 징후를 목격할 때 가장 놀라웠던 것은 그 모습이 아버지의 평소 태도나 어조와 너무나 다르다는 점이었다. 문득 칠 년 전 윌러드 식당에서의 사건이 머릿속을 스쳤다. 하지만 나는 재빨리 그 기억을 쫓아버리고 광고가 시작되자 핑계를 대며 그 자리를 떴다. 나는 수업 시간에 전보다 더 연필을 꾹꾹 눌러가며 글씨를 쓰기 시작했다. 내 손가락 아래에서 연필심이 부러질 뻔한 날도 있었다.

그날 이후 아버지가 얼마나 악화되었는지에 관한 기억은 망각의 안개로 뒤덮여버렸다. 1960년대였으니 아마도 담당 의사가 아버지를 입원시키지는 않고 멜라릴 복용량을 늘렸으리라(소라진의 사촌뻘 되는 신약으로, 망상과 편집증을 약화시키는 항정신병약물이었다). 나 역시 공범이었다는 걸 잊으면 안 된다. 나는 적극적으로 중요한 기억을 지우려고 애썼다.

일 년 뒤였다. 온 가족이 거실에 모여 잡지와 일요판 신문을 읽고 있었다. 전화벨이 울리자 어머니가 달려가 부엌에서 전화를 받았다. 어머니의 목소리는 높아졌다 낮아졌다 했지만, 딱히 알아들을 수 있는 내용은 없었다. 어머니가 허둥지둥 돌아오더니 걱정스러운 얼굴로 아버지에게 캘리포니아에 있는 밥 삼촌이 통화하고 싶어 한다고 전했다. 아버지는 빠르게 서재로 들어가 미닫이문을 닫더니 반 시간이 지나도록 나오지 않았다. 마침내 느릿느릿 걸어 나온 아버지는 거실로 돌아와 구부정하게 주저앉았다. 뭐라고 말하려는 듯 입을 열었다가 다물더니 마침내 목청을 가다듬고 이렇게 말했다.

“밥 삼촌과의 대화가 꽤 길어졌구나. 안 좋은 소식이 있다. 너희도 알다시피 삼촌은 정신과 의사고 종일 앉아서 환자들과 이야기하잖니. 그렇게 정적인 생활을 하다 보니 한쪽 다리가 망가졌대. 곧 괴저가 생길 거라고 하는구나.” 아버지의 마지막 말은 밥 삼촌이 목숨을 부지하려면 다리를 절단하는 수밖에 없다는 것이었다.

어머니의 눈이 휘둥그레졌다. 샐리도 마찬가지였다. 절단이라고? 머릿속에 막연한 의구심이 떠올랐다. 너무 오래 앉아 있었다고 다리를 절단한다니? 밥 삼촌과의 대화 내용을 전하는 아버지의 목소리는 지극히 차분하고 이성적이었지만, 그래도 방금 들은 말은 도저히 믿을 수가 없었다.

아니, 아마도 믿어야 했으리라. 나는 내 앞에 놓인 것을 무조건 받아들이는 데 익숙했으니까. 의문을 제기하거나 미지의 존재를 건드리는 일은 너무 위험하게 느껴졌다. 몇 주 뒤 아버지는 밥 삼촌이 의족을 달았는데 거동에 이상이 없는 것 같다고 전했다. 나는 안심했다. 하지만 그 얘기를 처음 들은 일요일 아침에는 진실을 가리는 방어벽이 쳐지는 순간을 목격하지 않았는가. 그 뒤에 또 무엇이 숨겨져 있는 걸까?

내가 중학교를 졸업하기 전에 아버지가 역사 이야기를 꺼낸 적이 있다. 이번에도 한바탕 강의가 펼쳐질 게 분명했다. “이렇게 생각해본 적 있니, 한 사람의 생애를 온전히 알 수 있다면 그의 행동 저변에 숨은 이유가 드러날 거라고?” 아버지는 이렇게 묻더니 말을 이었다. “히틀러를 생각해보렴. 우리가 그자의 과거를 전부 알 수 있다면 그가 한 행동도 이해할 수 있을까?” 이런 사색 끝에 아버지는 정확히 다음과 같이 물었다. “우리가 모든 걸 안다면 그가 한 짓을 용서할 수 있을까?”

나는 별생각 없이 고개를 끄덕였지만, 본능적으로 그건 너무 단순한 생각이라는 느낌이 들었다. 단지 누군가의 과거를 안다는 이유로 그 사람의 순전한 악행까지 용서할 수는 없지 않은가? 하지만 더 의아했던 것은 아버지가 왜 그토록 선과 악에 집착하는가 하는 점이었다. 아버지는 히틀러에게 엄청나게 집착했다. 독일에서 히틀러가 연설할 때면 도시 광장에 수백만 군중이 모여 그의 말을 들으며 열광했다는 이야기도 했다. 아버지와 나는 함께 텔레비전 다큐멘터리에서 군중에게 열변을 토하는 히틀러의 역동적인 몸짓을 바라보았다. 전 국민이 그를 떠받들었지만, 그 결과로 겪은 것은 억압, 추방, 전쟁, 끔찍한 말살이었다. 아버지는 히틀러의 이미지를 마음속에서 도저히 떨쳐낼 수 없는 듯했다. 그때만 해도 나는 아버지가 열여섯 살 때 히틀러에 대한 강박증으로 어떤 짓을 저질렀는지 전혀 몰랐다.

한파가 닥친 크리스마스 전날 밤이었다. 아버지와 나는 예전에 집안일을 거들어준 아프리카계 미국인 가족에게 선물을 전달하러 갔다. 차로 콜럼버스 시내 반대편까지 가서 벌벌 떨며 초인종을 눌렀다. 그들 가족은 후덥지근한 아파트 안으로 우리를 맞이했고 우리가 들른 것에 정말로 감사하는 기색이었다. 훈훈하고 즐거운 대화가 오갔지만, 나는 내가 매일 얼마나 많은 것을 당연하게 여기며 살아왔는가 하는 부끄러움에 속이 메슥거릴 지경이었다.

우리는 차를 타고 집으로 향했다. 앞쪽의 히터에서 뜨거운 열기가 흘러나왔고 가로등이 빙판길에 호박색 불빛을 드리웠다. 아버지가 입을 열었다.

“스티브, 네게 시민권의 의미와 이 나라에서 일어난 차별의 역사를 알려줘야겠구나. 흑인들은 너무도 오래 기본적 인권을 부정당한 채 살아왔지.” 아버지는 간디와 마틴 루터 킹, 남부의 인종 분리 식수대와 간이식당에 관해 언급했다. 서리 낀 차창 밖으로 매서운 바람이 몰아쳤고, 나는 그때까지 차별에 관해 거의 생각지 않고 살아온 것에 죄책감을 느꼈다. 하지만 아버지는 그 문제에 그토록 공감한다면서 왜 아무 행동도 하지 않는 걸까? 아버지는 삶의 대부분을 서재에 앉아 만사를 심사숙고하며 보냈다. 아버지의 열정에는 의심할 여지가 없었지만, 실천은 어디에 있단 말인가?

그리고 나의 실천은? 무엇이 나를 붙잡아 가두고 있는가? 답은 간단했다. 두려움이었다. 하지만 그때만 해도 나는 내가 무엇을 두려워하는지 몰랐다.

*

내가 미닫이문 밖에서 들려오는 소리를 알아차린 것은 고등학교 1학년이 되기 삼 주 전의 화창한 8월 아침이었다. 저 멀리서 백여 명의 목소리가 박자에 맞춰 거칠고 요란하게 구호를 외쳤다. "헛, 둘, 셋, 넷, 헛, 둘, 셋, 넷." 나는 처음엔 어리둥절했지만 금세 그 정체를 알아차렸다. 풋볼 팀이 하루 두 차례의 연습 중 아침 연습을 시작하며 맨손체조 구령을 붙이고 있었다. 나는 밖으로 걸어 나와 우리 집 뒤뜰을 에워싼 나무 울타리 틈새를 내다보았다. 길 건너편 운동장에 팀 전체가 흰 연습복과 금색 헬멧 차림으로 늘어서 있었다.

아침 내내 선수들의 어깨 보호대가 둔중하게 부딪는 소리, 플레이가 끝났음을 알리는 날카로운 호루라기 소리, 코치가 박자에 맞춰 손뼉을 치는 소리가 들려왔다. 이층의 내 침실 창문에서는 울타리 너머 운동장이 비스듬히 내다보였다. 선수들이 패스한 공이 허공을 날아다녔고, 라인을 뚫고 나온 러닝백*들은 20야드를 더 달려가다 슬슬 뛰어가 작전 지시를 받고 코치에게 공을 휙 던졌다. 나는 블로킹 기술을 연마하는 거구의 라인맨** 들을 보며 감탄했다. 오후에 해가 천천히 서쪽으로 기울어갈 무렵 크로스컨트리 팀 연습을 준비하고 있는데 풋볼 팀이 그날의 두 번째 연습을 하는 모습이 눈에 들어왔다. 운동장에서 날카로운 호루라기 소리가 들려올 때마다 벽난로에서 불길이 확 타오르듯 뜨거운 깨달음이 마음속을 찔러왔다. 내 탓이야, 내가 기회를 날려버렸어. 절망감이 온몸을 휘감았다. '나도 풋볼 팀에 들어갔어야 했는데.'

나는 항상 그런 식이었다. 몇 주나 몇 달씩 계획을 짜고 나면 꼭 무슨 일이 일어나 내 계획을 망가뜨리곤 했다. 문제가 단 하나만 생겨도 모든 게 구멍 난 풍선처럼 터져버렸다. 내게 중간 상태는 없었다. 앞으로 나아가는 것이 아니면 무기력한 절망뿐이었다.

일 년 전 중학교 졸업반 때 풋볼을 해보긴 했다. 오하이오에서는 풋볼이 최고였다. 나는 농구와 야구는 그럭저럭 잘했고 육상 중거리 선수로서도 빠른 편이었지만, 신체 접촉이 많은 풋볼에 적응할 수 있을지는 좀처럼 확신이 서지 않았다.

나는 이 문제를 부모님과 의논해보았다. 계단을 내려가려는

* 풋볼 팀의 공격수.

** 풋볼 경기에서 라인 앞 최전방에 자리 잡고 상대 팀의 공격을 막거나 자기 팀 공격을 보조하는 포지션.

데 두 분이 문 닫힌 침실 안에서 나직하게 말다툼하는 소리가 들렸다. "풋볼은 너무 위험해. 심한 부상을 입을 수도 있고." 어머니가 단호하게 말했지만, 아버지도 차분하고 단호한 어조로 맞섰다. 아버지는 최대한 음성을 낮추려 했지만 결국 큰 소리로 이렇게 말했다. "내가 풋볼을 하던 시절에는 가죽 헬멧 밖에 없었지만, 이제는 장비가 훨씬 좋아졌잖아. 쟤가 원한다면 하게 해줘."

결국 아버지가 이겼다. 이젠 내가 능력을 보여야 할 때였다. 첫 연습 날 육십 킬로그램밖에 안 되는 몸에 어깨 패드, 갈비 보호대, 엉덩이 패드까지 걸치고 나니 이 상태로 어떻게 뛸 수 있을지 걱정스러워졌다. 습한 무더위 속에서 하루 두 번씩 연습하며 블로킹 슬레드*를 들이받고 스리 포인트 스탠스**에서 돌진했다. 다른 선수들의 거대한 어깨 패드를 들이받으며 두 다리를 구르면 스파이크가 박힌 운동화 밑에서 잔디와 흙덩이가 튀어 올랐다. 지독한 먼지와 열기를 견디며 수비 연습을 하다가 잽싸고 힘센 녀석이 나를 돌파해 나가려 들면 태클을 시도하기도 했다. 어쩌다 좋은 플레이를 하고 나면 뜨끈한 욕조에 몸을 담근 듯 훈훈하고 뿌듯한 기분이 들었다. 나는 풋볼 팀에 들어갔고

* 풋볼의 블로킹 연습용 도구.

** 풋볼에서 양발을 벌리고 상체를 굽혀 한쪽 손을 지면에 대는 라인맨의 준비 자세.

모든 시합에 출전했다. 시험에 통과한 것이다.

그러나 다음 해 봄이 오자 내가 몰랐던 문제가 새롭게 불거졌다. 우리 집에서 한 블록 뒤의 거대한 신축 고등학교 건물과 끝없이 펼쳐진 운동장을 볼 때마다 마음이 조급해졌다. 내가 입학할 고등학교의 풋볼 팀은 오하이오주에서도 최상위 실력을 자랑했다. 신입생인 나로서는 2군 팀에 들어갈 수만 있어도 다행이었고, 언젠가 1군 팀에 들어갈 수 있다는 보장 같은 건 없었다.

나는 풋볼 대신 크로스컨트리 팀에 들 것을 고려하기 시작했다. 크로스컨트리가 정신적으로나 신체적으로나 더 안전하다는 점이 좋은 핑계가 되었다. 어쩌면 1학년 재학 중에 대표 선수가 되고 2학년까지 그 자리를 유지할 수 있을지도 몰랐다.

한여름이 되자 크로스컨트리 팀은 강가에 나가서 연습을 했다. 스트레칭으로 몸을 풀고 신발 끈을 질끈 동여맨 다음, 강둑 위로 솟은 작은 언덕의 무성한 나무 아래 피크닉 벤치에서 달리기를 시작했다. 강가의 공기는 안개가 끼어 습했다. 아래쪽에 펼쳐진 피크닉 구역은 봄여름 내내 내린 비로 풋풋한 신록을 띠었다. 내리막을 따라 보트 선착장을 지나고 강둑 자갈길로 나오자 휘발유와 타르의 고약한 냄새가 풍겼다. 길이 평탄해지면서 첫 번째 고가 차도가 나타났다. 우리가 그 아래를 지나가는 동안 자동차들의 시끄러운 엔진 소음과 차체가 규칙적으로 요철을 넘어가는 소리가 들려왔다. 갑자기 눈앞에 강줄기 전체가 드러났다. 잔잔하게 물결치는 청회색 강물 너머로 푸르른 나무가 늘어서 있었다. 두 번째 고가 차도까지는 2.5킬로미터쯤 더 가야 했다.

양팔을 흔들며 팀과 보조를 맞추려 애쓰다 보니 어느새 숨이 가빠졌다. 푹푹 찌는 무더위 속에 구름도 나른하게 멈춰 있는 듯했다. 눅눅한 공기를 뚫고 근처 숲속에서 매미 울음소리가 들려왔다. 오르막길이 끝나자 마침내 그늘이 나왔지만, 쉬지도 않고 바로 뒤돌아서 온 길을 돌아가야 했다. 팀원 중 몇 명은 폐활량이 어찌나 대단한지 날아갈 수도 있을 것 같았다. 계속 달리면서도 이러다 몸속의 산소가 고갈되면 어쩌나 싶었지만, 일단 움직이는 동안에는 내 결정에 대한 의구심을 싹 잊을 수 있었다.

하지만 그런 확신도 아침 풋볼 연습을 본 순간 전부 사라져 버렸다. 나는 다음 날 아침에도 자석에 이끌리듯 뒤뜰로 나가서 풋볼 팀 연습을 지켜보다 울음을 터뜨리고 말았다. 집 안으로 돌아와 읽을거리나 기분 전환이 될 만한 것을 찾아보려 했지만, 마음이 심란해서 참을 수가 없었다. 어머니가 왜 그리 시무룩하냐고 물었지만 설명하려다가 목이 메어 그만두었다. 아버지가 점심을 먹으러 집에 들렀을 때 나는 서재로 달려 들어가 갈라진 목소리로 외쳤다. "이번 주에 풋볼 연습이 시작됐어요. 나 말고는 다들 플레이를 할 줄 알아요. 내년까지는 못 기다리겠어요. 그랬다간 너무 뒤처져서 하루도 못 버틸 거예요. 아시겠죠, 난……." 나는 더듬거리며 말을 이었다. "내게 주어진 단 한 번의 기회를 망쳐버린 거예요. 내가 대체 왜 그랬을까요?"

아버지는 먼 곳을 응시하고 있었다. 나는 두 눈을 뽑아내고 싶은 충동을 억누르며 양손에 얼굴을 묻었다.

마침내 아버지가 대답했다. "이미 늦었다고 느끼는 건 알겠지만, 네가 정말로 시도해보고 싶다면 이런 방법도 있어. 이따가 오후 연습 전에 수석 코치에게 전화해보마. 너도 알겠지만 엄하긴 해도 성실한 사람이야. 그 사람이 뭐라고 하는지 보자꾸나."

나는 점점 더 위축되는 것을 느끼며 너무 늦었다는 말만 반복했다. 아버지는 방금 얘기한 계획을 찬찬히 곱씹어보더니 창밖을 내다보며 그대로 되풀이해 말했다. 조금이라도 기회가 있으려면 최대한 빨리 코치를 만나봐야 할 거라고. 나는 아버지의 말에 수긍했지만, 여전히 좀처럼 자기혐오의 구렁텅이에서 벗어날 수가 없었다.

그날 오후 늦게 아버지가 뮬러 코치와 얘기해봤다고 전해주었다. 저녁에 그분 집으로 찾아가면 만날 수 있을 거라고. 내가 잃을 게 뭐 있겠는가? 황혼 녘에 아버지는 와이언도트 로드의 옛집 근처까지 나를 태워다주며 반 시간 뒤 한 블록 아래로 데리러 오겠다고 말했다. 나는 초인종을 누르고 측면 현관으로 안내받았다. 잠시 후 코치가 언제나처럼 힘찬 모습으로 나타났다. 그는 내 눈을 똑바로 바라보며 힘차게 내 손을 잡더니 이렇게 물었다. “무슨 일인지 말해보렴, 스티브.”

나는 최선을 다해 내가 잘못 결정한 것 같다고 설명했다. 내 얼굴을 구멍이라도 낼 듯 뚫어지게 바라보던 코치가 마침내 똑바로 앉으며 입을 열었다. “무슨 얘기인지 알겠구나, 스티브. 넌 중요한 연습을 몇 차례 놓쳤지만, 아직 시간은 있어. 네가 내일 신체검사 서류를 제출하고 크로스컨트리 코치에게 말씀드리면 나는 네 몸에 맞는 장비를 준비하고 플레이북*을 주문해놓으마. 우리 팀 체제를 제대로 익혀야 할 테니까.”

그렇다면 내가 받아들여진 건가? 집행유예를 받아낸 나는 어둑한 거리로 나와 아버지의 차를 찾았다. 안도감에 젖어 좌석에 쓰러지듯 주저앉는 나를 보고 아버지는 기쁜 표정을 지었다. 토요일 아침에는 나도 유니폼을 입고 팀의 일원으로서 운동장에 서 있었다. 작열하는 무더위 속에서 하루 두 차례 맹연습하는 것에도 금세 익숙해졌고, 열심히 노력해 2군 선수진에 들어갈 수 있었다. 그 다음 날은 토요일이라 아침 시합이 있었다. 전날 저녁 조명 아래에서 치러진 2군 선발 시험의 짜릿함에 비하면 별것도 아니었지만, 나는 터치다운 패스**를 몇 번 받아냈

* 풋볼 팀이 사용하는 공격과 수비 포지션을 그림과 함께 설명한 책.

** 쿼터백이 풋볼 경기장의 엔드존 안으로 던지는 패스.

다. 중서부식 체제의 우리 팀에서는 드문 일이었다. 나도 이제 팀의 일원이 되었다는 생각에 기뻤다. 이 모든 게 아버지 덕분이었다.

*

다음 해 여름 나는 주황색, 황갈색, 노란색, 연갈색으로 끝없이 펼쳐진 모래사막에 있었다. 애리조나주 모뉴먼트밸리의 산봉우리들은 사막에서 바윗덩어리가 불쑥 솟아나온 듯한 태곳적 경관을 자랑했다. 아버지는 차를 길가에 세우더니 열다섯 살인 내게 처음으로 운전대를 넘겨주었다. 발을 살짝 액셀에 올려놓자 자동차는 엄청난 속도로 고속도로를 내달렸다. 내가 짊어진 질서와 의무의 멍에를 벗어날 수만 있다면 내 인생도 이렇게 탄탄대로를 달릴 수 있으리라는 예감이 들었다.

대륙 횡단 자동차 여행을 마치고 서던캘리포니아에 도착한 우리 가족은 로스앤젤레스 근처 산골짜기의 폴 삼촌 집에서 하루를 보냈다. 샐리와 나는 사촌들과 함께 비누 상자 수레를 타고 가파른 진입로를 질주했다. 잠시 후 흰색 대형 캐딜락이 현관 앞에 서더니 키 크고 자신감 넘치는 모습의 밥 삼촌이 내렸다. 삼촌은 멈춰 서서 경사진 길을 눈대중해보고는 천천히 의족을 멀쩡한 다리 앞에 내디디며 당당하게 진입로를 걸어가기 시작했다. 우리를 보고 입가에 유쾌한 미소를 띠며 손을 흔드는 삼촌의 모습은 왕처럼 위엄 있어 보였다. 다리 절단도 삼촌의 기세를 꺾지는 못한 게 분명했다.

눈부신 햇볕이 내리쬐는 화려한 로스앤젤레스에서 나는 이방인이 된 기분이었다. 그래도 밥 삼촌은 내게 관심을 보여주었고, 이 동네 분위기에 익숙해지려면 시간이 좀 걸릴 거라고 위로했다. 우리 가족이 샌개브리얼 밸리가 내다보이는 현대식 대저택에 머무르는 동안 삼촌은 내가 어색해하지 않도록 최대한 마음을 써주었다.

밥 삼촌에게는 샐리와 내 또래의 아이가 넷 있었다. 사촌들은 샐리와 나를 다소 비딱하게 보는 듯했지만 나는 우리가 중서부 출신 시골뜨기라서 그렇겠거니 생각했다. 정확히 칠 년 전, 아버지가 한 해 내내 자취를 감췄던 내 3학년 시절에 밥 삼촌이 콜럼버스까지 찾아와서 아버지를 서던캘리포니아의 정신병원에 입원시켰을 뿐만 아니라 마지막 몇 달 동안은 아버지가 편히 회복할 수 있도록 이 집의 남는 방에 묵게 했다는 걸 나는 전혀 모르고 있었다. 나는 몰랐지만 삼촌 가족은 알고 있었던 아버지와 우리 가족에 관한 진실은 또 무엇이 있었을까?

일주일 뒤 우리는 콜럼버스로 돌아가는 여정에 올랐다. 어머니는 깊고 푸른 타호 호수에 들르고 싶어 했지만 샐리와 내가 반발했다. 새로 사귄 여자 친구가 나를 기다리고 있었다. 마침내 나도 가깝게 지내고 싶은 상대가 생긴 것이다. 게다가 풋볼 팀 대표선수로 선발되려면 연습도 열심히 해야 했다. 샐리도 친구들과 약속이 있었고 합창단과 치어리더 선발 테스트도 치러야 했다. 우리가 계속 애원하자 부모님도 결국 수긍했다. 우리 차는 주간고속도로를 쉼 없이 달려서 솔트레이크시티를 지나 집으로 향했다.

그때를 회상할 때마다 내가 이기적이었다는 죄책감을 느낀다. 어머니는 정말로 타호 호수에 들르길 바라셨는데. 그 물이 얼마나 깊고 새파란지 눈으로 직접 보고 싶어 하셨는데. 어머니가 깊은 물에 이끌린 것은 십 대 시절 오하이오에서 기차로 케이프코드까지 가서 캠프 지도자로 일하며 항해법을 가르쳤던 추억 때문이었다. 아마도 육지로 둘러싸인 오하이오에서의 온갖 의무로부터 탈출하고 싶으셨으리라. 샐리와 나는 어머니가 견뎌야 했던 고통과 두려움을 몰랐다. 우리 가족이 아버지의 다음 번 광증 발작을 무사히 넘길 수 있을지 아무에게도 말하지 못하고 줄곧 홀로 고뇌했다는 것을.

내 목표를 달성하려면 느슨해져서는 안 되었다. 나는 항상 여러 계획을 염두에 두고 동시에 여러 과제를 진행하는 중이었다. 내 접시에는 항상 여백이 생기지 않을 만큼 음식이 고르게 펼쳐져 담겨 있었다. 접시를 반쯤 비워놓기라도 했다가는 그 반들반들한 바닥에 내 모습이 비칠 테니까. 내 모습을 정면으로 바라보는 건 너무나 두려운 일이었다. 자아 탐색의 여지를 없애려면 접시를 가득 채워놓아야 했다.

내가 졸업반이 되자 샐리와 나는 미래를 고민하기 시작했다. 샐리가 집에서 멀리 떨어진 대학에 갈 생각이냐고 묻자 나는 하버드에서 받아만 준다면 그리로 가겠다고 대답했다.

"하지만 집에서 그렇게 멀리 떨어져 지내면 무섭지 않겠어?"

"처음에는 그럴지도 모르지. 그래도 도전해보고 싶어." 나는 이렇게 대꾸했다.

"나는 그렇게 멀리 갈 수 있을지 모르겠어." 샐리가 말을 이었다. "너무 무서울 것 같아. 게다가 엄마를 위해서도 내가 가까이 있는 편이 낫지 않겠어?" 샐리도 나름대로 우리 집의 침묵 아래 숨겨진 혼란을 느끼고 어머니에게 감정 이입을 하고 있었다.

두 가지 감정 중 어느 쪽이 더 강렬한지 나로서도 알 수가 없었다. 콜럼버스를 떠날 수 있다는 흥분 그리고 동생뿐만 아니라 아마도 주변 사람들까지 실망시킨다는 죄책감. 샐리는 어머니 가까이 머물기 위해 인생의 상당 부분을 희생해야 할 터였다. 용기를 내, 위험을 감수하고 떠나라고! 나는 동생의 귓가에 이렇게 외치고 싶었다. 하지만 내 인생도 혼란스럽기 그지없는 상황에 어찌 감히 동생더러 자신감을 가지라며 충고할 수 있겠는가?

모든 계절이 흔적을 남기며 지나갔다. 가을 오후에는 사워어가는 햇살 아래 끊임없이 이어지는 풋볼 연습과 매주 경기장 조명 아래서의 승리가 있었다. 겨울이 오자 여기저기 눈이 쌓였다. 중학생 때보다 내 농구 실력이 떨어진 터라 농구 시즌은 힘들었다. 4월이 되어 마침내 꽃이 필 무렵에는 허파가 터지도록 트랙을 달리며 육상 연습을 했다. 밤 열 시 반을 넘겨 잠자리에 들기라도 하는 날에는 다음 날 잠이 모자랄까 봐 전전긍긍했다.

주말이면 여자 친구 바브의 집으로 찾아갔다. 긴 갈색 머리에 눈이 아름다운 바브의 집은 우리 집에서 한 블록 떨어져 있었다. 우리 집이 있는 길과 비스듬히 맞닿은 긴 가로수 길을 따라가다 보면 그 집 앞뜰이 나왔다. 바브는 상냥하고 유머러스했다. 가끔은 냉소적인 말로 나를 불안하게 했지만, 한편으로는 그런 말 덕에 줄곧 나를 짓누르던 진지한 분위기를 벗어나 숨을 돌릴 수 있었다. 나는 무심한 사람을 보면 '집중하는 게 얼마나 중요한지 모르나?'라고 생각하며 언짢아하곤 했지만, 이젠 겉모습과 그 아래 숨겨진 진실이 얼마나 다른지 드러내는 냉소에도 나름의 매력이 있음을 깨달았다. 바브와 나는 영화를 보러 가거나 친구들과 함께 어울리며 차차 육체적으로도 가까워졌다. 우리가 사랑하는 사이였나? 확신할 수는 없었지만, 대부분의 학교 친구들이 그랬듯 우리도 언젠가는 결혼할 가능성이 컸다. 나는 그저 바브가 내 곁에 있다는 안정감에 매달렸다.

내가 고등학교에 다니는 동안 아버지는 쭉 집에 있었다. 대학원 세미나를 진행하거나 거창한 철학 입문 강의를 했고, 밤늦도록 책을 읽었으며, 1960년대 후반에 접어들자 베트남전쟁의 무의미함에 관해 고민하기 시작했다. 월터 크롱카이트가 미국의 참전에 반대하고 나선 이후로는 더욱 그랬다. 세상과 동떨어진 것처럼 멍하고 의기소침해 보이는 날들도 많았다. 이런저런 활동을 하느라 쉴 새 없이 바빴던 나는 그런 아버지를 멀리서 관망할 뿐이었다.

상당수의 중증 양극성장애 환자들이 성인기 내내 한층 더 심하고 규칙적인 삽화를 경험한다. '점화 이론'에 따르면 이는 청소년기 후반의 극심한 스트레스 때문이다. 부적절한 치료, 심각한 상실의 경험, 사람에 따라서는 약물 남용 등이 중추신경계에 재난의 포석을 깔면 마침내 최초의 삽화가 발생한다. 하지만 이후의 삽화는 점점 더 급작스럽고 규칙적으로 나타나게 된다. 불꽃이 일단 점화되고 나면 점점 거세게 타오르는 것처럼 말이다. 아버지의 경우가 정확히 그랬다. 열여섯 살의 첫 번째 발작 이후로 바이베리에 입원하기까지 팔 년이라는 시간이 걸렸지만, 이후로 이십 대 중반에서 사십 대까지는 상황이 점점 더 악화되어 일이 년마다 심각한 삽화가 발생했다. 하지만 신비롭게도 중년에 들어서자 아버지의 중추신경계도 일종의 평정 상태에 이르렀다.

그런데도 아버지는 가끔 종잡을 수 없을 정도의 강렬한 감정을 표출하곤 했다. 사이키델릭 애니메이션 영화 〈옐로 서브마린〉이 개봉했을 무렵 라디오에서는 비틀스가 부른 주제곡이 끊임없이 흘러나왔다. 나는 별생각 없이 우리 집 축음기로 그 곡을 틀고 아버지에게 가사를 들어보라고 했다. "우리는 모두 노란 잠수함 안에 살고 있다네……." 아버지는 흥미로워하며 거실에 있던 물건들을 치우고 최대한의 스테레오 효과를 위해 정확히 두 개의 스피커 한가운데 자리를 잡더니 그 곡을 몇 번이고 반복해 틀었다. 문득 아버지의 눈빛이 이글거렸다. "무척 암울한 의미를 지닌 노래구나." 아버지가 묘하게 활기 넘치는 어조로 말했다. "잠수함의 노란색과 이 가사의 주제는 인간 조건의 본질적인 비겁함을 드러내고 있어." 아버지는 벽을 응시하며 말했다. "다시 말해 인간이라는 종의 나약함을 전달하려는 거지." 심오한 통찰이었을까, 아니면 나로서는 이해할 수 없을 논리로 충만한 주장이었을까? 항상 그랬듯 진실은 내 손이 닿지 않는 곳에 있었다.

졸업반 가을학기에 나는 대학 일곱 곳에 원서를 넣었지만, 대체로 풋볼에 정신이 팔려 있었다. 어찌어찌 1군 선수로 선발되어 우리 집 바로 옆의 신축 경기장 개막전에서 뛰게 되었다. 우리 학교 풋볼 팀은 지금까지 20연승 기록을 세웠으며 2년 연속 주 챔피언이었음을 선수 전원이 잘 알고 있었다(어떻게 그런 기록을 잊겠는가?). 과연 이번 해에도 그만큼 성과를 낼 수 있을까?

수업과 끊임없는 풋볼 연습에 쫓기던 나는 아버지를 거의 보지 못했다.

9월 첫 주 금요일, 우리 팀은 세 시간 동안 버스를 타고 오하이오 북부의 강팀을 상대로 첫 시합을 치르러 갔다. 나는 어깨 보호대를 차고 황금빛 바탕에 검은색으로 87번이라고 적힌 원정 경기 유니폼을 걸쳤다. 하지만 저물 녘에 몸을 풀기 시작했을 때 목구멍에 가래가 잔뜩 끓어오르는 게 느껴져서 계속 침을 꿀꺽 삼켜야 했다. 머릿속이 어질어질했다. 맨손체조를 하는 팀원들의 대열을 벗어나서 운동장 모서리에 구토해보았지만, 독약이라도 뱉어낸 듯 누리끼리한 담즙 덩어리밖에 나오지 않았다. 편두통 같았지만, 특별한 조짐은커녕 두통조차 없었다.

조명등 아래에서 맹렬하게 내달리고 수비하다 보니 우리 팀이 7 대 6으로 아슬아슬하게 이기고 있었다. 레프트 엔드*로 뛰던 내가 양쪽 팔꿈치를 내밀고 두 손과 가슴으로 볼을 받아내며 거구의 상대 팀 디펜시브 태클**을 땅에 메다꽂는 강력한 블로킹을 펼친 끝에, 우리 팀 풀백이 40야드를 달려나가 그날의 유일한 터치다운에 성공했다. 다음 주에도 우리 팀은 완승으로 신축 경기장의 세례식을 거행했다. 매주가 연승 행진이었다. 아

* 풋볼에서 공격 또는 수비 제1열의 가장 왼쪽 포지션.

** 풋볼 팀에서 가장 강하고 체격이 큰 수비수.

슬아슬한 승리도 있었지만, 대부분은 일방적인 압승이었다. 시즌 중간에 치른 홈경기에서도 손쉽게 이겼다. 나는 수비진에 있었고 우리 팀이 득점하기 직전이었다. 우리 팀 쿼터백이 공을 오른쪽으로 넘겨주는 척하면서 패스 플레이*를 넣었고, 상대 팀 디펜시브 백**이 미끼를 물었다. 나는 무방비 상태인 왼쪽으로 달려나갔다. 하지만 예상과 달리 터치패스***가 아니라 속공이 날아오더니, 조명등에 눈이 부셔 당황하고 있던 내 가슴에 맞고 튕겨 나갔다. 별 상관은 없었다. 우리는 필드 골에 성공했고 59 대 0으로 압승했으니까.

하지만 나는 세상이 무너져내린 기분이었다. 얼른 샤워를 마치고 슬그머니 집으로 돌아갔다. 수치감에 온몸이 산을 끼얹은 것처럼 따가웠다. 어떻게 왔는지는 모르겠지만 아버지도 경기장에 있었다. 그날 저녁 침대에 누워 있는데 아버지가 내 곁에 다가와 간절한 눈빛으로 말했다. “너와 너희 팀이 정말 자랑스럽다.” 하지만 아버지의 그런 노력도 내 마음에는 와닿지 않았다. 오히려 더욱 의기소침해졌을 뿐이었다.

풋볼 시즌의 마지막 주였다. 우리가 1승만 더 거두면 3년 연

* 상대 팀 진영 안쪽에 들어가 있는 선수에게 패스하는 것.

** 풋볼에서 수비진의 최후 열 포지션.

*** 풋볼에서 좁은 영역을 겨냥하여 섬세하게 던지는 패스.

속 주 챔피언이 되는 상황이었고 점수는 9 대 0이었다. 나는 열감기로 머리가 어지러웠지만, 간신히 학교로 달려가서 시합이 끝날 때까지 뛰었다. 그 시즌 내내 그랬듯이. 또 한 번 상대팀에 득점을 허용하지 않은 완승을 거둔 뒤 탈의실에서 떠들썩한 축하가 벌어졌다. 코치들은 미소 지었고 선수들은 환호했다. 하지만 아찔할 만큼 탈진했던 나는 샤워를 마치고 집까지 걸어와 열한 시간이나 곯아떨어졌고, 그래서 우리 팀 인기 선수의 집에서 벌어진 파티에는 참석하지 못했다. 그 파티에 맥주 말고도 또 뭐가 있었을지 누가 알겠는가? 나는 꼬마일 때 몇 방울 홀짝여본 걸 빼고는 그때까지 술을 입에 댄 적이 없었다. 자제력을 유지하려면 금주를 해야 했다. 파티에 못 간 건 섭섭했지만 한편으로 묘하게 안심이 되기도 했다. 내가 거기 갔다면 무슨 짓을 저질렀을지 모르니까.

*

잔디밭과 나무가 파릇파릇해진 4월 말, 우리 집 현관 우편물 투입구 아래에 편지 봉투가 떨어지기 시작했다. 봉투를 뜯고 대학 인장 아래 찍힌 '합격' 문구를 볼 때마다 자부심이 한껏 솟구쳐올랐다. 하지만 나는 오래전부터 가장 유서 깊은 최상위권 대학인 하버드에 합격하기만 한다면 무조건 그리로 가겠다고 생각했다. 하버드 합격 통지를 받은 직후인 1970년 5월, 콜럼버스 에서 북쪽으로 160여 킬로미터 떨어진 켄트 주립대학교에서 총격 사건이 일어났지만*, 나는 크게 충격을 받지 않았다. 마치 그런 비극과 내 사이에 든든한 유리 장벽이라도 있는 것처럼. 징집 순번 38번을 받은 나는 동남아시아 파병 2순위였지만, 대학에 들어가면서 징병 유예를 받고 베트남 대신 뉴잉글랜드로 가게 되었다.

떠나고 싶은 갈망과 떠나며 느낄 죄책감 중 어느 쪽이 더 컸을까? 나는 그저 떠날 날을 손꼽아 기다릴 뿐이었다.

* 오하이오주 켄트시의 주립대학교에서 국민 위병이 비무장 학생 시위대에게 실탄을 발포한 사건.

7
뉴잉글랜드

가끔은 궁금해진다. 1939년 가을 스탠퍼드에 입학했을 때 아버지는 어떤 기분이었을까? 아버지가 패서디나를 떠난 것은 9월 1일 직후였으리라. 히틀러의 군대가 폴란드를 습격하여 2차 대전의 불씨를 일으킨 날 말이다. 아버지가 조금이라도 생각을 해 보았다면 파시스트들로부터 세상을 구하겠다는 삼 년 전의 허황한 작전이 대실패했음을 깨달았을 것이다. 파시스트들은 그 뒤로도 줄곧 차근차근 유럽 정복을 준비했으니까. 하지만 정신병원에서 퇴원한 아버지는 예전의 아버지가 아니었다. 아버지는 분명 그 시기를 기억에서 지워버리려고 했을 것이다. 반년간의 포로 생활을 아득한 기억처럼 머릿속 한구석에 처박아놓고 노던캘리포니아에서 철학 공부에 매진했으리라.

내가 대학으로 떠나는 날이었다. 우리 가족이 탄 스테이션왜건이 유료 고속도로를 빠져나왔을 무렵 불길한 구름이 보스턴 하늘을 뒤덮고 있었다. 끈질기게 내리는 빗줄기를 뚫고 케임브리지에 들어서니 차창을 오락가락하는 와이퍼 사이로 매사추세츠 애비뉴를 따라 하버드 스퀘어까지 늘어선 승합차와 트럭들이 보였다. 젊은이들이 재킷이나 신문지를 뒤집어쓴 채 차 뒷좌석과 트렁크에서 짐 상자를 꺼내 옮기고 있었다. 나도 이제 저들의 일원인 걸까?

다음 날은 초가을답게 화창하고 아름다운 날씨였다. "이런 기숙사에서 살려면 무섭지 않겠어, 오빠?" 나와 함께 매사추세츠 홀 4층의 방으로 향하던 섀리가 계단을 오르며 물었다. 건물 측면에 표시된 바에 따르면 이곳의 완공 연도는 1720년이었다.*

"멋질 거 같은데." 나는 다소 눈치 없을 만큼 신나게 대답했다.

우리 가족은 케임브리지 시내 다른 동네의 식당에서 마지막으로 함께 식사했다. 식탁 분위기는 유쾌했고 바깥 날씨도 온화했지만, 작별이 다가왔음을 느끼자 내 눈가와 목구멍이 따가워지고 입맛도 떨어졌다. 식사를 마치고 우리는 캠퍼스로 돌아왔다. 왼편에 흐르는 찰스강이 달빛을 받아 고요히 빛나고 있었다. 몇 분만 있으면 나의 새로운 인생이 시작될 터였다.

하지만 내 다리는 시멘트 덩어리 속에 갇힌 것처럼 묵직했다. 이 끈끈한 의무감과 익숙함, 어색하게 얽히고설킨 침묵을 벗어나면 나는 어떤 존재가 될까? 나를 다른 삶으로 끌어당기는 힘과 이 차 안에 잡아두려는 행성의 중력 중 어느 쪽이 더 강할까?

밤 열 시라 하버드 스퀘어에는 차량 통행이 적었다. 아버지는 오른쪽으로 급커브를 틀어 하버드 야드로 들어섰다. 오리엔테이션 이전에 도착하려는 새내기들을 위해 이곳 대문은 종일 열

* 매사추세츠 홀은 하버드 대학교에서 가장 오래된 건물이다.

려 있었지만, 이제는 우리 가족만이 어둠 속에 남아 있었다. 아버지가 엔진을 끄자 차 안은 쥐 죽은 듯 조용해졌다.

"다들 정말 고마워요." 나는 쉰 목소리로 간신히 한마디했다. "나를 배웅하려고 여기까지 함께 와주다니 믿기질 않네요."

"우리도 케임브리지에서 아주 즐겁게 지냈는걸, 안 그러니?" 어머니가 말했다.

"다들 보고 싶을 거예요." 내가 대답했다.

"나도 오빠가 보고 싶을 거야." 샐리가 이렇게 말하자 내 마음이 무거워지다 못해 땅바닥으로 떨어지는 것 같았다. 마음속에 온갖 추억들이 떠올랐다. 내 팔을 깨물던 어린 샐리. 가족 여행길에서 항상 내 곁을 지켜주던 샐리. 우리가 어릴 때 함께 만들었던 비밀 언어. 샐리의 발레 공연과 우리 둘의 고양이. 오래전 집에 전화한 부모님 친구가 이렇게 물었던 일들. "스티브니, 샐리니? 목소리만 들어서는 구별을 못 하겠구나!"

아버지는 뿌듯하지만 피곤한 기색이었다. 다음 날 오하이오까지 돌아가는 여정도 한참이 걸릴 터였다. "행운을 빈다, 얘야." 아버지가 이렇게 말하며 내 손을 잡고 악수했다.

어머니에게 작별 인사를 하려는데 앞 좌석에 앉은 어머니의 어깨가 떨리는 것이 보였다. 잠시 후 어머니가 온몸을 들썩였다. 고개를 숙이고 양팔을 축 늘어뜨린 채, 어머니의 몸이 소리 없이 경련하고 있었다. 두 뺨에 눈물이 흘러내렸고 얼굴은 절망감에 일그러져 있었다. 다들 얼어붙은 듯 꼼짝도 못 했다. 우리 중 아무도 이렇게 솔직한 감정을 드러내는 어머니의 모습을 본 적이 없었다. 마침내 어머니가 등을 펴고 똑바로 앉았다.

"내가 너무 감동해서 그만." 어머니는 민망한 얼굴로 중얼거렸다. 나는 어색하게 좌석 등받이 너머로 몸을 뻗었다. "네가 정말 자랑스럽구나, 스티비." 어머니가 미소 지으려 애쓰며 말했다.

"안녕히 가세요, 엄마. 사랑해요." 나는 구부정한 자세로나마 최대한 다정하게 어머니를 안아드렸다. 문득 지난 십칠 년 동안 내가 어머니에게 거의 의지가 되지 못했다는 사실을 깨달았지만, 이미 뒤늦은 생각이었다.

"잘 지내렴, 스티브. 우리 모두 널 사랑한다."

나는 마침내 차에서 내렸다. 돌아서서 차창 너머 보이는 세 사람의 손을 향해 마주 손을 흔들었다. 차가 도로로 진입하면서 깜박이던 미등 불빛도 사라졌다. '고향에 남아 있는 건 불가능한 일이었어.' 나는 이렇게 생각하며 흐느적대는 다리로 천천히 걸어갔다. 내가 묵을 기숙사의 문이 납으로 주조한 듯 묵직했다. 하지만 계단을 하나하나 올라가는 사이 다리가 점점 더 가벼워지더니 급기야 구름 위를 걷는 기분이 들었다. 나는 4층 계단참에 이르러 내 방 자물쇠에 열쇠를 꽂았다.

나는 의예과, 그중에서도 심리학이나 신경학을 염두에 두고 있었다. 고등학생 시절 무의식중에 일어나는 다양한 정신 작용을 다룬 프로이트의 책을 접하면서 그 분야에 이끌렸기 때문이다. 신입생 풋볼 팀에 가입했고, 오후마다 육상 연습을 하느라 박하향 연고를 바르고 테이핑을 해가며 다리 위를 뛰어다녔다. 주말에는 하버드 야드에서 열리는 파티에 갔다. 믿기지 않을 정도의 말술을 들이켜는 사람들을 구경하다 보면 기숙사 창밖으로 달콤한 대마초 냄새가 퍼졌다. 나도 어색함을 무릅쓰고 두 가지를 모두 시도해보았다.

그러던 어느 날 신입생 대상 세미나 공고를 보게 되었다. 그중에서도 사회적 일탈에 관한 일 년짜리 세미나가 눈에 들어왔다. 심리학, 사회학, 인류학 등을 동원하여 사회규범을 벗어난 행동을 다룬다고 했다. 세미나에 참여하고 싶은 사람은 면접을 통과해야 했다. 하버드 야드의 좁은 연구실에서 만난 퍼쇼노크 박사는 열정적이지만 상냥했고 매부리코와 주름 잡힌 미간이 인상적이었다. 평소엔 우수 어린 표정이었지만 좋은 아이디어가 떠오르면 신나서 열변을 토하는 사람이었다. 그는 강한 동유럽 억양으로 평범한 질문 몇 가지를 던지더니 정중한 어조로 내게 어떤 일탈 행동에 가장 관심이 있는지 물었다.

나는 입을 뗐지만 아무 말도 할 수 없었다. 야구 시합에서 우익수로 나가 얼어붙은 듯 꼼짝도 못 했던 바로 그 순간처럼. 아마도 십오 초 정도밖에 안 되었겠지만 내게는 영원과도 같은 침묵이 이어졌다. 수치감에 발진이라도 난 듯 온몸이 뜨거워졌다.

내가 조금이라도 정신질환에 관해 대화해봤더라면 분명 아버지의 일에 관해, 나아가 중증 정신질환 전반의 수수께끼에 관해 이야기했으리라. 하지만 나는 한마디도 하지 못했다. 이 세미나는커녕 그 어떤 세미나에서도 나를 받아주지 않을 게 분명했다. 퍼쇼노크 박사가 거북한 침묵을 깨뜨리며 내게 만회할 기회를 주려는 듯 친절하게 한두 가지 주제를 제시했지만, 나는 패배감을 느끼며 슬그머니 그곳을 떠났다. 서쪽으로 계속 걸어 오하이오까지 돌아가고픈 심정이었다.

다음 날 나는 달려가 게시판을 확인했다. 당연하게도 내 이름은 합격자 열 명 중에 끼어 있지 않았지만, 그 아래 소수의 대기자 명단에는 어찌어찌 포함되어 있었고, 게시판을 확인할 때마다 점점 더 위로 올라갔다. 아마도 합격자 몇 명이 다른 세미나를 선택한 모양이었다. 그리하여 그 주가 끝날 무렵에는 나도 기적적으로 합격자 명단에 들어가게 되었다.

세미나는 열기로 가득했다. 급진적인 심리학과 정치학 사상들이 토론을 지배했기에 항상 지적 자극을 받을 수 있었다. 하지만 당시의 나는 누구였을까? 풋볼과 의예과에 정신이 팔린 중서부 출신 떨거지? 점점 길어지는 장발 아래 이런저런 잡생각을 품은 신입생? 내 머릿속에서 희미한 떨림이 느껴졌고, 페달을 밟고 건반을 누르듯 아득한 지속음이 들려왔지만, 나로서는 그 정체를 파악할 수 없었다.

크리스마스는 오하이오로 돌아가서 보낼 예정이었다. 아버지에게 어떤 선물을 사다 드릴지 고민이 되었다. 사회적 일탈 세미나에서 읽은 책 중 특히 흥미로웠던 R. D. 랭의 《분열된 자기: 온전한 정신과 조현병에 대한 연구》가 좋을 것 같았다. 조현병의 특성을 철학적·심리학적으로 풀어낸 책으로, 정신질환이 사회적 압력과 소통 방식의 결과일 수 있다는 전제가 인상적이었다. 나는 아버지도 분명 이런 사상에 흥미를 느끼리라고 생각하면서 문고판 한 권을 샀다.

크리스마스 날 아침에 내 어린 시절부터 익숙한 의식이 이제 끝나버린 건지 의심스러워지는 사건이 있었다. 아버지가 거실 크리스마스트리 아래 놓인 내 선물을 뜯어보고 뺨이라도 맞은 표정으로 눈을 돌리더니 대충 고맙다고 주워섬겼기 때문이다. 뭔가 아버지의 신경을 건드린 게 분명했다. 하지만 그게 대체 뭐지?

몇 시간 뒤 온 가족이 크리스마스 만찬을 준비하고 있을 때였다. 거실로 들어가는데 바로 옆 서재에서 부모님이 몰래 얘기하는 소리가 들렸다. "걔가 왜 나한테 이 책을 줬다고 생각해?" 아버지가 여전히 충격받은 목소리로 말했다.

"뭔가 알았나 보지." 어머니가 대답했다.

"그래, 분명 그런 거야." 아버지가 중얼거렸다. 하지만 나로서는 내가 뭘 알았다는 건지 알 수 없었다. 인간은 스스로 알기

전에 어디까지 알 수 있는 걸까?

나는 1월 초에 케임브리지로 돌아왔다. 눈보라가 쏟아지고 나면 강이 꽁꽁 얼어붙고 나무들이 흰옷을 걸친 환상적인 겨울 풍경을 볼 수 있었다. 하지만 그런 풍경은 하루도 지나지 않아 잿빛 진창으로 변해버리기 마련이었다. 두 달 뒤 나는 캠퍼스를 걸어가고 있었다. 황량한 하늘 아래 조금씩 봄기운이 느껴졌고, 몇 주 전만 해도 얼어붙어 있던 땅바닥 여기저기에 좁은 구정물 웅덩이가 생겨나 있었다. 바삐 걸어가다 보니 스웨터를 껴입은 몸이 후끈해졌지만, 길모퉁이에서 발을 멈출 때마다 차디찬 바람이 얼굴을 때렸다. 강물을 내려다본 순간 하늘을 뒤덮은 구름 사이로 날카로운 햇빛이 한 줄기 내려왔다. 나는 반사적으로 손을 들어 눈 위를 가렸다.

내 방 층계참에 도착해서 주머니 안을 더듬어 열쇠를 꺼냈다. 하지만 손에 쥔 열쇠가 잘 보이지 않았다. 눈을 꼭 감고 곧 일어날 일을 막아보려 애썼으나 어느새 눈꺼풀 속에 번개 같은 섬광이 나타났다. 고등학생 시절 극심한 편두통을 여러 번 겪은 터라(항상 봄철이었고 눈앞이 번쩍이는 현상 뒤에 나타났다) 앞으로 어떻게 될지 아주 잘 알고 있었다. 시계처럼 정확히 이십 분 뒤에 관자놀이를 찌르는 통증이 느껴졌다. 가장 끔찍한 것은 무슨 짓을 하더라도 이 현상을 막을 수 없다는 필연성이었다. 몇 시간 꼼짝하지 않고 누워 있으니 흙탕물을 삼킨 것 같은 익숙한 기분이 느껴졌다. 나는 화장실로 달려가 변기 위에 몸을 숙여 구토하고 죽은 듯 깊이 잠들었다.

다음 날 아침 침대에서 몸을 일으켰을 때는 모든 것이 평소대로 돌아와 있었다. 아니, 평소 그 이상이었다. 색채는 생생했고 음식 맛은 감미로웠으며 만사가 활기차고 긍정적으로 보였다. 몸도 마음도 생기가 넘쳐흘렀다. 어째서 항상 이렇게 힘찬 몸과 마음을 가질 수 없는 걸까? 진 빠지는 고통과 그에 이어지는 초월적 상태의 극명한 대조가 놀라울 뿐이었다. 도저히 이해할 수 없을 정도의 양극단이었다.

*

아버지가 정신질환이 있다고 고백한 봄방학 이후로 모든 것이 묘하게 친숙한 동시에 예전과 다르게 느껴졌다. 며칠 동안은 내가 어디에 있는지도 헷갈릴 정도였다. 내가 정말 케임브리지에 있나? 아니면 아직 콜럼버스에 머무는 건가? 어쩌면 노어크 정신병원에서 밤새 병동에 울려 퍼지는 비명을 듣고 있는 걸까?

그 다음 주에는 수업을 들으러 달려가다가 갑자기 멈춰 섰다. 잔디밭 가득한 고목의 가지 하나에 새로 돋아난 희미한 연둣빛 이파리들이 눈에 띄었다. 늦게 오기로 유명한 뉴잉글랜드의 봄이 마침내 시작된 것이다. 희망을 암시하는 옅은 색 잎눈들을 바라보며, 나는 남몰래 굳은 맹세를 했다. 오랜 세월 동안 내 삶을 포위해왔던 침묵의 요새가 아버지의 말 하나로 무너져내리고, 그 아래 땅속을 흐르던 강줄기만이 남았다. 강은 가족과 역사와 어쩌면 희망을 실은 채 빠르고도 힘차게 흘러가고 있었다. 이제 내게는 소명이 생겼다. 아버지의 경험을, 중증 정신질환의 수수께끼를 이해하는 것. 아버지의 비밀은 호박 속에 갇힌 곤충처럼 수십 년 동안 그분의 내면에 감춰져 있었다. 나 말고 어느 누가 아버지에게서 그런 이야기를 들었겠는가?

하지만 몇 주가 지나자 두려움이 희망을 압도하고 정신질환 유전에 대한 압박감이 느껴지기 시작했다. 나의 모든 계획과 통제, 소소한 성취들도 다음 번 파도가 닥쳐오면 부서질 모래성에 지나지 않을 수도 있었다. 1970년대 초에 쌍둥이와 입양 아동을 다룬 연구가 발표되면서 양육 방식이 조현병을 유발한다는 신화가 무너졌고, 이제는 유전자가 무엇보다도 중요한 요소로 여겨졌다. 내 모든 세포 속의 치명적인 DNA 나선에 따르면 나의 광증은 이미 초읽기에 들어간 것일지도 몰랐다. 하지만 과연 그것이 언제쯤 나타날까?

고등학생 때 《잃어버린 지평선》이라는 소설을 읽은 적이 있었다. 어머니가 무척 좋아했고 강의에서 다루기도 한 책이었다. 1930년대 히말라야산맥에서 비행기 추락 사고를 일으킨 주인공 콘웨이는 점점 어지러워져만 가는 세상으로부터 숨겨진 공동체 샹그릴라를 발견한다. 그는 샹그릴라의 신비로운 사원에 익숙해지고 마음의 평화를 찾게 된다. 영적 지도자는 콘웨이에게 샹그릴라의 기적적인 특징을 알려준다. 샹그릴라에 머무는 사람은 수백 년 이상 살게 되고 어쩌면 불로장생할 수도 있다는 것이다. 그런 말을 들으면 누구나 그렇겠지만 콘웨이도 솔깃하여 직접 기적을 체험해보기로 한다. 임종이 가까워진 영적 지도자가 콘웨이를 계승자로 임명하자 그는 영광스럽게 생각하면서도 불안감에 망설이며 자기가 그런 역할을 할 수 있을지 고민한다.

내가 이 책에 감정을 이입했던 이유는 아버지 평생의 문제를 해결하는 것이 나의 숙명이라고 생각했기 때문이다. 아버지와의 대화로 내가 오래전 목격했던 얇은 고무풍선이 터지며 그 안에 든 미량의 독이 흘러나왔다. 그 독이 예방접종 구실을 하여 나의 면역력을 키워줄 것인가, 아니면 치명적인 결과를 가져올 것인가?

한밤중이 가장 힘겨웠다. 좁은 기숙사 침대에 누워 있다 보면 아버지가 어떻게 정신병원에서 몇 달씩 견딜 수 있었을까 하는 생각이 들었다. 정신병원이라니! 세상에서 가장 끔찍한 장소일 게 분명했다. 돌아올 수 없는 지경까지 가버린 사람을 보내는 삭막한 곳이니까. 아버지의 동료 환자 중에는 머리가 기형인 사람도 있었다. 사회가 은폐한 괴물인 그들은 다른 사람들의 시야에서 영원히 추방되어 살아갔다. 나는 언제쯤 통제력을 잃고 저주받은 자들의 대열에 동참하게 될까?

누워 있을수록 점점 더 잠기운이 사라졌다. 아버지의 광증에 관한 상념들이 사냥감 위를 선회하는 맹금류처럼 내 머리 위로 맴돌았다. 새벽에 흔히 떠오르는 비합리적인 망상 탓에 해가 뜰 때까지 잠들지 못하면 나도 미쳐버릴 거라고 확신하게 되었다. 아침 햇살이 내가 비이성의 영역으로 들어섰으며 혼란스러운 생각의 흐름을 통제할 수 없음을 알리는 신호일 거라고. 그런 사태를 막으려면 이를 악물고 억지로라도 잠들려고 애쓰는 수밖에 없었다. 나는 두려움과 싸우면서도 어찌어찌 잠들어버렸고, 아침에 눈을 떠 내 정신이 아직도 멀쩡하다는 데 깜짝 놀랐다. 하지만 이런 상태로 며칠이나 더 버틸 수 있을까?

낮에는 새로운 가능성이 나타나기도 했다. 활기 넘치는 내 룸메이트 빌은 보스턴에서도 가장 악명 높은 저소득층 주택단지 컬럼비아 포인트에서 '빅 브라더스 오브 아메리카'* 활동을 하고 있었다. 그곳에 남편 없이 홀로 어린 아들 둘을 키우느라 도움이 필요한 여성이 있다고 했다. 나는 기차를 타고 그 아이들을 만나러 갔다. 나는 항상 이끌어줄 사람이 필요한 남자아이

* 성인 자원봉사자와 아동·청소년의 일대일 멘토링 관계를 주선하는 비영리단체.

들에게 마음이 쓰이곤 했으니까. 여덟 살 난 제리는 벌써 어른 못지않게 눈빛이 날카로웠다. 상대의 인내심을 시험하는 성격이었지만 교활함에 통찰력까지 겸비한 똘똘한 아이였다. 여섯 살 난 바비는 긴 금발이 엉망으로 뒤엉켜 있었고, 사지가 야위다 못해 공기보다 가벼워서 걷는 게 아니라 땅 위를 둥둥 떠다니는 듯했다. 나는 이후로 삼 년 넘게 일요일 오후마다 두 형제를 찾아갔다. 풋볼 공 잡는 법을 가르쳐주거나, 함께 기차를 타고 시내 과학박물관이나 수족관에 갔다. 아이들이 어머니와 함께 사우스보스턴으로 이사 간 뒤로는 그곳의 북적대는 주택단지 아파트로 찾아갔다. 돈을 모아 보스턴 브루인스의 아이스하키 시합이나 보스턴 셀틱스의 농구 시합 맨 뒷좌석 입장권을 세 장 사기도 했다. 그 자리에 앉으면 관중의 담배 연기로 시야가 반쯤 가려져 아래쪽의 선수들이 보이지도 않았지만. 봄에는 펜웨이 구장 외야석 입장권을 구해서 아이들에게 보스턴 레드삭스의 홈경기를 보여주었다. 내 정신이 아직 멀쩡한 이상 나는 세상에 갚을 빚이 있는 셈이었다.

그해 봄 바브가 오하이오의 대학교에서 다른 남자를 만났다고 내게 통보했다. 나는 하루 이틀 시무룩하게 지냈지만 금세 잘된 일이라고 생각하게 되었다. 내 쪽에서는 절대 헤어지자고 말할 수 없었을 테니까. 이별 통보를 한다는 생각만 해도 산소도 없이 깜깜한 우주로 방출되어 영원 속을 떠다니는 것처럼 막막한 심정이었는데, 바브가 나 대신 그 일을 해치워준 것이다.

나는 파티나 사교 행사에 참석하면서도 그런 자리를 두려워했다. 사람들과 잡담을 나눌 때 어떤 화제가 적절한지 도무지 알 수 없었기 때문이다. 하지만 강 건너 보스턴 대학교에서 열린 파티에서 호리호리하고 독특한 여자 신입생을 만나 첫눈에 반한 적도 있었다. 우리는 밤늦도록 함께 비에 젖은 거리를 걸으며 이야기를 나눴다. 다음 주말에 나는 코듀로이 재킷과 빛바랜 청바지를 말끔하게 차려입고 자신만만하게 그녀의 기숙사로 찾아가 데이트 신청을 했다. 그날 밤 그녀는 내게 헤어진 남자친구 이야기를 들려주었다. 우리보다 몇 살 위의 해군이었다고 했다. "내가 사랑하는 남자가 천천히 내 옷을 벗길 때의 감정은 말로 표현할 수가 없어. 온몸의 신경이 훤히 드러나는 것처럼 느껴져."

나는 믿기지 않을 만큼 흥분했다. 나도 한번 그런 관계에 도전해보고 싶었지만, 감당하기 어렵겠다는 느낌이 먼저 들었다. 누군가와 그렇게 가까운 사이가 된다는 건 어떤 의미일까? 과연 내가 이 사람에게 우리 아버지 이야기를 들려줄 수 있을까? 결국 나는 그녀에게 다시 전화할 엄두를 내지 못했다. 나 자신을 드러내는 것보다는 외로움이 차라리 나았다.

밤마다 기숙사에서는 베트남전쟁, 뇌의 정보 처리 과정, 창의력의 원천 등 다양한 화제로 맹렬한 토론이 벌어졌다. 활기와 봄기운 속에서 대마초를 빼끔대다 보면 내 근심을 어느 정도는 잊을 수 있었다. 사회적 일탈 세미나도 마무리 단계에 접어들었다. 어째서 사회에 내집단과 외집단이 형성되는지, 향정신성 약물은 사회 통제를 위해 과대 광고된 물질인지 아니면 정신질환의 생물학적 원인에 작용하는 필수적인 치료 약물인지 분석하는 중이었다. 나는 갈팡질팡하면서도 열렬한 학구적 분위기를 따라가려고 애썼다.

5월 말에 체육부의 소집 공고가 있었다. 가을부터 풋볼 팀에서 뛰고 싶은 1학년은 지원하라는 내용이었다. 고등학교 팀에서 뛰었던 기억은 어느새 가물가물해졌지만, 그 팀에 아예 들어가지도 못할 뻔했던 일촉즉발의 상황은 여전히 생생했다. 소집 장소인 강의실에 들어서니 흥분한 남학생 여러 명이 코치의 지시를 기다리고 있었다. 하지만 나는 위장 상태가 심상치 않았고 머릿속이 복잡해서 시야도 흐릿한 상태였다. 몇 분 정도 코치의 말에 귀 기울여보려 했지만, 이번에는 수업 과제가 마음에 걸렸다. 이제 내 인생에서 풋볼은 끝났다는 걸 깨닫고 나는 슬그머니 문가로 다가갔다. 하지만 문손잡이에 손을 올려놓자마자 코치가 날 보고는 조롱 조로 말했다. "보라고, 제군들. 여기 이 열기를 감당하지 못하겠다고 내빼는 친구를 말야." 모두가 내 귀청이 울릴 만큼 크게 폭소를 터뜨렸다.

기숙사 방으로 돌아와 공부하려고 했지만 도저히 집중이 안 되었다. 나는 피곤한 한편 묘하게 흥분한 상태로 일찌감치 잠자리에 들었다. 하지만 머릿속이 뒤숭숭해서 잠이 오지 않았다. 이런 행동 패턴이 시작된 건 디펜시브 백 포지션을 맡은 중3 때부터였다. 나는 다운필드*에서 이미 크게 득점한 러닝백에게 태클을 걸려다가 상대 팀 선수의 블로킹을 맞고 땅바닥에 벌렁 나가떨어졌다. 러닝백의 한쪽 다리를 붙잡아보려 했지만 다른 녀석의 신발이 내 마스크 아래로 들어오는 바람에 밑창의 스파이크에 코가 뭉개질 뻔했다. 다행히 코는 부러지지 않았지만 그 이후로 숨 쉬는 게 불편해졌다.

또다시 망상이 나를 사로잡았다. 오늘 밤도 뜬눈으로 지새운다면 내 방 커튼 뒤로 최초의 새벽빛이 스며들자마자 나는 선을 넘고 말 거야. 통제력을 잃어 미쳐버리고 말 거야. 누가 봐도 명백한 일이었다. 아버지는 사흘 밤을 뜬눈으로 지새운 끝에 노어크에서 정신질환자로서의 삶을 시작하지 않았는가. 하지만 이대로 광증에 빠져들기를 가만히 기다릴 수는 없었다. 뭐라도 해봐야 했다.

내가 편두통을 앓을 때가 생각났다. 통증이 절정에 달할 때 유일한 해결책은 끔찍한 메슥거림에 항복하고 변기 앞에 쭈그려 앉아서 꾸역꾸역 속을 게워내는 것뿐이었다. 지금도 뱃속의

* 스크럼 라인에서 수비 팀의 골라인까지의 필드.

오물을 싹 비워 어지러운 머리를 진정시키면 잠이 올지도 모른다. 어차피 다른 방법이 없지 않은가?

나는 최면에 걸린 듯 침대에서 몸을 일으키며 룸메이트들이 푹 잠들어 있길 빌었다. 저녁 식사를 하고 시간이 꽤 지났기 때문에, 구토했을 때 뭐라도 나올 것이 있도록 수도꼭지를 틀고 물을 받아 마셨다. 화장실로 가서 희고 매끄러운 도기 변기와 그 아래의 지저분한 타일 바닥을 가만히 내려다보았다. 무릎을 꿇고 앉자 딱딱한 바닥 때문에 관절이 쑤셨다. 변기 위로 고개를 숙이고 목구멍에 손가락을 쑤셔 넣었다. 깊이, 더 깊이, 메슥거려 죽겠는데도 아무것도 게워낼 수가 없었던 편두통의 마지막 단계에 종종 그래야 했듯이. 선택의 여지가 없었다. 속을 비워야만 맑은 정신을 유지할 수 있다고 나는 확신했다.

처음엔 캑캑거리며 헛구역질과 기침을 했을 뿐이었다. 하지만 계속하다 보니 온몸이 경련하며 토사물이 나오기 시작했다. 맑은 변기 물 위로 누르스름한 점액과 담즙이 쏟아져 나왔다. 나는 헐떡이며 입안을 헹구고 손을 씻었다. 비틀거리며 침대로 돌아가서 기진맥진 곯아떨어졌다. 아침에 일어나 보니 눈이 벌겋게 충혈되어 있었다. 좀 힘들기는 했지만, 이번에도 정화 작용이 날 구해준 게 분명했다. 그렇지 않은가?

아버지가 내 머릿속에 불어넣은 이미지들을 몰아내지 않고서는 아버지 평생의 조현병 이야기를 소화할 수가 없었다. 나는 최대한 생생하고 노골적인 방식으로 내 안에 들어온 것을 배출했다.

6월에 학년말 성적표가 나왔다. 전 과목 A 학점이었다. 그러나 내게 가장 중요했던 과정, 즉 나 자신을 이해하는 일에 있어서는 낙제라고 할 수밖에 없었다. 이 극명한 대조가 날마다 내 마음을 괴롭혔다.

*

론은 언제나 괴짜였다. 우리가 처음 만난 중학생 시절부터 그랬다. 론은 굳건하고 목소리가 크고 열정적인 친구였다. 엔지니어 아버지와 교사인 어머니를 이름으로 불러서 모두에게 충격을 주기도 했다. 론에게서는 별로 좋지 않은 냄새가 났고 목공 수업에서 땀을 뺀 뒤엔 더욱 그랬다. 어쩌면 애초에 데오도란트 쓰는 법을 배운 적이 없는지도 몰랐다. 하지만 론은 엄청나게 똑똑하고 운동 신경도 탁월했다. 고등학생 때는 코치의 지도하에 뛰어난 디펜시브 엔드*로 성장했다. 어떤 공격수도 척척 막아내는 론의 모습은 넥 칼라와 팔 패드 때문에 마치 검투사처럼 보였다. 무패를 자랑하던 우리 팀에서도 론은 특별히 중요

* 수비진 끝에서 쿼터백을 공격하거나 러닝백의 돌파를 막는 포지션.

한 역할을 했고, 그리하여 학업 성적과 운동 실력으로 하버드에 입학할 수 있었다.

나는 1학년 때 저녁에 종종 론의 기숙사 방에 놀러갔다. 우리는 언제나 룸메이트들과 대마초, 멋진 음악이 있던 거실에서 심리학이나 국제 문제에 관해 열심히 토론했다. 하지만 론은 가끔 이상한 행동을 했다. 론의 어머니가 콜럼버스에서 우편으로 적어도 일주일은 먹을 만큼 많은 쿠키를 보내주신 적이 있었다. 우리는 몇몇 다른 친구들과 함께 쿠키 상자를 열고 각자 한두 개를 꺼내 먹었다. 다음 날 저녁 쿠키를 더 얻으려고 찾아갔더니 론은 묘한 표정을 지으며 쿠키는 이제 없다고 말했다. "아니, 론. 무슨 소리야?" 나는 어리둥절해서 물었다. 쿠키를 어디 숨겨놓기라도 했나?

"어젯밤 너희가 간 다음 나 혼자 다 먹어버렸어." 론이 대답했다.

"말도 안 돼! 쿠키가 적어도 백 개는 됐잖아."

"오, 믿음이 얕은 자여." 론은 비딱한 미소를 지으며 냉소적으로 말했다. "내가 다 먹었다니까!"

잠시 후 룸메이트 몇 명이 와서 론의 말을 확인해주었다. '우리도 믿기지 않지만, 저 녀석이 원래 그렇잖아'라는 듯 어깨를 으쓱하면서. 론이 뭔가 하고 싶다는 충동을 느끼면 그걸 막을 방법은 없었다.

1학년을 마치고 여름방학을 맞은 론과 나는 각자 콜럼버스의 본가로 돌아왔다. 어느 날 밤 나는 론과 통화를 하다가 함께 차를 타고 오하이오 주립대학교에 놀러 가기로 했다. 그 무렵 론의 머리 모양은 그야말로 볼 만했다. 장발인 건 다른 남학생들도 마찬가지였지만 완전히 봉두난발을 하고 있었으니까. 차에 론을 태우고 보니 녀석의 상태가 심상치 않았다. 눈이 휘둥그레지고 눈빛은 기묘하게 이글거리고 있었다. 따뜻한 6월 저녁 공기 속에 올렌탠지강을 건너는데 길가에 모여 선 인파가 보였다. "저 사람들 보여, 힌쇼?" 론이 차창 밖을 노려보며 으르렁댔다.

"누구 말이야?" 나는 도로에 집중하려고 애쓰며 대충 대답했다.

"저기 있는 저 사람들 말이야!" 론이 고함을 질렀다. "인간처럼 보이겠지만 사실은 그렇지 않아. 로봇이라고!" 처음엔 재미있어하던 나도 슬슬 불안해지려고 했다. "겉만 봐서는 모르겠지." 이제 론은 고래고래 소리치고 있었다. "하지만 저들은 인간인 척하는 기계라고. 내부가 톱니바퀴와 전선으로 이루어진 기계 장치란 말이야. 인간은 기계 메뚜기일 뿐이야!"

이 녀석 대마초라도 피웠나? 아니면 인간 소외에 관한 자신의 신념을 은유적으로 표현하고 있는 걸까? 하지만 양쪽 다 아닌 것 같았다. 일단 술집에 들어서자 론도 다소 진정한 듯했다. 당시 오하이오주에서는 열여덟 살이면 도수가 낮은 맥주는 마실 수 있었다.

집으로 돌아가면서도 론이 걱정되어서, 혹시 괜찮다면 우리 집 거실 소파에서 자고 가라고 말했다. 론은 길 잃은 강아지처럼 기뻐하며 그러겠다고 했다. 나는 소파에 론의 잠자리를 마련해준 다음 위층 침실로 올라왔고 평소와 달리 순식간에 잠들어버렸다.

론은 다음 날 새벽 무렵에 일어나 집으로 돌아간 모양이었다. 어머니가 초췌한 얼굴로 말했다. “오늘 아침 거실 꼴을 봤니, 스티브? 사방에 담배 마는 종이가 널려 있더구나. 재킷에서 레코드판도 몽땅 꺼내놓았고. 엉망진창이었어. 새벽 네 시까지 음악을 쾅쾅 틀어놓고 말이야. 너희 아빠나 나나 한숨도 못 잤단다.”

나는 경악했다. 내 마음대로 론을 재워준 데 대한 죄책감이 엄습했다. 부모님 침실은 거실 바로 옆이었으니까. 하지만 난 아무 소리도 못 들었는데. 나는 어리둥절한 채 어머니에게 사과했다. 잠시 후 아버지도 나랑 이야기하러 왔다. 아버지는 피곤해서 눈두덩이 푹 꺼졌는데도 웃어 보이며 이렇게 말했다. “넌 그냥 친구를 도와주고 싶었던 거겠지. 그 녀석 상태가 별로 안 좋은가 보구나, 응?” 아버지는 특정한 종류의 고통에 대해 귀신같은 육감을 지니고 있었다.

가을이 되고 우리도 케임브리지로 돌아왔다. 하지만 론은 어느 운동 팀에도 참여하지 않았다. 마음만 먹으면 어떤 종목에서든 충분히 1군 선수가 될 수 있는 녀석인데도. 론은 예고도 없이 모든 과목의 수강을 취소했고, 어쩌다 마주쳐도 딴 세상에 가 있는 표정이었다. 그러다 갑자기 아예 케임브리지를 떠나버렸다. 아무도 론이 어디 갔는지 몰랐다. 몇 달 후 론의 예전 룸메이트가 말해준 바에 따르면 아마도 뉴욕 어딘가의 정신병원에 들어간 모양이었다. "내가 듣기로는 조현병에 걸렸다더라고." 그 친구는 당황스러운 얼굴로 말했다.

이후로 론을 본 사람은 아무도 없었다. 론은 완전히 자취를 감춰버렸지만, 나는 그 녀석을 잊을 수가 없었다.

나는 어떻게든 상황을 이해해보려 애썼다. 아버지는 1930년대 이후로 계속 조현병 진단을 받았다. 지속되는 환각 증상, 고착된 망상, 비논리적 사고, 감정 처리 및 표현 장애 등. 론에게도 비슷한 증상이 나타났지만 아버지와는 큰 차이가 있었다. 론은 한번 상태가 나빠지기 시작한 뒤로 계속 악화되기만 했으니까. 캘리포니아에 사는 폴 삼촌의 장남 마셜도 마찬가지였다. 그는 1968년 UC 버클리에 입학한 첫 학기부터 정신병원을 들락날락했지만 전혀 차도가 없었다. 하지만 아버지는 대체로 지극히 정상으로 보였고 다소 무심하긴 할지언정 철저히 이성적이었다. 어떻게 이 세 사람이 전부 같은 진단을 받을 수 있단 말인가? 수업 시간에 나는 가계도를 그려보곤 했다. 남자 친척은 사각형,

여자 친척은 원으로 표시하고 정신질환자는 빗금을 그어 구분했다. 끈질기게 파헤치다 보면 우리 집안의 수수께끼를 풀 수 있을지도 몰랐다.

본가에 가서 아버지와 함께 서재에 들어설 때마다 심장 박동이 빨라졌다. 아버지는 내가 여전히 심리학에 관심이 있는지 묻고, 자기도 대학 시절 정신분석 이론과 행동주의에 흥미를 느꼈다고 열심히 이야기했다. 아버지가 항상 열광했던 철학과 이런저런 관념들을 논하기도 했다. 지식의 원천, 과학의 발전, 인간이 의지해야 할 윤리적 감각 등. 그러다 조심스럽게 3인칭으로 다시금 조현병 이야기를 꺼내곤 했다. "밤새도록 열광적으로 신을 찬양하는 목소리와 천사들의 합창이 들린다면 그런 진단을 받는 것도 당연한 일이지." 나는 어렴풋한 의구심을 느꼈지만 아무 말도 하지 않았다. 여타 조현병 환자들과 전혀 다른 아버지의 발병 패턴은 내가 앞으로 풀어가야 할 중대한 수수께끼였다.

아버지가 들려준 이야기는 하나같이 충격적이었지만 묘하게도 일관성이 있었다. 내 인생을 휑뎅그렁한 침묵의 격납고에 가두어버린 **어떤** 거대한 비극이 존재하는 게 분명했다.

*

고등학생 시절 여름방학에 온 가족이 미시간주 북부로 여행을 간 적이 있었다. 크로스컨트리를 그만두고 풋볼에 매진하던 나, 합창단 연습을 열심히 하던 샐리, 여름 계절학기 수업을 맡은 아버지, 강의 준비로 바쁘던 어머니 모두에게 반가운 휴가였다. 보인산의 정상은 낮은 편이었으나 미시간과 오하이오주의 대부분을 차지하는 빙하 침식 평원에 비하면 꽤 높아 보였다. 나는 리프트를 타고 올라간 다음 등산로로 내려올 생각이었다. 샐리에게 같이 가자고 졸랐지만, 예전부터 고소공포증이 있던 샐리는 내 말을 듣자마자 얼굴이 굳어버렸다. "나도 그러고 싶지만, 리프트는 땅에서 엄청 높이 떨어져 있잖아! 아래를 내려다보기라도 했다가는 기절하고 말 거야. 정말이라니까, 오빠." 샐리가 애처롭게 말했다.

나는 재빨리 머리를 굴려서 이렇게 대답했다. "나랑 같이 앉아서 경치에 집중하고 있으면 금방 정상에 도착할 거야. 네가 생각하는 것보다 훨씬 재미있을걸. 게다가 일단 도착하고 나면 얼마나 뿌듯하겠어? 내려오는 길도 무척 즐겁겠지." 결국 샐리도 같이 가기로 했다. 우리는 탑승 장소로 걸어가서 리프트를 기다렸다. 마침내 반환점을 돌아온 리프트가 우리 뒤에 와 닿았다. 좌석에 똑바로 앉자 직원이 머리 위의 안전장치를 무릎까지

내려 고정해주었다. 리프트는 순식간에 땅에서 떠올라 소나무 숲 위로 솟구쳤다. 우리의 얼굴에 바람이 와 닿았다. 다리 아래로 산비탈이 점점 더 멀어져갔다. 6미터, 12미터, 18미터.

점점 서늘해지는 공기 속에 장엄한 경치가 펼쳐졌다. 하지만 문득 옆을 바라보니 섈리가 고통스러워하고 있었다. 안전장치를 어찌나 세게 움켜잡았는지 손가락 관절이 하얗게 튀어나와 있었다. "내 평생 이렇게 무섭기는 처음이야." 섈리가 힘없이 중얼거렸다. "이렇게 높이 올라오다니!" 바람이 불어와 리프트가 앞뒤로 흔들렸다.

"아래를 보면 안 돼." 내가 지시했다. "가만히 있어. 곧 정상에 도착할 거야."

"**오빠**." 섈리가 한 손으로 내 팔을 붙잡으며 갈라진 목소리로 외쳤다. "이제 더 못 참겠어. 나 뛰어내릴래." 섈리는 갑자기 자세를 고쳐 앉았다. 두 손으로 안전장치를 더듬어서 들어 올리려는 참이었다. 우리는 땅에서 아득히 높이 올라와 있었는데도. 그냥 하는 말이 아니었다. 섈리의 목소리만 들어도 공황 상태라는 걸 알 수 있었다.

"섈리, 지금 뛰어내렸다간 두 다리가 부러지고 말 거야." 나는 큰 소리로 말리면서도 침착한 태도를 보이려고 애썼다. "거꾸로 곤두박질칠지도 몰라." 하지만 사실은 그 정도가 아니라 죽을 게 분명했다. "그대로 앉아 있어!"

샐리를 붙잡아야 할까? 하지만 그때 리프트가 흔들리기 시작했다. 나는 안전장치를 단단히 붙잡은 채 확신에 찬 목소리로 말했다. "내 말 들어, 샐리. 눈 감아. 그래야 해." 그러고는 목을 쭉 뻗어 샐리가 내 말대로 하는지 확인했다. 이 방법밖에 없었다. "좋아. 계속 감고 있어. 자, 이제 집에 있는 우리 고양이를 떠올려봐." 당시 우리는 타이타이라는 이름의 샴 고양이를 키우고 있었다. 샐리는 고양이들을 끔찍이 귀여워했다. "우리 귀여운 고양이를 쓰다듬어준다고 상상해봐. 집에 돌아가서 그 녀석을 보면 얼마나 행복할지 생각해보라고. 고양이만 생각해. 몇 분만 있으면 이 리프트에서 내릴 테니까."

샐리는 내키지 않는 듯 머뭇거렸지만 결국 등을 펴고 앉아서 두 눈을 질끈 감았다. 나는 계속 샐리가 좋아하는 것들에 관해 이야기했다. 친구들, 고양이, 샐리의 주의를 돌릴 수 있는 것이라면 뭐든 좋았다. 그러면서 마음속으로는 리프트가 **빨리** 목적지에 도착하기만을 빌었다. 내가 이야기하는 동안 샐리는 줄곧 눈을 질끈 감고 있었다.

무한처럼 느껴지는 몇 분이 지나고, 우리 발아래 땅이 와 닿았다. 나는 안전장치를 머리 위로 들어 올렸다. 샐리의 팔을 붙잡아 리프트에서 내리게 한 뒤 이제 눈을 떠도 된다고 말했다. 어느새 리프트는 빠르게 방향을 돌려 멀어져가고 있었다. 눈 아래 푸르른 산 풍경이 펼쳐졌다. 샐리는 아직 얼굴이 창백했지만 이제 땅을 단단히 딛고 서 있었다. 샐리가 내게 그토록 고마워한 것은 처음이었다. "나 정말로 뛰어내릴 뻔했어."

"그래, 나도 알아." 내가 대답했다. "내가 얼마나 걱정했는지 아니?"

샐리의 목소리에서 느껴지던 지독한 공포를 그 뒤로도 잊을 수 없었다. 하지만 내가 그 상황에 대처할 방법을 어떻게 알았는지는 수수께끼였다. 그냥 본능적으로 떠올랐을 뿐이다.

대학교 2학년이 된 나는 의예과를 포기하고 사회관계학을 전공하기로 했다. 사회학, 사회심리학, 인류학에 오랫동안 B. F. 스키너 박사가 지배하고 있던 실험심리학까지 통합된 학제 간 연구였다. 그 분야를 전공하면서 임상과 연구 양쪽으로 노력하고 경험을 쌓다 보면 결국은 임상심리학 박사 학위를 받게 될 터였다. 어쩌면 정신질환을 이해할 만큼 충분한 과학 지식을 쌓고 내 기술로 사람들을 도울 수 있을지도 몰랐다. 내가 예전에 샐리를 도왔던 것처럼.

현장 연구직을 찾던 중에 보스턴 남부의 중급 보안 교도소에서 심리학 강의를 할 기회를 얻었다. 매주 한 번씩 금속 탐지기를 통과할 때마다 두려움에 온몸이 근질거렸다. 나를 비롯한 동료와 선배 강사들은 삭막한 콘크리트 블록 강의실에서 고전적인 심리학 실험 이야기를 하고 관련 영상을 틀었다. 강의를 끝까지 들은 수강자는 수료증을 받았다. 큰 의미는 없었지만 가

석방 청문회에서 나름 도움이 된다고 했다. 학대받고 박탈당한 끝에 자신과 타인을 해치게 된 사람들을 위해 내가 할 수 있는 최소한의 봉사라고 생각했다.

매주 교도소에서 바깥세상으로 다시 나오면서도 나의 자유가 딱히 흡족하진 않았다. 나 역시 자신의 내면에 갇혀 있었으니까. 어떻게 해야 더 진실한 생활을 시작할 수 있을까? 바쁜 일정 속으로 도피하기를 그만두고, 알아내긴 했지만 감히 누구에게도 말할 수 없는 진실에 대한 은밀한 두려움에서 벗어날 수 있을까? 당시 나는 스스로 느낀 것보다 훨씬 더 수감자들에게 감정을 이입하고 있었다.

가을 학기가 무한히 이어질 것 같았다. 읽어야 할 책도 써야 할 논문도 끝이 없었다. 가을은 금세 지나갔고, 10월 말이 되기도 전에 나뭇잎이 다 떨어져버렸다. 11월에는 싸락눈과 영하의 맑은 날씨가 번갈아 찾아왔다. 체증과 불안으로 괴로워하다가 침대를 떠나 화장실에서 자신을 고문하는 일도 일이 주에 한 번씩 계속되었다. 2학년 중반에는 체중이 4.5킬로그램쯤 줄어 있었다.

몇 주에 한 번은 구내 서점에 가서 넓지만 창문이 없는 교재 코너를 거닐었다. 알파벳 순서에 맞춰 가지런히 늘어선 학과별 신간 도서들이 반짝거렸다. 나는 항상 P열의 심리학psychology 코너에서 시작했다. 인지심리, 발달심리, 생물심리, 성격심리, 임상심리 등 심리학의 하위 분야가 차지하는 공간만도 상당했다. P열을 따라 걷다 보면 고생물학paleontology, 철학philosophy, 물리학physic 등 다른 분야도 나왔다. 거기서 아무 책이나 펼쳐 페이지를 빽빽이 채운 단락들을 훑어보곤 했다. 나는 다른 세계에 들어서려는 참이었다. 하지만 어떻게 다른 세계에 몰두하되 그 안에서 길을 잃지 않을 수 있을까?

오후에는 가끔 용기를 내어 다른 통로를 기웃거리기도 했다. A열에는 천문학astronomy, 인류학anthropology, 동양학Asian studies이 있었고 B열에는 식물학botany, 생화학biochemistry이 있었다. 머리 위로 흐릿하게 빛나는 형광등 불빛 속에 모든 책이 나를 소리쳐 부르고 있었다. 하지만 내 전공과 전혀 다른 사상의 세계에 들어섰다가는 나 자신을 잃어버릴까 봐 두려웠다. 얼른 P열의 심리학 코너로 되돌아온 나는 안도감에 깊이 숨을 들이쉬었다. 내가 계속 집중해야 할 장소로 돌아온 것이다.

전선戰線이 점점 가까워지고 있었다. 진정한 모험에 나서길 두려워하면서 과연 중요한 것을 배울 수 있을까? 우리 가족에 관한 지식에서 뭔가 쓸모 있는 열매를 얻어내야 하지 않겠는가? 이런 질문들이 밤마다 머릿속에서 소용돌이쳤다. 심지어 내가 화장실로 달려가지 않는 밤에도.

8

철갑옷

콜럼버스의 본가에 다녀오는 방학이면 아버지가 나를 공항에 차로 바래다주는 최후의 순간까지 둘만의 대화를 아껴놓기도 했다. 안락한 차 안에서 단둘이 보낼 수 있는 반 시간이었다. 열띤 대화를 나누다 보면 어느새 수많은 거리와 고속도로를 지나와 있었다. 나는 광증의 비밀스러운 세계에 관해 점점 더 많은 것을 알게 되었다.

대학 졸업이 가까웠을 무렵 대화 중에 아버지가 치료 경험에 관해 더 이야기하고 싶어 한다는 걸 알게 되었다. 그중에서도 전기 경련 요법에 관해서 말이다. 《뻐꾸기 둥지 위로 날아간 새》를 비롯한 여러 대중문화 작품에서 야만적으로 묘사되긴 했지만, 사실 전기 경련 요법은 중증 우울증 환자에겐 매우 효과적일 수 있다. 문제는 20세기 중반에 전기 경련 요법이 정신질환의 종류를 불문하고 무분별하다 못해 때로는 징벌 개념으로 남용되었다는 것이다. 당시 전기 경련 요법에는 초장파 전류 펄스가 쓰였기에 기억 상실과 같은 심각한 부작용이 흔히 발생했다. 게다가 초기에는 마취제도 사용하지 않아서 발작하며 몸부림치던 환자의 팔다리가 부러지기도 했다. 전기 경련 요법의 정확한 작동 원리는 지금까지도 규명되지 않았다. 인간의 두개골에 전기 충격을 가해 순간적으로 대발작을 일으키면 신경전달물질과 뇌 내 처리 과정이 크게 변화한다. 하지만 이 과정의 어느 대목에서 중증 기분장애 치료 효과가 발생하는지는 여전히 수수께끼로 남아 있다.

아버지는 1950년대에 전기 경련 요법을 받으며 느낀 공포를 털어놓았다. 특히 샐리와 내가 아직 어렸을 때 콜럼버스 시립병원에서 받았던 치료가 기억에 남는다고 했다. 기술자들이 아버지의 정수리에 철제 헬멧을 씌우고 관자놀이에는 차가운 금속 전극을 고정했다. 잠깐의 대기 후(매번 그렇게 대기해야 했다) 담당 정신과 의사의 신호에 따라 전류를 주입하면 아버지의 두뇌가 경련을 일으켰다. 의료진은 아버지가 복용하던 약물만으로는 치료가 어렵다고 판단했다. 대화 치료도 진행하고 있긴 했지만 효과는 거의 없었다. 당시 아버지는 만성 조현병 진단을 받았지만, 그런 건 별로 중요하지 않았다. 당시에는 전기 경련 요법이 모든 정신질환에 마구잡이로 시행되었으니까.

아버지는 그날 아침 복도를 지나가는 동안 이동식 침대 바퀴가 끽끽대던 소리가 기억난다고 했다. 침대를 밀고 가던 간병인의 목적지는 아버지가 무엇보다도 두려워하던 특별 치료실이었다. 아버지는 팔다리가 묶인 채 눈부신 알전구 불빛이 내리쬐는 천장을 올려다보았다. 치료 과정이 느리게 진행되는 동안 그 불빛은 몇 초마다 한 번씩 아버지의 얼굴을 스치곤 했다.

하지만 결코 두려움을 드러내선 안 되었다. 무엇보다도 자존심을 지키는 것이 중요했다고 아버지는 말했다. 치료실에 들어간 즉시 근이완제 주사를 맞았기 때문에 몸을 일으킬 수도 없었다. 또다시 무력한 상태가 된 것이다.

마침내 치료실 안에 들어오자 아버지는 마음을 단단히 먹었다. 자신의 생체 신호를 기록하느라 바삐 움직이는 간호사들을 묵묵히 지켜보았다. 기술자가 들어왔다. 그가 스위치를 올리면 전극에 연결된 전선에 전류가 흐르기 시작할 터였다. 그렇게 되면 전선에서 치직 소리가 나고 아버지의 관자놀이에서 연기가 일어났을까? 실제로 아버지는 전기 경련 요법을 받고 깨어날 때마다 머릿속이 초토화된 느낌이었다고 했다.

아버지의 마음속에 불쑥 엉뚱한 의문이 떠올랐다. 에일린, 스티브, 샐리는 어디 있지? 우리 가족이 아직 존재하기는 하나? 와이언도트 로드의 우리 집, 내가 아들을 무릎에 앉히곤 했던 작은 부엌, 나무로 둘러싸인 뒤뜰은? 모든 게 희미한 기억, 오래전에 상영이 끝나고 텅 비어버린 영화관 같았다. 두려움이 엄습했다. 내가 오하이오의 그 벽돌과 석조 주택을 다시 볼 수는 있을까? 내가 아직 교수인 건 맞나, 아니면 그 사람은 전생의 다른 누군가였을까? 내 형제들과 함께 어린 시절을 보냈던 패서디나는 어떻게 됐을까?

애초에 내가 왜 다시 입원하게 된 거지? 강의실이나 집에서 정신을 놓아버렸나 보다. 그러고 보니 이웃집 뜰에서 내 골프채를 휘둘러댄 기억이 희미하게 떠오르는 것 같기도 하군. 하지만 마취제 때문에 흐릿해진 기억은 무한하고 몽롱한 현재에 밀려나버렸다. 전극 풀의 끈끈한 냄새와 이온화된 공기의 쉿내가 풍겨왔다. 아버지 직전에 전기 경련 요법을 받은 환자가 남긴 것이었다. 나도 이제 치료를 받고 나면 여기가 어딘지도 가물가물한 상태로 지독한 두통을 느끼며 깨어나겠지. 그 과정을 또 한 번 견뎌낼 수 있을까, 나를 까맣게 탄 나무껍질처럼 만드는 그 압도적인 폭력을?

아버지에게는 아주 오래전부터 익숙한 의식이 있었다. 어린 시절 절망에 빠졌을 때마다 위로와 안식을 주었던 주기도문 외우기였다. 이번에도 아버지는 무력하게 누운 채 입술을 달싹거리기 시작했다. 거의 들리지 않을 만큼 나직하게 목구멍 속으로.

> 하늘에 계신 우리 아버지,
>
> 이름이 거룩히 여김을 받으시오며
>
> 나라에 임하옵시며
>
> 뜻이 하늘에서 이룬 것 같이
>
> 땅에서도 이루어지이다.

치료실 한구석에 젊은 수련의 여럿이 서서 치료 과정을 지켜보며 클립보드에 메모를 끼적이고 있었다. 아버지를 열심히 쳐다보던 그들은 환자가 뭔가 중얼대고 있다는 걸 알아차리고 무척 걱정스러운 표정을 띠었다.

오늘날 우리에게 일용할 양식을 주옵시고,
우리가 우리에게 죄 지은 자를 사하여 준 것같이

"저 사람 뭐 하는 겁니까?" 수련의 하나가 치료 과정을 주재하는 정신과 의사 사우스윅 박사에게 물었다. "힌쇼 환자 말이에요, 왜 중얼거리는 거죠?"

우리 죄를 사하여 주옵시고

사우스윅 박사는 푹신한 진찰대에 누워 있는 환자를 바라보았다. 그러고는 수련의를 노려보며 아버지를 포함해 모두에게 들릴 만큼 쩌렁쩌렁한 소리로 쏘아붙였다. "자네는 저 사람이 뭘 한다고 생각하나? 당연히 기도하는 거지! 안 그러면 어떻게 이 무서운 상황을 견뎌내겠나?"

우리를 시험에 들게 하지 마옵시고 다만 악에서 구하옵소서.
나라와 권세와 영광이 아버지께 영원히 있사옵나이다. 아멘.*

아버지의 입안에 고무 보호대가 물렸다. 그 물건이 어찌나 두꺼운지 숨이 막힐 지경이었지만 덕분에 경련을 일으켜도 이가 부러질 일은 없을 터였다. 마취제가 마지막 한 방울까지 주입되자 아버지의 의식이 흐려졌다. 모두가 의사의 신호를 기다리고 있었다. 그래, 또다시 시작되겠구나. 잠시 후면 눈부신 열기가 내 두개골을 관통하겠지. 처음 겪는 일도 아니니까. 다음 순간 아버지는 의식을 잃었다.

사우스윅 박사가 고개를 끄덕이자 방 안의 조명이 흐려졌다. 기계가 맹렬하게 진동했다. 전류 펄스가 일 초를 꽉 채워 흘렀다. 또 일 초를 흘렀다. 아버지의 몸이 몇 번이나 힘없이 경련했다.

어쨌든 아무도 내가 기도하는 걸 막지는 못했지. 이십 년 뒤 아버지는 서재에서 이렇게 말했다. 사우스윅 박사가 자기편이었고 레지던트들 앞에서 자기를 변호해주었다는 걸 아버지도 잘 알고 있었다. 회상을 마친 아버지는 복잡한 표정이었다. 씁쓸하면서도 매혹된 듯한 그리고 지금껏 내가 보지 못한 무력감이 어린 표정.

* 《성경전서 개역한글판》(1961년)을 참고했다.

*

어머니와 나는 호텔의 주황색 도는 갈색 폴리에스터 침대보 위에 앉아 한없이 기다리고 있었다. 시계를 보았다가 서로 얼굴을 마주 보았다가 창밖에 펼쳐진 보스턴의 야경을 내다보았다가 하면서. 아버지는 대체 어디 계신 걸까? 저녁 식사 예약 시간을 넘긴 지도 오래였다.

부모님은 주말 동안 뉴잉글랜드에 여행 와 있었다. 내가 안내인 노릇을 하며 하버드 캠퍼스와 우스꽝스러울 만큼 꼬불꼬불한 보스턴 거리를 구경시켜 드렸다. 아버지에게는 오하이오 주립대학교 철학과의 오랜 동료였던 매니 리보위츠와 재회할 기회이기도 했다. 몇 년 전 콜럼버스를 떠나 브랜다이스 대학교로 갔던 매니는 암으로 입원 중이었다. 아버지는 오후 늦게 병원으로 향하면서 저녁 식사 시간에 맞춰 돌아오겠다고 했다. 하지만 면회 시간이 끝난 지도 이미 한참 지난 후였다. 아버지는 항상 시간을 엄수하는 성격이었고 결코 약속이나 사교 모임에 지각하는 법이 없었다. 어머니와 나는 무척 속이 상했지만, 감히 최악의 사태에 대한 우려를 입 밖에 내지 못하고 있었다.

갑자기 열쇠로 문을 여는 소리가 들리더니 아버지가 방에 들어섰다. 저녁 공기가 싸늘했는데도 불구하고 숨을 헐떡거리고 있었다. 아버지는 깜짝 놀란 얼굴로 우리를 힐끗 쳐다보았다.

"어디 계셨어요?" 나는 최대한 침착한 목소리로 물었다. 어머니가 조심스럽게 지금이 몇 시인지 아느냐고 묻더니 같이 저녁 먹기로 한 약속을 언급했다. 하지만 아버지는 넋 나간 얼굴로 우리를 넘어 아득히 먼 곳을 바라보고 있었다.

"어디 있었다고 생각하니?" 아버지가 버럭 성을 내며 외쳤다. "매니는 살아남지 못할 거야. 예후가 안 좋아. 그 사람을 보고 나니 여기까지 걸어오고 싶어졌어. 그게 뭐 어쨌단 거냐? 그래서 지금 몇 신데?"

그제야 이해가 됐다. 영리하고 상냥했으며 아버지처럼 파이프 담배를 피웠던 매니는 아버지가 자신의 과거를 털어놓은 몇 안 되는 사람 중 하나였다. 그런 매니가 보스턴으로 떠났을 때 아버지는 망연자실했지만, 내게는 무덤덤하게 학자들은 흔히 다른 대학에서 더 좋은 계약 조건을 제시받게 마련이라고 말했다. 그랬던 아버지가 이젠 우리 앞에서 자신의 비탄과 혼란뿐 아니라 당혹스러움까지 적나라하게 표출하고 있었다. 병원에 있는 매니를 면회하고 절망에 빠진 아버지는 그저 계속 움직이고 싶은 생각뿐이었으리라. 밤바람 속에서 발아래의 견고한 보도를 느끼며 충격을 잊고 싶었던 것이리라.

내가 조현병과 (양극성장애의 예전 명칭인) 조울증이 어떻게 다른지 질문할 때마다 심리학 교수들은 무시하는 표정을 지으며 쏘아붙일 뿐이었다. 공식 진단명에 왜 그리 집착하느냐고, 중요한 건 그 저변의 심리적 갈등이라고. 임상심리학은 1970년대까지도 진단과 인과관계에 있어 환경만을 고려하는 구시대적 관점의 지배를 받고 있었다. 중증 정신질환에 생물학적인 원인도 있다는 관점은 일체 부정당했다. 이 같은 당시의 전반적 무지를 고려하면 내가 하버드에서 들은 강의에도 분명히 사회적 낙인이 침투해 있었을 것이다.

나는 그런 질문을 한 이유를 솔직히 말하지 못했다. 어디까지나 일반적이고 학문적인 관심인 척했다. 명예 낙인 탓에 나와 우리 가족이 직면해 있던 가장 심각한 문제를 언급할 수 없었다. 아버지에게는 제대로 된 진단과 그에 따른 적절한 치료가 필요했는데도.

봄마다 몇 차례나 편두통이 도졌다. 섬광과 둔중한 통증, 참을 수 없는 구역감이 동반됐다. 나는 결국 학생보건센터를 찾아갔지만, 잠들기 위해 자발적 구토를 한다고 말하기가 너무 민망하고 창피해서 그 부분은 빼놓고 얘기했다. 자기 낙인은 내 교육 과정의 일부분이나 마찬가지였다.

첫 번째로 만난 의사는 먼지 알레르기 때문이라고 단언하며 규칙적으로 방 청소를 하고 침대 시트를 저자극성 소재로 교체하라고 했다. 두 번째로 만난 의사는 평생 한 번도 잘못된 판단 같은 건 해본 적 없다는 듯 내 말을 비웃으며 내가 겪는 편두통은 섬광이나 유전과는 아무 상관도 없다고 말했다(아버지와 삼촌들 전부, 할아버지, 외할머니, 샐리까지 비슷한 편두통에 시달렸는데도). "어두운 극장에서 나와 편두통을 느끼면 바깥의 밝은 빛 때문이라고 생각하거나 유전적 원인을 찾으려고 하기 마련이죠. 하지만 진짜 원인은 영화로 인한 감정적 자극이거든요."

의학 전문가라는 자들이 어쩌면 그렇게 오만하고 자기만 믿을 수 있는지! 나는 마음속에서나마 그들을 실컷 욕했다. 아버지를 치료한 의사들이 뭘 제대로 알기는 했던 걸까? 오래전 노어크에서 아버지를 침대에 묶어놓았던 의사들, 바이베리에서 인슐린 혼수 요법을 처방한 의사들, 샐리와 내가 어렸을 때 아버지에게 항정신병약물을 먹이고 전기 경련 요법을 가한 의사들이? 생물학적 원인에만 근거한 진단도 심리학적 원인에만 근거한 진단만큼 해로웠다. 그때 나는 이렇게 맹세했다. 내가 이 분야에서 어떤 일을 하게 되든 인간의 사회과학, 심리학, 의학 지식은 아직 밝혀지지 않은 지식의 극히 일부에 불과하다는 것을 항상 명심하겠다고. 내가 취할 수 있는 올바른 입장은 겸손함을 잊지 않고 다양한 관점을 두루 고려하는 것뿐이라고.

오늘날까지도 내 생각은 변하지 않았다. 인간의 뇌는 매 순간 신호를 주고받는 무수한 시냅스로 이루어져 있다. 인간 의식이 보여주는 기적은 결국 이 같은 화학작용에 기인한다. 자신의 우월한 지식을 자랑하는 사람은 자기 자신과 환자들, 나아가 과학계 전체를 기만하는 것이다.

*

대학교 3학년 말의 화창한 봄날이었다. 나는 전철을 타고 보스턴 시내로 나갔다. 레드 라인을 타고 가다 그린 라인으로 갈아타서 하버드 의대 다음 정거장인 보스턴 미술관에서 내렸다. 서쪽 지평선에 먹구름이 드리워져 있었지만, 머리 위 하늘은 맑았고 직사광선이 내리쬐었다. 미술관에 들어서니 자꾸 고흐의 그림으로 발길이 향했다. 생레미 수용소에서 퇴원한 화가가 요양 차 머물던 마을의 건물이 소용돌이치는 푸른 하늘과 선명한 금빛 벌판에 에워싸여 있었다. 취한 듯 나선을 그리는 붓 자국이 아찔했고 색채와 형태가 마음을 사로잡았다. 나는 그림을 응시하며 그 본질을 포착하려고 애썼다.

폐관 시간이 가까웠을 때 건물 안에 천둥소리가 울려 퍼지며 기압이 급강하했다. 나는 폭우를 고스란히 맞으며 군중에 섞여 전철역으로 달려갔다. 만원 전철 안의 후끈한 공기에 머리가 어질어질했다. 하버드 스퀘어가 얼마 남지 않았을 때 눈앞에 편두통의 시작을 알리는 섬광이 지그재그를 그리며 번쩍였다. 가슴이 철렁했다. 그냥 방금 본 그림의 잔상이길 빌면서도 헛된 바람이라는 건 잘 알고 있었다. 기숙사 방으로 돌아와 힘없이 드러누운 채 머리가 깨질 것 같은 통증과 울렁대는 구역감이 덮쳐오길 기다리는 수밖에 없었다. 원인이 뭐였을까? 폭우에 따른 갑작스러운 저기압과 밝았다 어두웠다 하던 하늘 때문일까? 고흐의 붓 자국과 광기가 가져다준 감정적 자극 때문일까? 아니면 내 모든 세포에 새겨져 있는 유전자 때문일까? 이런저런 짐작을 해보는 동안 통증은 점점 더 심해졌다.

나도 때로는 단순한 결론을 내리고 싶었지만, 현실은 그렇지 못했다. 지금도 마찬가지다.

*

3학년 봄방학에 본가로 갔다가 콜럼버스에서 반 시간 거리인 오하이오 웨슬리언 대학교에 들러 샐리를 만났다. 샐리는 동부의 대학에 가지 않기로 했다. 오하이오 웨슬리언이 더 안전하고 집에서도 가깝다고 했다. 남자친구가 생겼다는 얘기랑 수업 얘기도 들었다. 혼자 지내게 되어 신나 있었지만 다소 겁먹은 것 같기도 했다.

나는 모험을 해보기로 하고 아버지 이야기를 샐리에게도 들려주었다. 그때까지 대체로 편안했던 대화가 점점 더 불편한 분위기로 흘렀다. 샐리는 아버지에게 친근감을 느끼지 못하고 이 상황에 감정을 이입할 수도 없다고 했다. "아빠는 한 번도 오빠랑 얘기하는 것처럼 나한테 얘기한 적이 없잖아. 게다가 엄마도 거의 남처럼 대하셔. 정말로 도움이 필요한 건 엄마 쪽이라고."

나는 아버지가 나를 선택했다는 사실에 뿌듯해하면서도 한편으로 죄책감을 느꼈다. 샐리와 어머니는 초대받지 못한 일종의 특별 클럽에 들어간 기분이었다.

샐리는 본가에 가면 할머니가 남자친구는 사귀지 말라거나 너무 경박하게 행동하지 말라며 설교를 퍼부어댄다고 했다. 샐리도 편두통이 점점 심해지는 중이라고 했다. 섬광, 통증, 구역감에 이어 가끔은 몸의 절반이 무감각해지고 거의 마비된 상태로 몇 시간씩 누워 있기도 한다고.

"아빠가 오빠에게 들려준 고민에 관해서는 잘 모르겠어. 난 그 일과는 상관없는 것 같아. 아빠도 내가 어떤 사람인지 모르잖아."

나는 콜럼버스에 머물러야 한다는 강한 인력을 느꼈음에도 내 본능을 따랐다. 하지만 먼 곳에서도 어쩔 수 없이 우리 가족을 주시할 수밖에 없었다. 샐리를 구해내어 자유를 찾아가게 해주고 싶었지만, 아버지의 정신적 지원을 받지 못한 샐리는 그럴 엄두를 내지 못했다. 아버지의 삽화가 가족을 무너뜨리는 사태를 막느라 결혼 생활 내내 고생하고 광증에서 자신을 지키기 위해 무감정해진 어머니도 구해내고 싶었다. 그리고 아버지를 구해내어 정확한 진단을 받게 하고 싶었다. 시간이 갈수록 아버지가 평생 잘못된 진단을 받았다는 확신이 섰다. 하지만 나 자신의 폐쇄적인 삶에서는 어떻게 돌파구를 찾아낼 것인가?

*

“나도 이젠 중서부가 마음에 든다, 스티브.” 아버지가 서재에 앉아서 말했다. “서던캘리포니아에는 사계절이란 게 없거든. 이곳에 처음 왔을 때는 가을 단풍이 낯설게만 느껴졌는데 이젠 겨울도 좋고 눈이 내리면 기쁘구나. 게다가 또 봄은 얼마나 멋지니. 사실 자기 인생과 직업에 만족하는 사람은 대체로 어디서나 잘 지낼 수 있지만 말이다.”

우리의 대화가 이어지는 동안 나는 콜럼버스에 온 직후의 아버지를 상상해보았다. 사계절에 따라 변해가는 캠퍼스를 오가며 퇴근 이후나 주말에 배구와 배드민턴, 골프를 즐기던 젊은 아버지를. 하지만 이제 아버지는 대부분의 계절을 서재 안에서 창문으로 바라보기만 했다. 멍하거나 초조해 보일 때가 많았고 매일 오후 낮잠을 자야 했다. 아버지의 인생은 대체로 머릿속에서만 펼쳐지는 것처럼 보였다. 그토록 유망한 신임 교수였던 아버지가 시간이 지나면서 왜 이렇게 변한 걸까? 지금까지 누적된 삽화의 후유증이 나타난 걸까? 아니면 그동안의 잘못되고 심지어 야만적인 입원과 치료 때문일까?

아버지가 고등학교 3학년을 반년 늦게 시작한 것은 본의 아니게 노어크의 뒤쪽 병동에 머물러야 했던 시간 때문임을 나는 이제 알고 있었다. 아버지의 왼손과 왼쪽 손목이 허약하다는 것, 오래전 캘리포니아 여행을 준비하며 서둘러 차에 짐을 싣다가 손이 트렁크 문에 끼었을 때 확인된 그 사실도 이제는 거의 잊힌 현관 지붕에서의 추락이 원인이었다. 하지만 나는 한 번에 퍼즐 한 조각씩만을 볼 수 있었고 퍼즐 상자는 이미 오래전에 뒤집혀 쏟아진 상태였다. 내 생애의 첫 십칠 년을, 그간의 침묵과 역할극과 날마다 스멀스멀 엄습해왔던 두려움을 떠올리면 분노가 끓어올랐다.

그러나 이제 나는 날마다 중대한 의문에 시달리고 있었다. 아버지는 정말로 조현병 환자였을까, 아니면 거의 사십 년 동안 오진을 받은 걸까? 양극성장애가 더 적절한 진단이 아니었을까? 이 새로운 수수께끼 역시 나 스스로 풀어나가야 할 터였다.

여름방학 동안에는 동부 해안에서 학습장애나 중증 발달장애 아동과 함께할 수 있는 일자리를 찾기로 했다. 3학년이 끝나는 즉시 뉴햄프셔의 자폐증 및 장애 아동 여름 캠프에서 상담사로 근무하게 되었다. '캠프 프리덤'은 은빛 자작나무 가지 사이로 새파랗게 반짝이는 오시피 호숫가에 있었다. 호숫가 끝에 서면 저 멀리 장엄하게 솟아오른 워싱턴산과 프레지덴셜산맥 북쪽까지 훤히 내다보였다. 하지만 최고의 전망을 즐기려면 카누를 타고 노를 저어 잔잔한 호수 가운데로 나가야 했다. 동쪽으로는 낮고 널찍한 두 산봉우리가 대칭을 이루며 지평선을 감싸 안고 있었다. 캠프 상담사는 보수가 턱없이 적었지만 비할

데 없이 귀중한 경험을 쌓을 수 있는 일자리였다. 내가 하버드에서 사사한 젊은 교수 브루스 베이커가 다른 모든 이들이 포기한 아이들을 돌보고 지도할 프로그램을 만들었다는 것도 인상적이었다. 아이들의 언어 구사력을 향상시키고 자해를 말리는 일은 힘들었지만, 그 과정에서 무척이나 많은 것을 배울 수 있었다. 우리가 세상을 바꿀 수 있을지도 몰랐다. 최소한 세상의 일부분이라도.

힘겨운 예비 교육이 끝나자마자 사흘 연속으로 비가 내렸다. 호수가 범람하는 바람에 개회식은 연기되었다. 축축하게 젖은 배낭과 곰팡이 핀 옷가지를 카누에 실어 고지대의 텐트에 옮겨놓은 뒤 모두가 차를 타고 케이프코드로 이동했다. 캠프장의 물이 빠질 때까지 그곳에 머물 예정이었다. 바다와 가까운 산호초 근처에서 달빛을 받으며 헤엄치는데 난생처음 보는 광경이 눈에 들어왔다. 인광성 미생물 군집이 바닷물과 모래밭에 남긴 연둣빛 자취였다. 마치 머리 위 하늘의 무수한 별 무리가 거울에 비친 것처럼 보였다. 이 세상도 아주 가끔은 마법적인 곳이 되곤 한다.

캠프장에 돌아온 뒤로는 아이들 숙소에서 숙직하지 않는 밤이면 동료 상담사 한두 명과 으슥한 곳에 숨어 대마초를 피우곤 했다. 내 단짝은 존 화이트라는 영리한 대학생이었다. 존은 심리학에 푹 빠져 있었고 스와스모어 대학교의 석박사 통합 과정에 입학할 예정이었다. 내 친구 중 최초로 커밍아웃을 한 사람이기도 했다. 존은 자신에 관해 뭐든 터놓고 얘기했다. 나 역시 바로 존을 신뢰하게 되어 아버지에 관한 생각들을 솔직히 털어놓았다. 나는 계속 내 정신 상태를 꼼꼼히 살피고 있었다. 나도 아버지가 겪었던 일들을 겪게 될까? 정신적으로 폭주한다면 나도 결국 미쳐버리고 말까? 아버지는 조현병이었을까, 아니면 조울증이었을까? 이런 얘기를 나눌 상대가 있다는 것만으로도 일시적으로나마 마음의 부담이 덜어지는 듯했다.

어느 토요일 아침이었다. 기상 벨 소리에 잠을 깬 나는 다른 텐트에 있는 존을 만나러 갔다. 우리 3인조의 마지막 멤버인 셰리는 중증 복합 행동장애 아동 숙소에서 숙직하고 온 참이었다. 머릿속은 맑았지만, 왠지 몸이 무겁게 느껴졌다. 내 안색이 나빴는지 존과 셰리가 당장 양호실로 가라고 다그쳤다. 주말 근무 중이던 노련한 선임 간호사가 내 혀 아래 체온계를 집어넣는 신참 간호사를 지켜보고 있었다. 신참 간호사는 내 입에서 빼낸 체온계를 살펴보고 눈이 휘둥그레지더니 겁에 질려 실신해버렸다. 고참 간호사 메리가 다행히도 깨지지 않은 체온계를 낚아채어 큰 소리로 내 체온을 읽어주었다. "40.9도."

나는 열을 내리기 위해 미지근한 욕조로 옮겨졌다. 캠프장을 둘러싼 나무와 그 안의 사람들이 눈앞에서 아른아른 흔들렸다. 환각이 바로 이런 건가 싶었다. 2차선 도로로 사십오 분을 달려 병원에 도착했지만, 시골이다 보니 주말 당직 의사는 없었다. 아마도 열 때문이었겠지만 그날 저녁 편두통을 예고하는 섬광이 나타나더니 곧바로 마른 구역질이 이어졌다. 하지만 몸 안에 수분이 없어서 토사물은 전혀 나오지 않았다. 다음 날 아침 일찍 간호사가 와서 체온을 재더니 이렇게 말했다. "37도네요. 무슨 수로 이렇게 빨리 회복된 거죠?"

캠프장에 돌아온 뒤에도 하루 이틀 쉬고 나서야 기력을 되찾을 수 있었다. 존을 비롯한 다른 직원들도 여럿 앓아누웠다고 했다. 침수로 모기가 번식한 탓에 발생한 저속 징후 바이러스성 폐렴이라는 주장도 있었지만, 내게는 딱히 폐렴 증상이 나타나지 않았다. 존과 나는 회복차 좀 더 건조한 목조 별채에 머물며 최상급 대마초를 즐겼다. 약 기운이 어느 정도 가라앉은 뒤 존이 식당에 가서 남은 음식을 챙겨왔다. 다른 사람들은 모두 잠든 지 오래였다. 존과 나는 바닷가로 산책하러 나갔다. 아직 온기가 남은 모래가 발아래에서 사각거렸고 머리 위에서는 별들이 아련하게 빛났다.

"있잖아, 방금 내 눈앞에 뭐가 보였는지 말해도 넌 못 믿을걸." 내가 말했다.

"방금 특A급 물건을 피운 참이니 뭐가 보였더라도 그리 놀랄 일은 아니지." 존이 빈정거리며 대답했다.

"그러니까, 방금 우표가 보였어. 에이브러햄 링컨의 옆모습이 그려진 우표 말이야."

존은 싱거운 듯 대답했다. "뭐 그리 재미난 얘기도 아니네."

하지만 나는 곧바로 이렇게 맞받아쳤다. "근데 말이야, 링컨의 옆모습이 눈앞에서 부활절 토끼로 바뀌지 뭐야."

"그건 좀 희한하네." 존이 대꾸했다.

"그러다가 부활절 토끼랑 링컨이 뒤섞여 우리 아버지 옆모습이 되더라고!"

"정신분석가가 약에 취한 널 만나면 엄청나게 기뻐하겠어, 스티브." 존은 이렇게 결론을 내렸다.

다음 해에는 지역 정신보건 운동에 관한 졸업 논문을 썼다. 미국 전역의 발달장애 청소년에게 전문가들이 시행하고 있는 최신 치료법을 조사한 글이었다. 학부생을 상주 치료사로 채용하는 지역 정신보건 센터의 다학제팀에서 근무하기도 했다. 나는 집 밖에서는 한 번도 말을 한 적이 없다는 열네 살 남자아이를 담당하게 되었다. 아이는 서서히 내게 마음을 열면서 내면의 감정과 통찰을 드러내기 시작했다. 사례 발표 대회에서는 이 아이를 놓고 열띤 논쟁이 벌어졌다. 문제는 실어증인가, 극단적인 사회 불안장애인가, 아니면 폐쇄적인 가족인가? 정신보건 분야는 하나로 통합되어 있다기보다 다양한 의견들이 엇갈리는 듯했다.

어느 날 '분노'를 주제로 하는 집단 수퍼비전 모임에 참여했다. 모임 진행자인 노련한 아프리카계 심리학자는 분노를 변화의 신호로 활용할 수도 있다고 침착하게 발언했다. 하지만 나는 그 말이 농담일 거라고 생각했다. 분노를 신호로 활용할 수 있다니? 내게는 가벼운 짜증조차 곧바로 활활 타오를 수 있는 폭발물이었다. 일단 감정이 촉발되면 무슨 수를 써도 막을 길이 없었다. 내가 그토록 힘겹게 감정을 억누르려 노력한 것도 당연한 일이었다.

낮이면 머릿속에서 온갖 아이디어가 불꽃놀이처럼 빵빵 터져나왔다(실비아 플라스가 《벨 자》에서 표현한 것처럼 말이다). 그럴 때면 나도 언젠가 심리학에서 소명을 찾을 수 있을 것처럼 느껴졌다. 하지만 밤이면 그 모든 게 멈추고 절망감이 엄습하는 일이 예전보다 훨씬 잦아졌다. 그럴 때면 결국 화장실로 달려가 자발적 구토를 하곤 했지만, 그것도 점점 더 어려워졌다.

나는 새 여자 친구를 사귀었다. 웰즐리 재학생인 피넬러피는 크고 반짝이는 눈에 진지하면서도 유머러스했으며 상냥하기까지 했다. 나는 피넬러피를 크리스마스 휴가에 콜럼버스로 데려가 가족에게 소개하기도 했다. 우리 사이는 점점 더 가까워졌다. 하지만 과연 어디까지 가까워질 수 있을까? 아버지 이야기는 솔직히 털어놓았지만 내가 밤마다 겪는 고통은 가능한 한 끝까지 숨기고 싶었다. 나 자신에게도 솔직해질 수 없는데 어떻게 누군가와 감정적으로 친밀한 관계를 기대할 수 있겠는가?

어느 겨울날 저녁이었다. 나는 늦게까지 도서관에 있다가 아버지의 전화를 놓쳤다. 내 룸메이트인 팀이 대신 전화를 받았다. 팀이 전해준 바에 따르면 아버지는 지금 집이 아닌 다른 곳에 계신다고 했지만 내가 전화할 연락처는 남기지 않았다. "정말로 너랑 통화하고 싶으신 것 같던데." 나는 다음 날, 또 그 다음 날에도 본가로 전화를 걸었지만 아무도 응답하지 않았다.

연구 논문 초고를 완성한 뒤 봄방학을 보내러 콜럼버스로 돌아갔다. 아버지를 따라 서재로 들어갔던 운명적인 4월 이후로 벌써 세 번째 맞는 4월이었다. 아버지는 이번에도 서재에서 나를 맞았다. 몇 달 전 내게 전화한 건 오하이오 주립대학교의 부분 입원* 병동에서였다고 했다. 겨울 동안 통제력을 잃고 편집증에 빠졌으며 멜라릴 복용량도 늘렸다고 했다.

마음속이 어지러웠다. 아버지가 아직도 삽화를 겪는다니! 그날 저녁 내가 도서관에서 빨리 돌아와 아버지의 전화를 받았다면 무슨 말을 들었을까? 뭔가 조치가 필요했다. 그것도 이른 시일 안에. 하지만 어떻게? 아버지의 고백은 나를 어린 시절의 숨막히는 죄책감에서 해방시켰지만 한편으로 나를 언제 죄어들지 모르는 철갑옷 속에 가두어버렸다. 내 사지와 몸뚱이는 갑옷의 무게에 짓눌려 야위어가고 있었다.

* 낮에만 병원에 머물며 치료를 받는 입원 방식.

다음 날은 고등학교 친구네 집에 놀러 갔다가 친구 어머니에게서 요즘 어떻게 지내냐는 말을 들었다. "아주 잘 지내요." 나는 정말로 그렇게 믿으려고 애쓰며 대답했다. "졸업논문도 완성했고요. 저에게 불가능이란 없어요."

"음, 안색이 그리 좋아 보이지 않는데." 그분은 나를 조심스럽게 살펴보면서 말했다. "사실 네가 이렇게 긴장한 모습은 처음 보는구나."

대학 졸업이 두 달 앞으로 다가왔다. 마치 해적에게 붙잡혀 바다로 뛰어들라는 지시를 받고 판자 위를 걸어가는 기분이었다.

9
새벽

그해 9월, 대부분의 학교가 개학하고 몇 주 지나 보스턴 테라피 센터가 개관했다. 시내 공립학교에서 퇴학당했거나 중증 학습 및 행동장애로 아예 입학하지 못한 아이들 여남은 명을 위한 최신 시설이었다. 매사추세츠는 미국 최초로 포괄적 특별교육법을 시행한 주였고, 이 법은 다음 해인 1975년부터 시행된 연방법의 모델이 되었다. 나는 캠프 프리덤에서의 두 번째 근무를 마친 지 몇 주 만에 어찌어찌 매사추세츠 정신보건 센터의 조정관으로 고용되었다. 1970년대 유행했던 콧수염에 머리띠를 두르고 있었지만, 히피 같은 외모에도 불구하고 이 분야에 대한 열정만은 넘쳐났다.

하지만 이렇게 서로 다른 아동과 청소년 열두 명이 한 지붕 아래 모인 적이 있었을까? 이 상황에서 누가 제일 당황했을까, 아이들 본인일까, 부모들일까, 아이들을 가르치게 된 직원들일까?

일곱 살 난 앤절라는 까만 머리칼에 알록달록한 구슬을 꿰어 쫑쫑 땋아 내린 모습이었다. 독실한 종교인인 어머니가 아침마다 직접 정성스럽게 땋아준다고 했다. 앤절라는 고개를 흔들고 손뼉을 치며 흥겹게 교실로 걸어 들어왔다. 스티비 원더, 오티스 레딩 등 온갖 스캣 재즈와 모타운 음악을 열창하면서. 그러다가 완벽한 울림을 자랑하는 독특한 목소리로 일요일 교회에 서 들었던 찬송가를 부르기 시작했다. 앤절라는 바로 맞은편에 있는 사람의 눈만 빼고 모든 곳을 바라보았고, 함박웃음을 띠며 두 눈을 지그시 감은 채 자기 노랫소리에 몰두하곤 했다. 하지만 노래를 멈추고 뭔가 다른 걸 해보게 하려고만 하면 곧바로 바닥에 나동그라져 고문당한 사람처럼 팔다리를 마구 휘저었다. 앤절라는 비트가 울려 퍼지는 자기만의 유리병 속에 갇혀 있었다. 누가 앤절라의 자폐적인 껍질 안으로 들어갈 수 있을 것인가?

열다섯 살 난 제임스도 있었다. 건장한 체격에 주근깨투성이인 제임스는 언제나 긴장한 상태라 온몸의 근육이 조각상처럼 딱딱하게 굳어 있었다. 이를 부득부득 갈았고 어깨와 팔이 경련하듯 움찔거렸는데, 내면의 불안 때문인지 아니면 강한 항정신병약물을 복용하고 있어서인지 알 수가 없었다. 교사가 "괜찮아, 제임스, 이제 들어가야지"라고 상냥하게 말하며 교실로 이끌고 가려 하면 제임스는 성이 나서 허파가 찢어지게 쇳소리를 지르며 가장 가까이 있는 아무 물건에나 주먹을 메다꽂곤 했다. "'괜찮아'라고 하지 마! 그 말 하지 말라고!" 제임스에게는 그 말이 무슨 의미였던 걸까? 아무도 몰랐지만, 제임스에게 특정한 단어를 써선 안 된다는 사실만은 다들 빠르게 터득했다. 제임스는 이미 가족과 함께 사는 보스턴의 판잣집 방 한두 개를 망가뜨렸다고 했다.

여덟 살 난 귀염둥이 빅터가 도착했다. 빅터를 포함한 여섯 남매 모두 인지장애가 있는 마약 중독자 부모에게 방치와 학대를 당했다. 빅터는 남들의 무릎 위에 와 앉을 때나 쉬는 시간에 농구를 할 때, 항상 마주 웃어줄 수밖에 없을 만큼 활짝 웃는 아이였다. 하지만 빅터에게 종이에 적힌 글자는 수수께끼의 상형문자와도 같았다. 빅터가 읽는 법을 배울 가능성은 거의 없었다. 부모의 구타 때문일까, 굶주리며 지낸 시간 때문일까, 유전자 때문일까? 아니면 이 모든 요소의 복합적인 유해성 때문일까? 감정을 주체할 수 없게 되면 빅터는 단 한 마디를 되풀이하며 흐느껴 울곤 했다. "죄송해요, 죄송해요, 죄송해요, 정말 죄송해요." 잠시 동안이나마 부모의 매질을 멈추게 할 수 있는 유일한 단어였으리라. 이 아이가 자라면 과연 어떤 사람이 될까?

아홉 살이지만 거의 종일 쪼그리고 누워만 있는 에르네스토도 있었다. 에르네스토는 단 한 번도 말을 한 적이 없었고 앞으로도 쭉 그럴 가능성이 컸지만, 열정적인 갈색 눈을 들여다보면 풍요로운 내면을 지닌 아이라는 걸 알 수 있었다. 출생 직후의 산소 결핍 때문에 언어로 소통할 수 없게 되었긴 해도 말이다. 에르네스토도 집에서는 생기를 띠고 이것저것 가리키며 손짓할 때가 있다고 했다. 남매들에게 자기 몸을 간지럽혀 달라거나 밥을 먹여달라며 걷잡을 수 없이 깔깔 웃는다고. 하지만 이 아이를 어떻게 학교에 적응시킬 것인가? 에르네스토는 며칠 이상 학교에 다녀본 적이 없었고, 사랑하는 가족의 품을 벗어나면 당황해서 내면으로 파고들어버렸다. 목구멍으로 낑낑 신음을 내며 세상에서 달아나려는 듯 새처럼 야윈 몸을 움츠리는 것이었다.

열일곱 살이 다 된 로널드는 또 어떤가? 그 녀석은 어슬렁어슬렁 교실로 들어와 반 친구들을 흘깃 쳐다보더니 얼굴을 찡그리며 주머니 속 나이프를 더듬어 찾았다. 하지만 담당 교사인 필이 따끔하게 쳐다보며 이리 내놓으라고 하자 나이프 대신 빗을 꺼내 머리를 매만지는 척했다. '내가 여기서 이런 애들하고 뭘 하는 거야? 어쩌다 이 미치광이 꼬마들과 한 곳에 처박히는 신세가 됐지?' 표정만으로도 이렇게 생각하고 있는 게 훤히 보였다. 그곳이 소년원보다는 나았을 텐데도 로널드는 시큰둥한 기색이었다. '내가 쟤들만큼 구제 불능이란 말이야?'

열세 살 난 달린은 저소득층 주택단지에 사는 여자아이였다. 듣기 좋고 느릿한 남부 사투리를 썼지만, 학교 공부는 힘들어해서 2학년 진도도 간신히 쫓아가는 정도였다. 제대로 관리되지 않는 분열성 발작 증상도 있었다. 센터의 의료 상담사들은 달린의 부모가 과도한 스트레스와 빈곤 탓에 딸에게 꼬박꼬박 약을 먹일 여력이 없는 것 같다고 말했다. 달린의 지능지수를 고려할 때 스스로 약을 챙겨 먹는 건 무리였다. 그런데도 달린이 환하게 웃을 때마다 다일랜틴*을 너무 많이 오랫동안 복용하여 손상된 잇몸 상태가 여실히 눈에 들어왔다. 달린도 자기 이가 입에 비해 너무 크다는 건 잘 알았지만, 그래도 살아 있다는 기쁨을 억누를 수 없는 듯했다. 이 아이가 과연 자립적으로 살아갈 수 있을까?

젊고 부지런한 직원들이 날마다 야근을 마다하지 않고 일한 덕분에 몇 주 지나지 않아 학급 질서가 세워졌다. 아이들 각자의 눈높이에 맞춘 진도에 따라 보상 체계도 시행했다. 센터의 생활 습관 기록표에 진전의 기미가 나타나기 시작했다. 나는 교사들을 감독하고 가정방문을 하고 방과 후 부모 상담을 진행했다. 어마어마하게 큰 책임이었지만, 내가 대학 생활 내내 꿈꾸고 바랐던 업무이기도 했다.

달린은 청소년반에 다녔다. 어느 날 아침 친구들과 함께 센터에 도착한 달린은 평소와 달리 몽롱하고 살짝 흥분한 모습이었다. 그러다 수업 도중에 불쑥 일어나더니 덜덜 떨며 비틀거렸다. 필이 서둘러 달린의 팔을 잡고 복도로 데리고 나오자마자 신호라도 온 것처럼 발작이 시작되었다. 달린의 몸이 경련하며 털썩 쓰러지더니 심한 뇌전증 발작으로 뒤틀렸다. 이러다가 아이가 다칠 것 같아서 우리는 반쯤 정신을 잃은 달린을 교무실에

* 뇌전증 약의 상표명.

눕혀놓기로 했다. 달린은 얼마 후 정신을 차리나 싶었지만, 또 다시 눈을 뒤집으며 발작하더니 사지를 채찍질하듯 휘둘렀다.

이것이 '뇌전증 지속 상태', 즉 대발작이 한 번 이상 연달아 일어나는 현상이란 걸 필도 나도 잘 알고 있었다. 연쇄 발작을 중단시키지 않으면 뇌 손상이나 사망까지 갈 수도 있었다. 내가 전화를 걸자 몇 분 만에 구급대가 출동했다. 필은 자기 차에 올라 구급차를 따라갔고, 나는 다른 교사 한 명과 함께 나머지 아이들을 맡아서 그날 수업을 무사히 끝냈다.

오후에 드넓은 하버드 의대 캠퍼스를 지나서 달린의 병실에 도착했다. 의사들이 달린의 어머니에게 반드시 매일 약을 먹이라고 당부하는 중이었다. 달린은 발륨 정맥주사를 맞고 있었다. 어리둥절한 것 같았지만 평소처럼 환히 웃는 얼굴이었다. 마침 십 년 전부터 사용된 이 '진정제'에 관한 임상 보고서들이 나오기 시작하던 참이었다. 애초에 바르비투르산의 중독성 없는 대체재로 개발된 약이었지만, 이 약 또한 불안증이나 불면증에 무분별하게 처방하면 환자가 중독될 수 있다는 내용이었다. 하지만 당시 내게 발륨은 통제 불가능한 발작을 막아 달린의 목숨을 구해준 약이었다. 현대 의학의 또 다른 기적이라고 할 만했지만, 달린과 다른 여러 아이에게 필요한 것은 소통, 지식 그리고 이해라는 훨씬 단순한 기적이었다. 이들에게 충분한 돌봄 인력과 교육 프로그램, 과학 지식과 헌신이 주어질 수만 있다면.

과연 내게 이 상황을 바꿀 능력이 있을지 의문이었다. 사실 나는 테라피 센터의 아이들뿐만 아니라 나 자신을 위해서도 기적을 고대하고 있었다. 보아하니 아주 많은 기적이 필요할 것 같았다.

*

그해 6월, 하버드 야드의 짙푸른 잔디밭에 들어선 거대한 순백색 천막 위로 금빛 햇살이 쏟아지고 있었다. 삼백 명 넘는 학생이 졸업하는 날이었다. 나도 그들의 일원이자 몇 안 되는 최우등 졸업생 중 하나로서 행렬 앞쪽에 서 있었다. 나는 단상 위로 불려 나가 사회 활동과 학문 탐구를 가장 잘 병행한 졸업생에게 주어지는 에임스 상을 받았다. 인파 가운데 부모님과 샐리 그리고 외할머니가 보였다. 다들 함께 오하이오에서 차를 타고 달려왔다. 가장 기쁜 건 신입생 시절부터 하버드를 전세 낸 것처럼 굴던 뉴잉글랜드 사립학교 출신들을 이겼다는 점이었다. 내심 으쓱해졌다. 중서부 공립학교 출신도 충분히 잘해낼 수 있다고!

하지만 그 어떤 학문적 명예도 내 심신에 뻥 뚫린 거대한 구멍을 채워줄 순 없었다. 고통스러운 밤이 이어지면서 졸업식 날 받은 갈채도 빠르게 기억 속에서 흐려졌다. 내 삶의 실꾸리가 마구 풀려 뒤엉키고 있었다. 살이 죽죽 빠지기 시작했다. 아버지에게 도움이 될 수 없다면 그간의 모든 배움이 무슨 소용인가? 아버지가 청소년 시절부터 겪은 막중한 고난을 내가 아니면 누가 해결할 수 있겠는가? 자꾸만 어느 쪽이 더 나쁜지 질문해보게 되었다. 아버지의 망상을 분석함으로써 아버지를 치료할 수 있다고 착각한 정신분석가들인가, 적절한 약물과 무시무시한 충격 요법으로 아버지를 회복시킬 수 있다고 확신한 생물정신의학자들인가? 내게 필요한 통합적 관점은 어디 있는가? 아버지의 상황이 편향된 시각으로는 판단할 수 없을 만큼 복잡하다는 인정은?

졸업식이 끝난 뒤에는 다시 소나무 숲속의 캠프 프리덤을 찾아갔다. 언젠가는 나도 이런 프로그램을 진행할 수 있었으면 했다. 젊은 직원들을 훈련하고 사회의 소수자들을 변호하며 이런 활동이 아동과 가족에 미치는 영향을 연구하고 싶었다. 하지만 내가 과연 그런 위치에 이를 수 있을까? 날마다 오전 수업을 마치고 아이들이 호수에서 헤엄치는 나른한 오후를 보내다 보면 어느새 공용화장실에서의 끔찍한 의식을 각오하며 내 안에서 체증과 불면의 징조를 찾고 있었다. 그 시간쯤엔 부디 모두가 깊이 잠들었기만을 바라면서. 하지만 눈 가리고 아웅 하는 셈이었다. 손가락을 넣어 억지로 하는 구역질은 점점 격렬해졌고, 숲속 목조 별채의 얄팍한 벽에 방음 효과라고는 거의 없었으니까.

나도 낮에는 활기와 결단력이 넘쳤지만, 밤이면 점점 더 마음을 다잡기가 어려워졌다. 풀줄기와 돌멩이를 움켜쥐고 가파른 절벽에 간신히 매달려 있는 기분이었다. 어두운 구렁텅이로 떨어지지 않고 끝까지 버틸 자신이 없었다. 게다가 내가 겪은 대부분의 인간관계보다도 뉴햄프셔의 산과 호수가 훨씬 더 황홀하고 짜릿하게 느껴졌다. 이런 내가 어떻게 누군가와 깊은 유대를 맺을 수 있겠는가?

프로그램이 반쯤 진행되었을 무렵 브루스 베이커가 나를 관리자 사무실로 불렀다. "올해 여름은 좀 어떤가, 스티브?" 그는 쾌활하게 물었다. "가을에 일할 자리는 구했고?" 나는 시무룩하게 고개를 저었다. 내게 미래가 전혀 없을 것 같아서 걱정스러웠다. 베이커는 보스턴의 심리학자에게서 새로운 교육 프로그램을 책임질 석사급을 찾는다는 전화를 받았다고 했다. 그 말을 듣자마자 자기 캠프에 이제 막 학부를 졸업했고 경험도 풍부한 직원이 있다고 대답했다는 것이다. 어찌 된 상황인지 파악하기도 전에 나는 면접을 보러 보스턴에 가게 되었다. 그리고 8월 중순쯤 테라피 센터 조정관이라는 직함을 얻어 열심히 수업 계획을 짜기 시작했다.

개학에 앞서 잠시 오하이오의 본가에 다녀왔다. 아버지와 나는 대화를 미리 계획하지 않고 화제가 자연스럽게 흘러가게 내버려두었다. 그날 아버지는 오하이오의 정신병원에 있었던 시기에 관해 얘기했다. "어떨 땐 수업 도중에 정신이 마구 고양되는 것 같았지. 비합리적이기 그지없는 생각들이 떠오르곤 했어. 내가 철학계의 비밀을 열 열쇠를 발견했다고 굳게 믿었지. 그러다 보니 어느새 다시 입원해 있더구나." 아버지는 그럴 때마다 묘하게 익숙한 기분이 들었다고 했다. 이제야 알 것 같았다. 아버지가 어떤 면에서는 삽화를 **기다렸고** 필연적인 일이라 여겼다는 걸.

아버지는 밥 삼촌 이야기도 했다. "너희 할아버지뿐 아니라 삼촌들도 전부 편두통을 앓았는데, 가족 중에서 밥 형의 증상이 가장 심했을 게다." 삼촌은 오래전부터 스스로에게 진통제를 처방하고 있었다(의사였으니 충분히 가능한 일이었다). 처음에는 경구 바르비투르산이었지만 나중에는 몸에 직접 주사를 놓았다. 결국 합병증이 발생했고, 주사를 놓은 부위 주변에 혈전이 생겨 마침내 다리를 절단할 수밖에 없게 되었다. 중학생 시절에 들었던 정적인 생활 때문이란 핑계와는 얼마나 다른 이야기인가. 내가 거의 평생을 모르고 지냈던 진실이 마침내 드러난 것이다. 나는 전혀 몰랐던 일들이 또 얼마나 더 있는 걸까? 아버지가 말을 이었다. "그러다 보니 이제 신부전도 생겼대. 곧 투석을 시작할 예정이다. 입원하면 비용이 너무 많이 들어서 집에서 하겠다는구나." 아버지를 구하고 내 편을 들어주었던 밥 삼촌이 이런 처지가 되다니. 우리 집안사람은 심지어 성공하더라도 결국에는 영락할 운명인 걸까.

하지만 나에게 가장 중요한 관심사는 아버지의 진단에 얽힌 수수께끼를 푸는 것이었다. 내겐 남은 시간이 그리 많지 않았다.

피넬러피와 나는 헤어졌다. 캠프 프리덤에서 사귄 친구들이 콜럼버스 기념일* 연휴 사흘 동안 같이 등산을 가자고 했다. 새로운 교육 프로그램을 출범시키려고 고생한 터라 나도 휴식이 절실했다. 일정 대부분은 뉴햄프셔주 북부의 프레지덴셜산맥 수목한계선 위에서 지내게 될 터였다. 한밤중에 동부 해안에서도 가장 높은 산봉우리 위에서 가슴이 답답해지면 어떡하지? 그곳에는 남몰래 숨어서 구토할 장소도 없을 텐데. 워싱턴산은 지구에서 가장 강한 풍속(시속 372킬로미터)이 측정되었다는 표지판이 세워진 곳이었다. 하지만 그렇다 해도 산에 간다는 생각은 유혹적이었다.

고지대에는 이른 눈이 두껍게 덮여 있었다. 등산로를 올라가는 사이 기점에 쌓여 있던 부드러운 노란색과 주황색 낙엽 카펫은 자취를 감추고 기온이 영하로 떨어졌다. 고개를 들면 푸른 하늘이 청명하게 반짝였고, 추운 날씨에도 껴입은 옷 아래로는 땀방울이 맺혔다. 우리는 대피소에 들어가 버너로 저녁을 지

* 크리스토퍼 콜럼버스의 아메리카 대륙 발견을 기념하는 미국 국경일로 10월 둘째 월요일.

어 먹었다. 머리 위에서 수억 광년 거리의 별빛이 점점이 반짝였다. 나는 피곤했지만 유쾌한 기분에 젖어 어느새 잠들어버렸다. 다음 날은 애덤스산을 지나 워싱턴산까지 이동했다. 세찬 바람에 눈 무더기가 흩날려 소용돌이쳤다. 공기는 경이로울 만큼 맑았다. 한 바퀴 빙 돌면 발아래 캐나다와 버몬트주, 매사추세츠주의 전경이 360도로 눈에 들어오고 지평선 가까이 대서양까지 어렴풋하게 내다보였다.

적어도 내 안의 끔찍한 지옥에서 벗어날 수 있는 은신처를 발견한 셈이었다. 자연의 품에 안기면 잠시나마 휴식을 취할 수 있었다. 하지만 휴식이 대체로 그렇듯 그것도 오래가지는 못했다.

*

변화의 조짐이 느껴졌다. 베이커는 하버드에서의 조교수 임기를 마치고 UCLA로 떠났다. 이사회는 캠프 프리덤의 새로운 관리자를 구했다. 내게는 2인자 격인 프로그램 관리자 자리가 주어졌다. 직원들을 조직하고 치료 프로그램을 감독하는 일이었다.

쌀쌀한 추수감사절 주말 보스턴 외곽의 농장에서 셀레스트라는 여자를 만났다. 눈부시게 하얀 눈 위로 나무와 농가의 긴 그림자가 드리워져 있었다. 작지만 탄탄한 몸집에 단도직입적이고 유쾌한 성격의 셀레스트는 의사가 될 예정이라고 했다. 나는 셀레스트를 다시 만나고 싶어 죽을 지경이었고 그쪽에서도 내게 호감을 느낀 게 분명했다. 그해 겨울 우리는 다른 친구 몇 명과 함께 차로 캠프 프리덤에 가서 주말을 보냈다. 캠프장은 자작나무 아래 쌓인 눈 말고는 아무것도 없이 텅 비어 있었다. 산과 언덕을 배경으로 헐벗은 나무들이 아련한 잿빛과 은빛을 띠었다. 꽁꽁 언 호수 위에서의 크로스컨트리 스키는 여름에 즐겼던 카누 타기의 좋은 대체물이었다. 우리는 사무실 벽난로에 불을 피우고 밤새 따뜻하게 지냈다. 나는 사랑에 취하고 누군가와 연결되었다는 느낌에 들떴다.

"너희 가족 얘기 좀 들려줘, 스티브." 어느 날 셀레스트가 말했다.

"음, 우리 아버지는 철학자고 어머니는 오하이오 주립대에서 영어를 가르쳐. 내 여동생은 언어 치료를 전공하는 중이고." 하지만 더는 말을 이어갈 수 없었다. 아직은 그럴 엄두가 나지 않았다. 셀레스트는 과연 우리 가족을 어떻게 생각할까?

그래서 나는 이렇게 말했다. "네 얘기도 좀 더 들려줘. 나한테 바짝 붙어서 말이야."

나는 유대 관계에 지독하게 굶주려 있었다. 하지만 내 정신이 멀쩡하지 못한 상황에서 어떻게 진정한 유대를 맺을 수 있겠는가? 저녁마다 견디는 의식을 셀레스트에게 숨기기가 점점 더 어려워지고 있었다. 실오라기처럼 가느다란 밧줄을 건너려는 곡

예사가 된 기분이었다.

나는 봄방학을 맞아 콜럼버스의 본가로 돌아갔다. 덕분에 아버지가 학회에 참석하러 집을 떠나기 전에 한 번 더 대화를 나눌 수 있었다. 하지만 그러고 나서는 셀레스트가 보고 싶어서 조바심 내며 집 안을 오락가락했다. 항공사에 예약 변경 전화를 걸어 대기석을 확보하고 간신히 시간에 맞춰 공항에 도착했다. 그리고 로건 공항에 내리자마자 셀레스트의 집으로 달려갔다.

셀레스트는 내가 그렇게까지 했다는 데 놀랐는지 "왜 벌써 왔어?"라고 물었다. 그녀의 눈빛이 반짝였다. 우리는 서로를 껴안았다. 한순간 내 안의 갈망이 그동안의 모든 공허를 메울 수 있을 만큼 거대하게 느껴졌다. "너를 항상 볼 수 있으면 좋겠어." 나는 마음속의 확신에 스스로도 놀라며 더듬더듬 말을 꺼냈다. "지금 당장 너랑 사랑을 나누고 싶어." 셀레스트가 눈살을 찌푸리는 게 보였다. 이미 늦었다. 이제 어떻게 될지는 뻔한 일이었다.

"스티브, 이제 더는 안 되겠어." 셀레스트의 목소리에서 거부감이 묻어났다.

"하지만 셀레스트 너도 나랑 같은 마음이잖아? 너도 그렇단 걸 알아." 나는 간절히 애원했다.

"그 정도는 아니야." 셀레스트가 냉랭한 목소리로 대꾸했다. "난 프라이버시가 필요해."

나는 짐을 챙겨 케임브리지로 돌아갔다. 풋볼 경기에서 기습 공격이라도 당한 것처럼 어지러웠다. 격렬한 사랑에 빠져 고민을 잊으려는 건 옳은 길이 아니었다. 사랑이란 고통에서 탈출하기 위한 수단이 아니니까.

*

나는 푸르른 6월에 뉴햄프셔주로 돌아갔다. 이번에는 직원 관리자로서 예비 교육 주간을 직접 진행해야 했다. 준비를 마치려면 우선 전체 일정부터 완성해야 했다. 이전의 프로그램 관리자들은 밤새워 일정을 짜곤 했다. 캠프가 시작되기 전에 참가할 아동 각각의 사전평가 자료를 취합해 숙련도, 교실, 담당 교사에 따라 팀을 짜고 거대한 도표를 만드는 작업이었다. 정보가 다 들어올 때까지 기다리려면 금요일 전에는 완성하기가 불가능했지만, 마감을 하루라도 더 미룰 수는 없었다. 주말이 되면 근심에 잠긴 부모들이 차를 몰고 나타날 테고, 그들이 아이를 내려놓고 떠나면 곧바로 7주간의 일정이 시작될 것이었다.

나는 평생 밤을 새워본 적이 없었다. 무슨 일에서든 늦는 것을 싫어했고 항상 마감일보다 훨씬 앞서 과제를 제출했으니까. 하지만 이제는 벼락치기를 해야 할 때였다. 그해의 프로그램 전체가 이 하룻밤에 달려 있었다. 나는 판자 책상 위에 서류와 보고서를 온통 흩어놓고 거대한 도표를 몇 번이나 고쳐 그렸다. 개인용 컴퓨터가 없던 시대였으니 결코 만만한 작업이 아니었다.

라디오를 흘끗 보니 어느새 새벽 네 시 반이 되어 있었다. 나는 당황하지 않으려고 애쓰며 내가 평소 일과를 벗어난 건 그럴 필요가 있었기 때문임을 다시 한번 되새겼다. 잠시 바깥 공기를 쐰 다음 몇 시간 휴식을 취하기로 했다. 잠들어 기상 종소리를 못 듣고 거대한 석조 식당의 난로 굴뚝에서 흘러나오는 연기 냄새도 맡지 못해 아침 식사를 놓칠까 봐 걱정되긴 했지만.

내 작은 숙소는 좁다란 오시피 호숫가 오른편에 있었다. 나는 앞문을 열고 유리판처럼 매끄러운 수면을 내다보았다. 눈앞에서 3미터도 채 되지 않는 곳에 무수한 물안개 기둥이 피어오르며 춤추고 있었다. 검푸른 호수를 가로질러 3킬로미터 떨어진 건너편 기슭까지. 나는 그 태초의 풍경 위로 서서히 밝아오는 새벽하늘을 응시했다. 동녘을 돌아보니 눈부신 색채가 눈을 사로잡았다. 베이지색과 노란색, 살구색과 보라색이 찬란하게 뒤섞이다가 서서히 짙은 주황색 여명을 이루더니 마침내 호수 건너편에서 대칭을 이룬 낮은 산봉우리 바로 위로 해가 떠올랐다. 귀에 들리는 것이라고는 새벽녘부터 드문드문 울어대는 이름 모를 새의 노랫소리뿐이었다.

호숫가에서 몸을 돌려 뒤쪽 캠프장을 바라보니, 그날의 첫 햇살이 저 아래 모래밭에 솟은 거대한 소나무 숲 그림자를 관통하고 있었다. 나는 다시 호수 쪽을 돌아보았다. 주변 세상의 장엄함에 압도된 채 점점 환해지는 하늘과 그 아래 펼쳐진 광경 전체를 가슴에 새겼다. 그런 다음 더는 눈을 뜨고 있기 어려워지자 계단 세 개를 올라 숙소로 들어갔다. 문을 닫고 몇 시간 동안 깊은 단잠에 빠졌다.

나는 이중생활로 기진맥진해 있었다. 낮에는 열정적인 프로그램 관리자였지만 밤이면 거의 항상 패배하고 고통받는 영혼에 지나지 않았다. 설상가상으로 캠프에도 심각한 문제가 나타나고 있었다. 새로 온 관리자는 안 좋은 의미에서 여러모로 완고했으며, 참가자와의 필수 상담을 망친 뒤로 연거푸 부적절한 행동을 보였다. 부모들은 성을 냈고 직원들은 초조해했으며 아이들은 계획대로 지도받지 못하고 있었다.

한여름에 이사회가 비상회의를 소집했다. 보스턴과 뉴햄프셔 남부에서 달려온 이사들이 음울한 얼굴로 차에서 내렸다. 다음 날 베이커와 이사회 의장이 나를 회의 석상에 불렀다. "자세한 이야기는 안 하겠네. 아무래도 새로운 관리자가 필요할 것 같아, 스티브." 두 사람이 엄숙하게 말했다. "남은 몇 주 동안 자네가 관리자 대행을 맡아주지 않겠나?"

나는 깜짝 놀라면서도 그러겠다고 대답했다. 내가 간신히 치켜들고 있던 역기가 갑자기 수백 킬로그램이나 더 무거워진 셈이었다. 그날 저녁 캠프에서 오래 일했던 영리한 박사과정 학생 하나가 눈을 번득이며 나를 한구석으로 데려가더니 이렇게 말했다. "내가 한마디만 할게, 스티브. 이 캠프에서 네가 키잡이가 되어 모든 게 잘 굴러가는 한 나는 네 편이 될 거야. 다른 사람들도 전부 마찬가지고." 그러더니 눈을 돌리며 말을 이었다. "하지만 뭔가 잘못된다면 책임은 전부 네 몫이야. 난 상관없는 일이라고."

나는 온몸에 전율이 스치는 것을 느꼈지만 아무렇지 않은 척 그의 빈정거림에 웃어주려 애썼다. 관리자 숙소로 옮겨서 자료를 정독하고, 8월 중순에 마지막 참가자가 먼지투성이 주차장을 떠나가는 그 순간까지 아무런 사고가 없기만을 간절히 빌었다. 마침내 캠프가 끝나고 직원 뒤풀이 파티가 열렸을 때 나는 뉴잉글랜드 전체가 울릴 만큼 깊은 안도의 한숨을 내쉬었다.

*

늦여름이 지나고 가을이 올 무렵에는 푹 꺼진 눈 아래 짙은 그늘이 생겼다. 체중도 대학에 다닐 때보다 5킬로그램 가까이 줄었다. 테라피 센터에서의 2년 차 근무가 시작된 날 직원에게 "괜찮은 거예요?"라는 말까지 들었으니까. 한밤의 의식은 점점 더 잦아지고 고통스러워졌지만 나는 여전히 아무에게도 비밀을 털어놓지 않았다.

센터에서 새로 채용한 로버타라는 교사가 있었다. 나보다 두 살 위인 로버타는 정치에 관심이 많았으며 신비롭고 이국적인 매력이 있었다. 로버타는 샌프란시스코에 산 적이 있었고 구르지예프*를 연구했으며 공유 텃밭에서 농사를 지었고 센터에서 가장 거친 아이들도 즐겁게 가르쳤다. 이 사람이라면 열정적인 만큼 현명하고 사려 깊지 않을까? 나는 로버타와 점점 친해졌다. 초가을 무렵에는 노스케임브리지의 아파트까지 걸어서 로버타를 바래다주고 용기를 내어 데이트 신청을 했다. 놀랍게도 로버타도 선뜻 동의했다.

이제는 모험을 해봐야 할 때였다. "당신한테 우리 가족 이야기를 해줘야 할 것 같아. 특히 아버지 이야기 말이야. 아버지는 내게 정신병원에서의 경험을 들려주신 적이 있어. 여러모로 힘들게 살아오셨지." 나는 눈을 내리깔고 말을 이었다. "내 생각엔 아버지의 증상이 아주 오랫동안 오진된 것 같아."

"더 얘기해줘." 로버타의 목소리에 비난의 기색이라고는 손톱만큼도 없었다. 나는 머뭇거리면서도 더 많은 이야기를 털어놓았다. 심지어 내 한밤의 구토 의식에 관해서도 언급했다. 계속 얘기하다 보니 나의 단조롭고 편협한 생활이 부끄러워져서 여러모로 모험을 시도해본 로버타가 정말 멋지다고 말했지만, 로버타는 곧바로 반박했다. "당신도 많은 모험을 했잖아. 다만

* 19~20세기 러시아의 철학자이자 신비주의자.

모험의 성격이 달랐던 것뿐이야. 당신이 진행하는 프로그램과 떠맡은 책임을 생각해봐." 그 말을 듣자 가슴속에서 자부심이 솟구쳐올랐다.

9월 말의 어느 날이었다. 아파트 침실에 누워 있는데 그날 밤도 고통스럽겠다는 예감이 들었다. 오후 늦게부터 가슴이 답답하고 뱃속이 불편해서 마음이 초조했다. 오늘도 자발적 구토를 하지 않으면 잠을 못 자겠구나. 나는 엄습하는 절망감 속에 침대에서 몸을 일으키려 했지만 왜인지 미적거리며 가만히 누워 있었다. 그저 너무 피곤했기에 할 일을 조금만 더 미루기로 마음먹은 것이다.

빨리 일어나야 한다는 생각이 들었지만, 더 시간을 끌면 끔찍한 대가를 치러야 하리라는 걸 알면서도 나는 몇 분간 그대로 있었다. 엄청난 도박이었다. 내 온전한 정신 상태가 위기에 처해 있었다. 하지만 놀랍게도 내 몸은 점점 더 침대에 깊이 파묻혔다. 나는 기묘한 혼수상태에 빠져들었다. 한순간 퍼뜩 경악하며 일어나려 했으나, 다음 순간 약 기운처럼 혼곤한 졸음이 몰려왔다. 정신을 차렸을 때는 알람 시계가 울리고 있었다. 그사이 여덟 시간이 지났다는 의미였다.

금요일 오후 헤이마켓 스퀘어에서 로버타를 만났다. 우리는 싱싱한 과일과 채소 판매대에 몰려든 인파 사이를 거닐었다. 상인들이 큰 소리로 가격을 외쳤다. 두툼한 조각 피자를 파는 사람도 있었다. 오른쪽의 고속도로에서는 끊임없이 차량 소음이 들려왔다. 오전에는 하늘이 맑았지만 어느새 잿빛 안개가 끼고 선선해져 있었다. 전형적인 뉴잉글랜드 날씨였다. 수십 년 전에 윌리엄 푸트 화이트가 이제는 고전이 된 저서 《길모퉁이 사회 Street Corner Society》를 저술한 노스엔드가 바로 이 근처였다. 바깥 날씨는 음울했지만 내 가슴속에서는 은밀한 기쁨이 따뜻한 불씨처럼 타오르고 있었다. '앞으로는 나 자신을 고문할 필요가 없어. 그냥 가만히 누워서 잠들면 돼.'

로버타도 기뻐해주었다. "이젠 당신 몸이 알아서 할 거야." 그 말은 내 마음속에 싹튼 희망을 한층 북돋워주었다. 그해 늦가을 나는 비강 수술을 받았다. 불면에 대한 두려움을 통제하기 위해 이완훈련과 행동치료도 받았다. 하지만 더욱 중요한 건 9월 말의 그날 밤 이후로 내가 두 번 다시 자발적 구토를 하지 않았다는 사실이다.

정신적 위기가 길어지면서 내 몸 상태가 얼마나 악화되었는지 돌이켜보면 그저 놀라울 뿐이다. 자발적 구토를 오래 계속할 수는 없었을 것이다. 머지않아 격심한 신체적·감정적 후폭풍이 나타났을 테니까. 그런 짓을 한 건 광증이 나타날까 두려운 마음 때문이었을까? 아니면 편두통 경험에 따른 일종의 미신적 행동이었을까? 오랫동안 숨겨져 있던 우리 가족의 저주를 알게 되면서 상징적으로 토해내고 싶었던 게 아닐까? 상관없다. 중요한 건 낙인이 문제였다는 사실이니까. 나는 내 심장을 향해 곧바로 날아오고 있던 총탄을 간신히 피할 수 있었다.

*

주말이 몇 번 지난 뒤 부모님이 항공편으로 뉴잉글랜드에 찾아왔다. 우리는 단풍이 절정에 이른 뉴햄프셔를 드라이브했다. 내가 항상 꿈꿔온 완벽한 가을날이었다. 짙푸른 하늘을 배경으로 상상할 수 있는 모든 색채를 띤 나무들이 늘어서 있었다. 부모님은 캠프 프리덤을 방문하자마자 내가 그곳의 호수와 산에 느끼는 애착을 이해하게 되었다.

부모님이 머물던 마지막 날은 구름이 끼었다. 비가 한바탕 쏟아질 것 같았다. 아버지가 차에서 낮잠을 자는 동안 어머니와 나는 캠프에서 호수 건너편에 보이는 낮은 쌍봉우리 산에 오르기로 했다. 동녘 하늘에 솟아나 있는 그 산을 그때까지 수천 번은 보았지만 한 번도 직접 올라간 적이 없었기 때문이다. 경사도도 적당해서 잠시 바람 쐬러 가기에 딱 좋은 곳이었다. 어머니도 기꺼워하며 따라나섰다.

등산로 낙엽에서 습한 흙냄새가 물씬 풍겼다. 하지만 반쯤 올라갔을 때 어머니가 갑자기 탈진해 주저앉았다. 나는 어머니가 기운을 차리길 기다렸다. "넌 꼭대기까지 올라가렴." 어머니가 구부정하게 앉아서 말했다. "나도 슬슬 따라갈 테니까, 내려오는 길에 합류하면 되잖니." 그 말에 나는 깜짝 놀랐다. 평소 어머니는 무슨 일이든 포기하지 않는 성격이었으니까.

나는 나머지 길을 빠르게 걸어갔다. 정상에 오르니 호수 뒤편에서 우리 캠프까지 내다보였지만, 산봉우리가 전망을 가리고 있었다. 어머니를 찾으러 서둘러 내려가 보니 어머니는 아까 나와 헤어진 지점에서 얼마 떨어지지 않은 곳을 터덜터덜 걷고 있었다. 나는 어머니 곁에 꼭 붙어서 천천히 등산로를 내려왔다. 몇 주 지나 전화로 어머니가 활액낭염 진단을 받았다는 얘기를 들었지만, 알고 보니 그것도 오진이었다. 며칠 뒤에 전문가가 내린 정확한 진단은 류머티즘 관절염이었다. 이후로 몇 년 동안 어머니는 하루 열여섯 알의 아스피린에서 저용량 스테로이드, 미오크리신 주사, 페니실라민을 거쳐 결국 항암제까지 처방받게 되었다. 어머니의 면역계가 체내 결합조직을 공격하는 상황을 어떻게든 중단시키기 위해서였다.

"그간 계속 나를 보살피느라 받은 스트레스가 분명 한몫했을 게다." 서재에 있던 아버지가 침울한 목소리로 말했다. "류머티즘 전문의 말로도 충분히 그럴 수 있다더구나." 나 역시 동의할 수밖에 없었다.

어머니는 대외 활동을 계속했다. 특유의 공감 능력으로 관절염 재단 대표에까지 올랐고 국가위원회에서 일하기도 했다. 하지만 앞으로 어떻게 될지는 분명했다. 결혼 이후 그 누구와의 소통이나 지원도 없이 고난에 대처하느라 어머니의 신경계와 면역계는 쭉 긴장한 상태였다. 확실히 증명할 길은 없겠지만, 이후로 사십 년간 어머니의 몸 구석구석에 문제가 생기고 면역계가 자기 조직을 공격하게 된 건 무엇보다도 낙인에 시달린 세월 때문이라고 확신한다.

나는 다시 아버지를 만났다. 이번만큼은 내가 먼저 말을 꺼내야 했다. "들어보세요, 아버지. 아버지는 절대로 조현병 환자가 아니에요." 나는 아버지의 병은 양극성장애가 분명하다고, 리튬을 복용하면 삽화를 완화시키거나 심지어 없애는 효과도 기대할 수 있다고 이야기했다. 내가 책을 읽고 이해한 바에 따르면 아버지는 반드시 다시 진단을 받아야 했다.

아버지는 몇 년 전부터 철학과의 부학과장을 맡고 있었다. 논문 발표가 점점 뜸해지는 것을 벌충하려는 이유도 있었으리라. 아버지는 종종 초조해 보였다. 양극성장애로 인한 우울증에서 흔히 나타나는 증상이다. 아버지는 밤마다 도리덴을 한 알씩 복용했다. 도리덴은 1940년대 바이베리에서 아버지가 처방받았던 바르비투르산 대신 나온 수면제였다. 양극성장애 환자는 삽화가 없을 때도 심각한 불면증을 겪기 쉽지만, 도리덴을 복용하다 보면 약을 먹지 않고서는 아예 잠을 잘 수 없게 된다. 아버지는 오후 늦게 열리는 교수회의 도중에 꾸벅꾸벅 졸곤 했고 수면을 보충하기 위해 매일 한 시간씩 낮잠을 잤다. 게다가 도리덴에는 중독 위험성도 있었다. 1950년대 후반과 60년대 초반에 의사들이 아버지에게 우울증 약으로 처방했던 덱세드린은 또 어떤가? 아버지가 그런 약물에 의존하는 상태까지 가지 않은 건 순전히 운이 좋아서였다. 게다가 샐리와 내가 어렸을 때 정신병원에 입원하여 받은 전기 경련 요법까지 고려하면, 아버지가 오랜 세월 동안 불필요한 치료를 얼마나 많이 받았을지 알 수 없는 일이었다. 내 마음은 바싹 마른 나뭇가지처럼 분노로 활활 타올랐다. 지금 당장 변화가 필요했다. 정신보건 분야뿐 아니라 아버지에게도. 그러다 마침내 내가 지닌 비장의 무기가 떠올랐다. 나는 밥 삼촌을 만나러 캘리포니아에 가기로 했다.

*

최종 결정이 내려졌다. 다음 해 여름부터 내가 캠프 프리덤의 공식 관리자를 맡게 된 것이다. 잠시 서부 해안을 떠나 뉴욕에 와 있던 베이커가 다음 해 프로그램 문제로 나를 만나고 싶다고 했다. 베이커는 말수가 많지 않은 사람이었기에, 그가 캠프 프리덤을 시작한 팔 년 전 여름 이야기를 꺼냈을 때 나는 귀를 쫑긋 세웠다. 예일대에서 박사 학위를 딴 직후였던 베이커는 발달장애 아동을 돕는 동시에 연구를 진행하길 원했다. 그래서 적당한 땅을 찾아내고 이사회를 소집한 뒤 캠프를 발족했다. 첫해 여름 참가한 아동 중에 희귀 유전병인 프래더-윌리 증후군 환자가 있었다. 이 병의 특징은 심각한 인지장애와 흔히 비만을 초래하는 폭식증이다. 아이가 과체중이었기에 캠프에서는 가족의 승인 아래 체질량 지수를 줄이기 위한 열량 제한과 운동 프로그램을 시작했다. 하지만 여름 날씨가 무더워지면서 직원이 눈치채지 못한 사이에 아이가 탈수 증상을 일으켰다. 합숙소 침대에서 반쯤 의식을 잃은 상태로 발견된 소년은 결국 사망했다.

"바로 그 자리에서," 베이커의 얼굴은 무표정했지만 목소리에는 격한 감정이 묻어나왔다. "캠프가 영원히 폐쇄될 수도 있었지." 이 비극을 둘러싼 논란은 그의 평생 가장 혹독한 수난이었지만, 결국 그는 버텨냈다. 베이커의 이야기를 들으니 심장이 쿵 내려앉는 듯했다. 전에 일했던 테라피 센터는 세계 최고의 병원이 지척에 있는 곳이었지만, 캠프 프리덤에서는 지역 병원만 가려고 해도 샛길로 한 시간 가까이 달려야 했다. 여기서 일한 첫 번째 여름에 열병을 앓으면서 이미 체감한 사실이었다. 겨우 스물세 살인 내가 이렇게 큰 책임을 질 준비가 되어 있을까?

그날 저녁 나는 내 관리 하에 어떤 비극적인 사건이 일어나더라도 나 자신을 용서할 수 있어야 한다고 마음을 다잡았다. 어찌 보면 내가 이런 기회를 얻게 된 건 지난가을에 마침내 자발적 구토 문제를 해결했기 때문이었다. 그런 식의 자기 고문을 그만두지 않는다면 이번 기회뿐만 아니라 그 어떤 성취의 기회도 얻지 못할 터였다.

다음 해 3월 나는 첫 자가용인 중고 피아트를 타고 케임브리지를 떠나 캘리포니아로 향했다. 면도를 그만두고 천천히 턱수염을 기르는 중이었지만 아무리 기다려도 양쪽 뺨이 완전히 수염으로 뒤덮이지는 않았다. 일주일 만에 마침내 아버지의 고향 로스앤젤레스의 고속도로에 진입할 수 있었다. 사방에서 풍겨오는 달콤한 꽃향기 사이로 골짜기에 고인 갈색 진창의 악취가 파고들었다. 하지만 바람이 불어와 악취를 가라앉혔다. 풀이 무성한 산비탈은 에메랄드처럼 푸르렀고 도시를 에워싼 산 위에 남은 눈이 반짝거렸다. 어쩌면 이렇게 매력적이고도 우울한 장소가 있을까?

이곳에 온 표면적 구실은 베이커가 가르치는 UCLA 대학생 중에 캠프 프리덤의 새 직원을 찾기 위해서였지만, 진짜 목적은 밥 삼촌을 만나는 것이었다. 삼촌은 브렌트우드에 살면서 가정 투석 치료 중이라고 했다. 오래전 내가 찾아갔던 대저택과는 멀리 떨어진 곳이었다. 내 전화를 받은 삼촌의 목소리는 기쁜 듯했지만 피로가 묻어났다. "물론이지, 스티브. 언제 올 건지 시간만 알려주렴."

나는 잔잔한 바닷바람을 맞으며 웨스트로스앤젤레스를 차로 달렸다. 삼촌이 사는 작은 연립주택은 우아하게 꾸며져 있었지만, 옆방에서 들려오는 의료 장비의 소음은 숨길 수 없었다. 삼촌은 핼쑥해져 있었다. 애써 기른 염소수염도 창백한 혈색을 숨겨주지는 못했다. 내가 들어가자 삼촌의 눈이 휘둥그레졌다. 나는 삼촌과 마주 섰다.

"너희 아버지한테 듣기론 스티브 네가 하버드에서 무척 잘 해냈다더구나, 최우수 학생이었다며."

"아, 네." 나는 눈을 내리깔고 대답했다. "그런 거 같아요."

"이런, 겸손하기는. 그럼 요즘은 무슨 일을 하는지 얘기해주렴. 웬일로 로스앤젤레스까지 왔는지도 말이다." 나는 최대한 자세히 설명해보려고 했다. 가을에는 임상심리학 대학원에 지원할 예정이며 그중에서도 이곳 UCLA 대학원이 1순위라는 것도 언급했다. 하지만 그러면서도 계속 아버지 이야기를 꺼낼 기회를 엿보고 있었다. 그래, 어찌 되든 해보는 거야.

"삼촌, 제가 대학에 들어간 뒤로 해마다 몇 번씩 아버지랑 대화를 나눴어요. 근데 아무래도 아버지는 조현병 환자가 아니라는 생각이 들어서요. 그렇잖아요, 삽화가 없을 땐 거의 평소 모습으로 회복되는데 어떻게 만성 조현병 환자라고 할 수 있죠?" 나는 아버지에게 리튬 치료가 필요하다는 의견을 피력했다. 숨도 쉬지 않고 빠르게 말을 이어가며 중요한 건 아버지가 더 나은 치료를 받아야 한다는 점이라고 강조했다.

천연 원소인 리튬은 지구에서 가장 가벼운 금속이다. 명확한 원인은 아직 규명되지 않았지만, 이 분야 선구자인 오스트레일리아 심리학자 존 케이드의 직관을 통해 리튬이 양극성장애 주기를 조절할 수 있다는 사실이 밝혀졌다. 리튬은 뇌 신경전달에 여러 가지 변화를 일으키는데, 그중에서도 가장 중요한 임상적 효과는 삽화 발생 사이의 멀쩡한 기간을 연장시켜준다는 것이다. 리튬은 통제 불가능한 양극성장애 발작이 평생 이어지지 않게 도와주는 독보적인 단일 원소 치료제다.

내가 쏟아낸 말을 듣고 삼촌은 한동안 고개를 숙인 채 생각에 잠겨 있었다. 내가 주제넘은 짓을 한 걸까? 마침내 삼촌이 고통스러워하는 얼굴로 나를 바라보았다.

"스티브, 내가 건강이 안 좋다 보니 너희 아버지에게 제대로 신경을 써주지 못한 것 같구나." 그 말을 듣자 문득 열여덟 살의 삼촌을 상상하게 되었다. 동생이 현관 지붕에서 뛰어내려 보도에 떨어졌을 때 가장 먼저 달려나와 그 광경을 목격했던 삼촌의 모습을.

"그런데 너희 아버지가 여전히 조현병으로 진단받고 있단 말이냐?" 삼촌이 말을 이었다. "계속 항정신병약물을 복용하는 중이라고?" 나는 고개를 끄덕였다. "그러니까 말이다, 아직 한 번도 리튬 치료를 받아본 적이 없다는 거지?"

삼촌은 내 분석에 의심할 여지가 없다고 말했다. 샐리가 태어나고 아버지가 심한 발작을 일으켰던 1954년에 삼촌은 동생을 위해 일찌감치 소라진을 구해다줄 수 있었다. 프랑스에서 막 수입된 최초의 항정신병약물이었다. "내 기억이 옳다면 너희 아버지가 미국을 통틀어 네 번째로 소라진을 처방받은 환자였을 게다."

당시만 해도 조현병 진단이 타당하게 여겨졌지만 최근 들어 이 분야의 지식이 엄청나게 발전했다고 말하며 삼촌은 고개를 저었다. 아버지가 제대로 치료받지 못하고 있다는 사실에 대한 망연자실함 때문인지, 근래에 동생에게 신경 써주지 못했다는 부끄러움 때문인지는 알 수 없었다. 삼촌은 아버지의 정신과 주치의가 누구냐고 묻더니 사우스윅 박사라는 말을 듣자 고개를 끄덕였다. "그 사람과 통화해봐야겠다." 놀랍게도 삼촌은 이렇게 말했다가 곧바로 덧붙였다. "아니, 오하이오는 이제 저녁일 테니 내일 아침에 바로 전화해야겠구나."

다음 날 오후 내가 다시 전화했을 때 삼촌은 사우스윅 박사가 최근 조울증에 관한 교육과정을 수강했다고 전해주었다. 이 같은 최근의 배움과 삼촌의 전화로 인해 마침내 자신이 오진했음을 깨달았다는 것이다.

"엄청난 태세 전환이네요." 내가 바로 맞받아치자 삼촌도 동의했다. 사우스윅 박사가 직접 아버지에게 전화해서 멜라릴 복용을 바로 중단시키겠다고 했다. 리튬 치료는 이 주 내로 시작될 예정이었다.

어안이 벙벙한 동시에 분노가 일었다. 사십 년간의 오진을 바로잡는 일이 이토록 간단했단 말인가? 그럼 나는 어째서 임상의료인이라면 일찌감치 깨달았어야 할 사실을 지적하기 위해 4800킬로미터나 되는 먼 길을 달려온 것인가? 정신보건 분야는 대체 뭐가 잘못된 걸까? 내가 옳았다는 자부심도 느끼긴 했지만, 마음속 더 깊은 곳에서는 격분을 억누를 수가 없었다.

동쪽으로 차를 돌려 뉴잉글랜드로 향하면서 콜럼버스에도 잠시 들렀다. 본가에 미리 전화해서 방문을 알렸다. 어머니는 내 턱수염이 마음에 들지 않는 기색이었지만 별말은 하지 않았다. 갑작스러운 방문으로 법석을 떨다 보니 아버지와 단둘이 있기가 쉽진 않았지만 그래도 몇 분 정도는 시간을 낼 수 있었다. 아버지는 로스앤젤레스까지 가서 밥 삼촌과 대화해주다니 고맙다고 말했다. 사십 년 늦게나마 새로운 진단과 치료를 받을 수 있게 해줘서 고맙다고.

내가 아버지의 대변인으로 나선 건 옳은 일이었을까? 적어도 나는 **뭔가를** 했다. 그 사실이 잠시나마 내게 위로가 되었다.

다음 해 여름 캠프 프리덤에는 동해안을 따라 서서히 이동한 허리케인이 닥쳤다. 캠프의 라디오와 단 한 대뿐인 텔레비전도 줄곧 재해가 임박했음을 경고했다. 보안관은 캠프 참가자들을 고지대에 있는 동네 학교 체육관으로 대피시키라고 지시했다. 이틀 동안 나는 위기관리 모드로 들어갔다. 참가자와 직원 모두가 학교로 이동했다가 되돌아오는 과정을 감독해야 했으니까. 허리케인이 지나갔을 무렵엔 아직도 강풍이 캠프장을 내리치고 있었지만 큰 피해는 없었다. 소형 트럭에라도 치인 것처럼 온몸이 욱신거렸다. 무사 귀환을 기념해 스테이크와 랍스터가 차려진 직원 만찬 자리에서 아귀처럼 먹어대면서도 빨리 잠자리에 눕고만 싶었다.

*

그해 겨울 파리에서 열린 반 고흐 전시에는 프랑스어와 영어가 병기된 도록이 제공되었다. 반 고흐의 초기 자화상과 심각한 정신증 발작을 겪고 난 만년의 자화상을 비교하는 내용이었다. 나는 테라피 센터 일을 그만두고 대학원에 지원하기에 앞서 평생 처음 유럽을 여행하고 있었다. 도록은 반 고흐 말년의 자화상에서 볼 수 있는 소용돌이치는 배경을 묘사하면서 그가 정신적인 혼란에도 불구하고 얼마나 탁월하게 붓질을 구사했는지 찬사하고, "이야말로 예술의 최고 경지라고 하겠습니다"라는 말로 설명을 마치고 있었다.

나는 반 고흐의 용감한 얼굴을, 그 파리한 얼굴 뒤에서 파도치는 붓 자국을 응시했다. 고통과 통제, 천재성과 광기, 유전과 경험. 이 모두가 내 가족사와 밀접하게 연관된 문제들이었다.

그리고 내가 평생 집중하게 될 주제들이기도 했다.

4월 초에 귀국해 보니 여러 대학원에서 합격 통지서가 와 있었다. 이제 결정을 내려야 한다는 생각에 부담감이 들었다. 잠시 길거리 농구나 하며 머리를 비우려고 야외 농구장으로 나갔다. 내가 상대하게 된 남자는 그의 외모처럼 묵직하고 짙은 색의 등산화를 신고 있었다. 슛을 넣는 데 실패한 그는 리바운드를 하려고 내 등 위로 몸을 내뻗었다. 우리 둘 다 공을 잡으려 덤벼들었고, 내 발꿈치가 땅바닥에 내려앉는 순간 그의 등산화가 발목 뒤쪽을 걷어찼다. 나는 보도 위에 나뒹굴었다.

일어서보려고 했지만, 마치 엘리베이터 통로에 발이 빠졌을 때처럼 내디딘 땅바닥이 느껴지지 않았다. 사흘간 지독한 통증에 시달리고 두 번의 오진 끝에 전문가로부터 아킬레스건이 찢어졌다는 진단을 받았다. 석 달간 다리 전체 깁스를 하고 두 달 더 부분 깁스를 해야 한다고 했다. 캠프 프리덤에서의 마지막 근무 동안에는 목발 신세를 질 수밖에 없을 터였다. 사흘 뒤 나는 UCLA에 전화하여 그곳 대학원에 진학하겠다고 알렸다.

로버타와 나는 관계를 계속할 것인지 결정해야 했다. 우리 사이는 점점 진지해지던 참이었다. "서던캘리포니아라니 잘 모르겠어. 딱히 페미니스트가 살기 좋은 곳은 아니지." 로버타는 내키지 않아 했지만, 나는 다음 해 봄쯤 오면 좋지 않겠냐고 설득해보았다. 로버타가 이곳에서의 일을 정리하고 나도 1학년

생활에 적응한 참일 테니까. 최악의 위기에서 나를 격려하고 지켜준 것은 로버타의 공감과 지지였다. 나는 로버타와 함께하는 미래를 고대하고 있었다.

매년 그랬듯 캠프 프리덤에서의 마지막 여름도 소소한 성취와 비극으로 채워졌다. 이제는 대륙 반대편에서의 새로운 생활이 나를 기다리고 있었다. 여름이 끝나자 나는 깁스를 풀고 약해진 다리를 단련하는 재활 치료를 시작했다. 그리고 로스앤젤레스로 떠나는 길에 며칠 콜럼버스에 들렀다.

"로스앤젤레스로 가게 된 기분이 어떠냐?" 서재의 나무 책상 앞에 앉은 아버지가 내게 물었다. 아버지는 활기차면서도 정신이 맑아 보였다. "나도 UCLA엔 아는 철학 교수들이 좀 있지."

"뉴잉글랜드도 무척 좋았지만, 대학원 진학은 제게 엄청난 도전이 될 거예요. 게다가 아버지가 자란 동네 근처에 살게 될 테고요. 아버지도 언제 놀러 오시면 어때요?" 아버지는 기꺼이 동의했다. 패서디나로 돌아갈 기회라면 언제든 반가운 듯했다.

아버지의 맏형 해럴드 삼촌은 일 년 전에 알코올 중독으로 사망했다. 여전히 신장 투석을 받는 밥 삼촌의 상태도 썩 좋지는 않았다. 나는 대체 어떻게 그런 파멸에서 벗어날 수 있었던 걸까?

정말로 벗어나긴 한 걸까?

나는 마침내 가장 중요한, 리튬에 관한 질문을 던질 수 있었다. 아버지가 새로운 진단에 따라 리튬 치료를 시작한 지도 벌써 일 년이 넘었다. 아버지는 치료를 시작할 무렵엔 채혈을 자주 해서 힘들었다고 대답했다. 게다가 미세한 떨림이 생겨 마음고생을 했고 글씨체도 망가졌다고. 하지만 전반적으로는 요즘만큼 삽화에서 해방되었다고 확신한 적이 없었다고 했다. 아버지는 대답을 마친 뒤 어색하게 나를 껴안았다. 내 어깨에서 엄청난 짐이 덜어진 기분이었다.

며칠 뒤 나는 로스앤젤레스 공항의 수하물 컨베이어에서 대형 여행 가방 두 개를 들어 올리고 있었다. 자정이 지났는데도 웨스트우드 방향 고속도로 위로 펼쳐진 하늘은 기묘한 오렌지빛을 띤 검은색이었다. 도로 양쪽에 펼쳐진 수백만 개의 가로등 불빛 때문이었을까. UCLA 캠퍼스에서 두 블록 떨어진 작은 원룸 아파트 문간에는 꽃 핀 담쟁이가 덩굴져 있었다. 나는 아파트에 들어서자마자 쓰러져 잠들었다.

흐릿한 하늘 아래 꽃향기가 풍겨 오는 곳, 태양이 작열하다가도 겨울이면 이따금 엄청난 눈보라가 몰아쳐 오는 이 땅에서 나는 새로운 발견을 목전에 두고 있었다. 이 흐름이 과연 나를 어디까지 실어갈지 궁금했다.

10

사고 실험

"오늘은 한 가지 질문으로 세미나를 시작해보죠." 케이 레드필드 재미슨이 커다란 타원형 탁자 상석에 앉아 입을 열었다. "일종의 사고 실험이랄까요." 솔직하고 따뜻하면서도 권위 있으며 활기 넘치는 재미슨은 사 년간의 대학원 생활 뒤의 인턴 과정 일 년 동안 내게 이상적인 멘토이자 감독자였다. 수련 중인 임상심리학자에게는 최고의 경험이라고 할 만한 인턴 과정이었다. 재미슨의 말 한마디 한마디에서 그의 뛰어난 정신력을 실감할 수 있었다.

그 자리에 있던 심리학과 인턴 및 정신과 레지던트 스무 명이 일제히 입을 다물었다. UCLA 대학병원 정동장애 클리닉을 한 바퀴 도는 집중 회진 시간에 우리는 진단 평가와 심리치료를 수행했으며 때로는 집단치료도 진행했다. 중증 우울증과 난치성 양극성장애에 있어서는 서부 해안에서 최고로 꼽히는 클리닉이었다. 매주 열리는 세미나에서는 이런 활동으로 피와 살이 되는 이론적 지식을 얻을 수 있었다. 클리닉의 책임자이자 세미나 진행자인 재미슨은 새롭고 흥미로운 발견에 관해 토론하거나 임상 사례를 공유하며 세미나를 시작하곤 했다. 그런데 오늘은 왜 방식을 바꾼 걸까?

재미슨이 《조울병, 나는 이렇게 극복했다》를 출간하며 자기도 평생 양극성장애 환자였음을 고백한 것은 그로부터 십오 년 이후의 일이었다. 하지만 1981년 당시에도 재미슨은 심리학 분야에서 점점 중요해지던 유전학 지식에 촉각을 곤두세우고 있었다.

"여러분의 미래를 상상해보세요." 재미슨이 말을 이었다. "여러분이나 여러분의 파트너가 임신을 했다고 말이죠. 그런데 태아에게 양극성장애가 있을지 정확하게 예측할 수 있는 선별검사가 새로 나온 겁니다." 그 순간부터 나 역시 재미슨의 말에 집중할 수밖에 없었다. 재미슨에 따르면 조울증은 단일 유전자가 아니라 여러 유전자의 결합에서 발현될 가능성이 크지만, 과학이 발전하다 보면 언젠가는 그런 가능성까지도 정밀하게 예측할 수 있으리라는 것이었다.

"선별검사 결과가 양성이라고 가정해보죠. 다시 말해 여러분의 아이는 조울증 환자가 될 것이 확실하다는 겁니다." 그런 뒤에 재미슨은 이렇게 덧붙였다. 지금도 다운증후군을 비롯한 여러 지적장애 여부를 선별검사로 확인할 수 있으며, 양성이 나오면 부모는 십중팔구 임신 중지를 선택한다고.

문득 지니 앤 이모가 떠올랐다. 지니 앤 이모는 다운증후군과 같은 선천적인 염색체 이상이 있었던 건 아니고 지하실 계단에서의 추락 사고로 중증 지적장애인이 된 경우였지만, 태어날 때부터 발달장애 증상을 보였던 건 사실이다. 그때 산전 검사가 존재했더라면 이모는 태어날 수 있었을까?

재미슨은 이렇게 질문을 마무리했다. "이제 여러분에게 묻겠습니다. 이 경우 자신이나 파트너의 임신 중지를 선택하는 사람은 여러분 중 몇 명이나 될까요? 일단 투표해보죠. 태아 선별검사 결과가 양성일 경우 임신 중지를 하겠다는 사람은 손을 들어 보세요."

한순간 세미나실이 고요해졌다. 인턴 몇몇은 소심하게 주변을 둘러보았고 나머지는 눈을 내리깔았다. 재미슨은 다시 한번 질문을 반복하며 여론조사에 나섰다.

한 가지는 확실했다. 나는 절대 손을 들지 않으리라는 것 말이다. 사실 내가 어찌나 단단히 탁자를 찍어 누르고 있었던지 팔이 아플 정도였다. 하지만 주위를 둘러보니 그 자리에 있던 모두가 손을 든 터였다. 나와 내 단짝 제이 와그너만 제외하고 전부 다. 제이는 내 동료 인턴이자 나처럼 중서부 지역의 유복하지만 파란만장한 집안에서 태어나 여기까지 온 인물이었다. 제이와 나는 인턴 기간 초기부터 정동장애 클리닉의 양극성장애 집단치료를 공동 진행하면서 친해졌다. 조증 발작과 약물 사용, 양쪽 집안의 혼란에 관해서도 허심탄회하게 대화했다. 인턴 근무가 끝난 금요일 저녁이면 웨스트로스앤젤레스 전역의 술집을 돌아다니며 우정을 다지기도 했다.

나는 믿을 수 없다는 표정으로 쥐 죽은 듯 조용한 세미나실 안을 둘러보았다. 하지만 중증 기분장애 분야에서 유명한 이 클리닉의 직원과 인턴 들도 이 문제에 있어서 만장일치라는 건 분명했다. 그 순간 나의 과거를 생각하지 않을 수 없었다. 육십 년 전에 그런 선별검사가 있었더라면 아버지는 결코 태어나지 못했을 것이며 우리 가족도 존재하지 않았겠구나.

게다가 내가 가질지도 모르는 아이들은? 아버지의 첫 번째 고백 이후로 십 년 동안 나는 아이를 가질 것을 고려할 엄두조차 내지 못했다. 그 무렵에야 다시 아이 생각을 하게 된 터였지만, 만약 조울증 선별검사가 있다면 과연 내 아이가 이 세상에 태어날 수 있을까? 세미나에서 읽은 책들에 따르면 양극성장애의 유전 가능성은 매우 크며 심지어 조현병의 유전 가능성보다 큰 게 분명했다. 양극성장애는 거의 전적으로 부모의 유전자를 통해 아이에게 전달되는 병이었다.

재미슨이 투표 결과에 관해 뭐라고 말하는 소리가 아득하게 들렸지만, 나는 도저히 집중할 수가 없었다. 세미나가 끝나자 제이와 나는 탁자 너머로 눈빛을 주고받았다. '어떻게 이럴 수가 있지?'라고 말하듯 눈을 휘둥그레 뜨고 눈썹을 찌푸리며. 그러고는 다시 각자의 빡빡한 일정을 수행하러 떠났다.

이후 며칠 동안 나는 이 일에서 교훈을 찾아내려 애썼다. 세미나 참석자들은 모두 서부 해안에서도 가장 까다로운 환자들을 대하며 중증 기분장애에 따르는 참혹한 결과를 목격한 사람들이었다. 정동장애 클리닉은 강제 입원을 당할 만큼 심각한 조증이나 기존 치료로는 고칠 수 없는 우울증 같은 최악의 사례가 집중되는 곳이었다. 다들 지레 겁을 먹는 것도 당연한 일이었다. 하지만 아무리 합리화하려고 해도 눈앞의 현실을 부정할 수는 없었다. 앞으로 정신보건 분야를 이끌어갈 이들이 우리 가족의 존재를 지우는 쪽에 투표했다는 것 말이다.

나는 마음속에서 세미나 참가자들을 재소집해 일장 연설을 늘어놓았다. '우리 아버지 아시죠? 나 자신이 희망을 버렸을 때도 나를 이해해주신 분, 항상 인내하며 모든 난관을 극복한 분입니다. 아버지는 이제야 오진에서 벗어나 적극적으로 새로운 치료에 임하고 계시죠. 그런데 여러분은 우리 아버지가 이 세상에 존재하지도 않게 하겠다고요? 인류 유전자 풀에서 우리 가족의 염색체를 제거하는 데 찬성하신다고요?'

나는 그사이 몇몇 사람에게 우리 가족 이야기를 털어놓은 터였지만, 이 사고 실험 이후로 세미나 참가자들에게는 아무 말도 하지 않게 되었다. 내가 잘못된 가족의 일원이라는 게, 심리학자나 과학자가 될 자격이 부족하거나 아예 없었다는 게 알려질지도 모르니까. 언젠가는 아버지의 삶과 우리 가족의 고난에 관해 모두에게 떳떳이 고백하겠다고 나는 속으로 다짐했다. 하지만 어떻게 해야 그럴 만한 위치에 도달할 수 있을까?

*

대학원에서의 사 년은 쉴 새 없는 전력 질주와도 같았다. 엄청나게 많은 참고 서적을 읽으며 수업을 듣고, 결혼 생활에 문제가 생긴 부부에서 십 대 조직폭력배까지 다양한 의뢰인들을 상담하고, 끝도 없는 사례 발표 회의에 참석했다. 하지만 나는 불평하지 않았다. 지식에 굶주린 내게 대학원은 진수성찬과도 같은 곳이었다. 뇌 과학과 성격 이론, 아동 발달, 공동체 이론, 평가와 진단, 중증 정신장애에 대응하는 약물과 심리치료의 병행……. 대학을 졸업하자마자 삼 년 동안 테라피 센터 조정관 겸 캠프 관리자로 일하며 매일 위태위태한 아이들과 함께했다 보니 대학원생 생활은 호사스럽게 느껴질 정도였다.

대학원에 들어갔을 무렵 나의 목표는 교육기관과 캠프 운영을 계속하는 데 도움이 될 박사 학위를 따는 것이었다. 하지만 사례 발표 회의에 참석하거나 초청 강연을 하면서 내게 복잡한 개념을 쉽게 표현해낼 재능이 있음을 깨달았다. 내 입에서 말이 저절로 흘러나오는 듯했다. 정신병리학이라면 내가 몇몇 교수들보다도 더 많이 아는 것 같다는 생각도 들었다. 시간이 지나면서 유전자, 뇌 기능, 초기 위험 등의 생물학적 요소와 가족, 동료 집단, 학교 등의 관계적 요소를 통합하는 것이 나의 목표가 되었다. 그런 지식을 발견하고 전파하려면 교수가 되는 것이 최선의 방법일 터였다.

다행히 나는 대학원 생활 내내 활기차게 지냈다. 내 정신은 줄곧 맑았으며 통제력을 잃고 밤새 불면에 시달리는 일도 없었다. 하지만 나는 여전히 거창한 계획과 아이디어에 이끌렸고 문제의 모든 측면을 통합하려 들었다. 내 DNA에서 나오는 경조증에 가까운 활기가 이런 성향을 부추겼지만(지금도 여전히 그렇다), 그러다가 주기적으로 우울해지기도 했다. 특히 나 자신의 과도하게 높은 기대에 맞게 살지 못했다고 느낄 때면 온 세상이 깜깜해지는 것 같았다. 나는 절망에 빠져 모든 게 헛수고였다고 자포자기하곤 했다. 하지만 이 정도의 기분 변화는 아버지가 겪은 중증 삽화에 비하면 미미한 수준에 지나지 않았다.

임상심리학 박사과정 학생에게 1970년대 말에서 1980년대 초는 경이롭기 그지없는 시기였다. 유전자 모델의 중요성이 부각되었다. 내가 인턴 과정을 시작하기 일 년 전에 정신의학의 경전이라 할 수 있는 《정신질환의 진단 및 통계 편람DSM》의 개정 3판이 출간되었다. 이전 판본의 방대한 증보판인 이 책은 진단의 정확성을 위해 명백한 증상들을 거미줄처럼 세밀한 위계 조직으로 분류해놓았다. 한마디로 정신의학의 전체 설계도 같은 책이었다.

어린 시절 나는 세계를 2차원으로 보여주는 지도를 무척 좋아했다. 고등학생 때 풋볼을 하면서 받은 플레이북은 하나의 계시와도 같았다. 나는 핵심 포메이션과 수비 전략에 따른 난해한 경기 규정을 샅샅이 탐독했다. 캠프 프리덤의 관리자가 되고 나서는 미로처럼 복잡한 도표를 만들어 하루 일정과 아이들 각자의 학습 및 행동 목표를 정리해놓기도 했다. 나는 항상 큰 그림을 그리려고 했다.

하지만 지도란 실제 땅의 모습이 아닌 조감도만을 보여주게 마련이다. 내 헬멧이 상대 팀 선수의 헬멧에 맞부딪히는 소리, 접전 중 마지막 쿼터가 시작되는 순간의 허파가 조여드는 공포감은 플레이북에 실려 있지 않았다. 학습장애 아동의 좌절감도, 어떻게든 진전의 조짐을 찾아보려는 가족의 절박함도 도표에는 담아낼 수 없었다.

대학원에서 얻은 가장 중요한 지식은 현장에서 배운 것이었다. 대학원 1학년 때 나는 심각한 충동조절장애 증상을 보이는 아이를 담당하게 되었다. 지역 학교에서 시범적으로 아동 집단과 자기관리 개입 훈련을 했는데, 그중 아주 영리하지만 충동적이고 항상 결과를 생각지 않고 행동한다며 교사와 가족에게 혼나는 열두 살 아이가 있었다. 집단 훈련 중에 그 아이는 역할극을 비롯한 여러 활동에 활발히 참여했고 실제로 많이 나아진 것처럼 보였다.

몇 달 뒤 길거리에서 우연히 그 아이와 부모를 만났다. 아이의 오른손은 붕대로 칭칭 감겨 있었다. 차고에서 자기네 집 캠핑카에 쓰는 공기 펌프를 가지고 놀다가 그렇게 되었다고 했다. 위험한 짓이고 그러면 안 된다는 걸 잘 알면서도 말이다. 펌프를 가지고 이것저것 해보다 신바람이 난 아이는 결국 압축 공기를 폭발시켰고 오른손의 세 손가락을 영원히 잃어버렸다. 나는 어안이 벙벙해졌다. 충동성이라는 과학적·임상적인 개념 때문에 실제로 비극이 일어날 수 있음을 깨달은 것이다.

이후로도 예상치 못했던 곳에서 많은 것을 배웠다. UCLA 캠퍼스에서 몇 블록 떨어지지 않은 웨스트우드의 여행사까지 걸어간 적이 있었다. 방학 때 콜럼버스에 갈 항공권을 예약하기 위해서였다. 서던캘리포니아에서는 11월 정상 기온이 24도라는 사실에도 슬슬 익숙해지고 있었다. 여행사 책상 뒤에 앉아 있던 내 또래의 남자가 말했다. “좋아요. 예약을 진행하겠습니다. 성이 어떻게 되시나요?”

“힌쇼입니다.” 내가 대답했다. “e가 아니라 i를 쓰는 힌쇼예요. 이름은 스티븐이고요. v가 아니라 ph를 써요.”

남자가 멈칫하더니 나를 위아래로 훑어보며 말했다. “잠깐만요. 힌쇼라고요? 나도 몇 년 전에 힌쇼라는 사람을 알았는데요. 로스앤젤레스 동쪽 사막 지역에 살았어요.” 남자가 말해준 이름은 이제 잊어버렸지만, 확실히 내가 아는 이름은 아니었다. 하지만 힌쇼라는 성이 흔하지는 않았으니 그가 안다는 사람이 내 친척뻘이라는 건 분명했다.

"완전히 돌아버린 사람이었어요." 여행사 직원이 신이 나서 두 손을 휘휘 저으며 말을 이었다. "그런 미치광이는 태어나서 처음 봤다니까요. 제정신이 아니었어요. 실제로 있지도 않은 게 보인다거나 들린다고 했죠. 맨날 괴상한 소리만 떠들어댔고요. 나 원 참." 나는 뭐라고 할 말이 없어서 가만히 듣고만 있었다.

남자가 마침내 고개를 저으며 말을 맺었다. "어휴, 어쩌면 그런 미치광이가 다 있는지! 하여간 이제 손님 표나 끊어볼까요."

우리 가족 전체가 현미경 아래 놓인 것 같은 기분을 느끼며, 나는 일정표와 봉투를 받아들고 나섰다. 문득 이 세상에 힌쇼라는 성을 지닌 미치광이가 몇 명이나 있을지 궁금해졌다. 적어도 나는 그런 운명에서 탈출한 셈이다. 안 그런가?

*

나는 대학원 1학년 때 이미 케이 레드필드 재미슨과 인사를 나눈 적이 있었다. 내가 참석한 사례 발표 회의에서 재미슨이 기분장애를 주제로 발표했기 때문이다. 원래부터 양극성장애에 흥미를 갖고 독학했던 터라 그날의 탁월한 발표를 듣고서는 재미슨에게 완전히 사로잡히고 말았다.

얼마 뒤 아버지에게서 긴급한 전화를 받았다. 밥 삼촌의 신부전이 한층 더 악화되었다는 소식이었다. 삼촌의 담당 의사가 신장이식이 필요하다며 친척 중에 기증자가 없을지 문의 전화를 했다는 것이다. 아버지는 직접 나서고 싶었지만, 리튬 치료 때문에 자신은 물론 삼촌에게도 위험하지 않을까 망설이고 있었다. 리튬의 부작용 중 신장 기능에 문제가 생길 가능성이 포함되어 있었기 때문이다.

나는 잠시 고민하다가 무턱대고 재미슨에게 전화해보기로 했다. 재미슨은 누가 봐도 이 분야의 세계적인 전문가였으니까. 당연히 비서가 전화를 받을 줄 알았는데 벨이 두 번 울린 뒤 재미슨 본인의 목소리가 들려서 깜짝 놀랐다. 일개 하찮은 대학원 1학년생처럼 들리지 않기만을 빌며 내 소개를 하고 현재 상황을 간단히 이야기했더니 재미슨이 다음 주에 한번 찾아오라고 말했다.

나는 토끼 굴처럼 빽빽한 의료 센터 복도를 지나 간신히 재미슨의 연구실을 찾아갔다. 재미슨은 내 말에 열심히 귀 기울이며 드문드문 예리한 첨언을 했고, 정확히 내가 바랐던 전문가로서의 조언을 들려주었다. 결국 아버지와 담당 의사는 위험성이 너무 크다는 판단으로 신장 기증을 그만두기로 했다. 하지만 다른 기증자는 찾을 수 없었고, 이제 밥 삼촌의 운명은 결정된 것처럼 보였다.

대학원 2학년 초의 가을은 하버드에서의 2학년 때와 묘하게 비슷했다. 나는 수업과 임상 실습에 치여 있었다. 시간은 모자라는데 할 일은 너무도 많았다. 정신없이 일했지만, 서서히 혼이 빠져나가는 게 느껴졌다. 그해 봄에 서던캘리포니아로 이사 온 로버타와도 관계를 지속해가려고 노력하던 중이었다. 아침이면 거의 항상 머리 위에 먹구름이 낀 기분이었고, 과연 내게 모든 걸 제대로 처리할 기력이 있을지 의심스러웠다.

10월 말부터 이미 늦가을 기운이 느껴졌다. 태평양에서 불어온 서늘한 산들바람이 밤새 공중을 맴돌았다. 숙모가 불쑥 전화를 걸어 밥 삼촌이 시더스시나이 병원에 입원했다고 알려주었다. 그토록 오래 기다린 끝에 갑자기 삼촌에게 적합한 기증자가 나타난 것이다. 다시는 없을지도 모를 기회였다. 삼촌은 곧바로 이식수술을 위해 병원으로 이송되었다. 이번에는 일이 제대로 풀릴까?

며칠 뒤 안개 낀 저녁, 나는 비벌리힐스와 웨스트할리우드의 낯선 잔디밭 사이로 차를 몰았다. 거대한 병원 주차장에서 엘리베이터를 타고 밥 삼촌의 병실로 올라갔다. 놀랍게도 침대에 누운 삼촌은 신수가 훤해 보였다. 마침내 수명을 연장할 가능성이 생겨서 기쁜 듯 쾌활하게 웃고 있었다. 복도에서 만난 바비는(삼촌의 둘째 딸로 나이는 샐리와 내 중간 정도였고 성질머리가 나와 쏙 빼닮은 사촌이었다) 아버지가 이렇게 활기차게 웃는 모습을 몇 년 만에 처음 본다고 말했다. 삼촌이 그처럼 신이 난 건 새로 이식한 신장의 거부반응을 방지하기 위해 처방된 고용량 스테로이드 주사 때문이기도 했겠지만, 그 기쁨의 상당 부분은 진심이었으리라. 나 역시 기뻐하며 몇 달 동안 느끼지 못했던 안도감에 젖었다.

이틀 뒤 아침 일찍 아버지에게서 전화가 왔다. 수업이 시작되기도 전에 전화하다니 아버지로서는 드문 일이었다. 곧바로 나쁜 소식이겠구나 하는 직감이 들었다. "얘야, 정말로 비극적인 일이 생겼다." 아버지는 엄숙한 목소리로 말했다. "밥 삼촌이 어젯밤에 병원에서 돌아가셨어. 사인은 거부반응 방지제라고 하더구나." 그러고서 환자는 죽었지만 신장은 건졌다는 음산한 농담을 되풀이했다.

도저히 믿기지 않는 일이었다. 설상가상으로 날씨도 급변하여 샌타애나 풍*이 로스앤젤레스 분지를 바싹 말렸다. 맹렬한 돌풍이 공중을 가르며 황사를 싣고 해안으로 불어왔다. 기온이 38도까지 치솟았다. 고원지대 관목 숲에서 일어난 작은 불꽃이 거대한 산불로 번지면서 사방으로 연기가 퍼졌다. 일주일이 지나고 삼촌의 장례식에 참석하러 온 아버지가 로스앤젤레스 공항에 내렸을 무렵에는 도시 서부 전역의 하늘에서 뜨거운 재가 떨어져 자동차와 건물 지붕에 자국을 남기고 있었다.

* 서던캘리포니아 내륙에서 해안지대로 불어와 고온 건조한 날씨를 유발하는 활강풍.

아버지와 가장 가까웠던 형제가 겨우 예순 살에 갑자기 사망한 것이다. 힌쇼 집안사람은 어디까지 추락할 수 있는 걸까 하는 생각이 자꾸만 들었다. 나로서는 밑바닥이 어디쯤인지 짐작할 수도 없을 만큼 깊은 구덩이가 눈앞에 입을 벌리고 있는 것 같았다.

*

다음 해 봄이 올 무렵에는 내 삶에도 숨통이 트이기 시작했다. 슬슬 친가 친척들과 더 가까워질 때가 되었다는 생각이 들었다. 나는 사촌 바비와 자주 만났다. 사진가인 바비는 대담한 성격에 장난스러운 미소가 매력적이었고 얼마 전 레즈비언으로 커밍아웃한 참이었다. 로스앤젤레스 마스터코랄 합창단의 독창자가 된 폴 막냇삼촌과도 대화했고, 어느 따스한 날 오후에는 삼촌의 아들 마셜을 만나러 롱비치로 차를 몰았다.

나보다 두 살 위인 마셜은 고등학교를 우등생으로 졸업한 뒤 UC 버클리에 지원했다. 훗날에 닥칠 비극의 유일한 조짐은 그가 대마초를 피웠다는 것뿐이었다. 하지만 당시에 특히 캘리포니아에서 대마초를 남용하지 않은 사람이 얼마나 되었겠는가? 그런데도 마셜이 UC 버클리에 입학한 가을 폴 삼촌은 대학병원에서 아들이 입원했다는 전화를 받았다. 마셜은 환청을 들었고 난폭한 행동을 보였다. 망상형 조현병 증상이 계속되면서 마셜은 1학년도 채 마치지 못하고 캘리포니아를 떠났다. 이후로 그는 수년간 미국 전역을 오락가락했다. 가끔 정신병원에 입원하기도 했지만 대체로 노숙자 생활을 했고, 한동안은 샌프란시스코 골든게이트파크 변두리의 오래된 풍차에 숨어 지내기도 했다.

이제 그는 롱비치 시내의 기숙사형 돌봄 주택에서 지내는 중이었다. 캘리포니아의 공립 정신병원 대부분이 폐쇄된 뒤로 이를 대신해 운영되던 누추한 영리성 시설의 공식 명칭이었다. 묘하게도 폐쇄된 모텔 6*처럼 보이는 나지막하고 오래된 건물이었다. 한적한 뜰 위로 바싹 마른 야자나무 가지가 뻗어 있었다. 절망적인 얼굴을 한 사람들이 방 안에서 뒹굴거나 고개를 숙이고 땅바닥을 내려다보며 끊임없이 담배를 피워댔다. 상당수는 지연성 운동장애로 얼굴에 특유의 경련을 일으키고 있었다. 지연성 운동장애는 장기적인 항정신병약물 치료에 따르기 쉬운 증상으로 찡그린 표정, 입술을 쩝쩝대거나 오므리는 습관, 과도한 눈 깜박임 등이 특징이다. 항정신병약물은 환각과 망상을 줄이는 큰 장점과 동시에 이런 부작용을 일으킬 가능성도 지닌다. 특유의 뒤틀린 표정과 몸동작 때문에 지연성 운동장애도

* 미국과 캐나다 전역에 분포한 저가 숙박업소 체인.

그 자체로 낙인의 대상이 되게 마련이다.

돌봄 주택에 상주하는 정신과 의사들도 있었지만 대부분은 모습이 보이지 않았고, 환자들의 약물 치료도 제대로 관리되지 않고 있었다. 바로 이것이 그토록 진보적이라는 캘리포니아 탈원화 정책의 실체였다.

마셜은 약물 치료를 싫어했지만, 할돌(소라진이나 멜라릴과 비슷하지만 더 효과적인 약물이다)을 제대로 복용하는 동안에는 망상과 편집증이 어느 정도 호전되는 듯했다. 나는 마셜을 차에 태우고 롱비치 반대편의 멋진 바닷가로 드라이브했다. 마셜은 너저분하던 머리털과 수염을 정리한 터였지만 눈빛에는 여전히 불안한 기색이 있었다. 우리는 마셜의 시설 생활과 형제자매들, 그 밖에 뭐든 내 머리에 떠오르는 화제로 이야기를 나눴다. 하지만 내 쪽에서 계속 대화를 주도해야 했다. 마셜은 몇 분마다 목소리를 높여 웅얼거리곤 했다. 반 토막 난 문장을 빠르게 주워섬기고 눈을 뒤집으며 똑같은 말을 끊임없이 반복했다. "하나님은 구세주……. 폴은 내 아버지……. 내 아버지 아니야……. 스티브 여기 있어……. 스티브 여기 없어……. 구세주 하나님……." 이렇게 중얼거리는 마셜의 온몸은 뻣뻣하게 긴장되어 있었다.

나는 마음속으로 '**이런** 게 만성 조현병이구나' 하고 생각했다.

그 뒤로도 시간이 날 때마다 폴 삼촌과 이야기했다. 삼촌은 오래전부터 버클리나 샌프란시스코까지 차를 몰고 가서 데일리 텔레그래프 애비뉴나 마켓스트리트를 끝없이 맴돌곤 했다고 말했다. 소식이 끊긴 아들을 잠시라도 보고 싶은 마음 때문이었다. "그 애가 대학을 그만둘 수밖에 없게 되어 집으로 돌아왔을 때가 최악이었지." 삼촌은 1960년대 말에서 1970년대 초의 기억을 되짚으며 말했다. "'이 약만 있으면 아드님은 나을 겁니다'라고 말한 정신과 의사가 있었지. 심리치료사들은 또 어떻고! 스티브 넌 믿기지 않겠지만 이렇게 말한 사람도 있었다니까. '일 년만 저한테 맡겨보세요. 가족에게서 떼어놓고 일주일에 몇 번씩 심리치료를 하면 어떤 조현병이든 싹 고칠 수 있다고요.'"

삼촌 가족이 만난 소위 정신보건 전문가들의 파렴치함에 관한 한탄을 들으며, 나는 위로의 말을 중얼거리면서도 마음속으로 분노를 삭였다. 왜 아직도 생물학 만능 아니면 심리치료 만능이라는 식이지? 아무것도 바뀌지 않은 거야? 아버지를 조현병 환자로 확신하고 함구령을 내려 우리 가족이 날마다 침묵 속에서 괴로워하게 했던 헛똑똑이들의 현대판 아닌가? 바로 그 순간 나는 정신보건 분야에 혁명이 필요하다고 생각했다.

그 생각은 지금도 여전하다.

그해 여름 부모님과 샐리가 비행기로 로스앤젤레스에 왔다. 첫날에는 내가 연구 조교 일로 학교를 떠날 수 없어서 셋이 차를 타고 패서디나의 아버지 고향을 방문했다. 샐리에 따르면 아버지가 노스오클랜드 935번지에 꼭 들러야 한다고 우겼다는 것이었다. 아버지는 아직도 열여섯 살 때 자기를 지붕에서 뛰어내리게 만든 것이 **무엇인지** 단서를 찾고 있었던 것일까.

주말에는 폴 삼촌과 메리 숙모의 집에서 친척 모임이 열렸다. 놀랍게도 수많은 사촌과 친척 사이에 마셜의 모습도 보였다. 중간에 마실 것을 찾으러 부엌에 갔다가 창밖을 내다보니 뒤뜰에서 아버지가 마셜과 이야기하고 있었다. 두 사람 모두 열띤 몸짓을 하며 뭔가 말하고 있었지만, 내용은 알아들을 수 없었다. 마셜은 유난히 흥분한 것처럼 보였고, 아버지도 입가에 미소를 띠고는 있었지만 몸동작을 보니 평소의 설교 습관에 발동이 걸린 듯했다.

다음 날 아버지가 무슨 일이 있었는지 설명해주었다. "마셜은 자기가 예수라고 하더구나. 보아하니 그런 망상을 품은 지 오래된 것 같아. 하지만 나는 그런 헛소리는 용납 못 한다. 철학자이자 신앙인으로서 그 녀석의 주장에 의문을 제기했지. '무슨 증거가 있어서 그렇게 불경한 소리를 하는 거냐? 그리 쉽게 하나님의 아들이라고 주장할 생각은 말거라!'"

그야말로 용호상박이었다. 만성 조현병인 마셜과 거의 평생 광기와 초이성을 오락가락해온 아버지의 대결이라니. 아버지가 정신질환자의 행동에 연민을 느낀다는 건 나도 잘 알았지만, 종교와 신앙이라는 절대적인 문제까지는 포용할 생각이 없다는 것도 분명했다. 아버지의 관용에도 한계가 있었다.

9월 초에는 바비와 그 애의 파트너가 사촌 몇 명을 불러 미스 아메리카 파티를 열었다. 거실 한가운데 놓인 텔레비전에 미스 아메리카 대회의 진행자 버트 파크스와 오십 명의 참가자가 비치고 있었다. 우리는 가짜 왕관을 쓰고 이 터무니없는 행사에 관한 농담을 주고받으며 눈물이 나도록 웃어댔다. 잠시 웃음이 멈춘 틈에 바비가 사진 촬영 기술을 연마하기 위해 샌타페이로 이사할 거라고 발표했다. 짐은 이미 싸놓았고 다음 날 아침 출발해서 이틀 뒤에 도착할 예정이며, 짐을 전부 나르기 위해 파트너와 따로 차를 몰고 갈 거라고 했다.

화요일 아침에 밥 삼촌네 숙모에게서 전화가 왔다. 넋이 나가서 말도 제대로 나오지 않는 모양이었다. 바비네 커플은 피닉스에 들러 하룻밤 자고 다음 날 아침 일찍 출발했다고 했다. 그런데 음주운전 차량이 중앙선을 침범해 바비가 몰던 차와 정면 충돌했다는 것이다. 바비는 즉사했다. "어쩌면 이럴 수가 있니. 그 애도 스티브 너처럼 스물여섯 살밖에 안 됐는데."

망연자실해서 아무 말도 나오지 않았다. 나는 어쩌다 이렇게 시체가 쌓여가는 전장 한복판에 있게 된 걸까? 언제쯤 이 먹구름이 걷힐지 짐작조차 되지 않았다. 나로서는 의무를 다하여 살아남은 이들을 돕는 수밖에 없었다.

대학원 졸업반이 되었을 무렵 하비 삼촌의 연락을 받았다.

아버지의 이복동생인 삼촌은 유명한 피아니스트이자 네브래스카의 음악대학 교수이기도 했다. 삼촌 부부와 장남인 하비 주니어(보통 칩이라고 불렀다)가 조만간 서던캘리포니아를 방문할 예정이라고 했다. 로버타와 나는 삼촌 가족과 저녁 식사를 함께하기로 했다.

음악계의 신동이었던 하비 삼촌은 여전히 예민하고 활기차면서도 정중한 모습이었다. 마시 숙모는 내 대학원 공부와 로버타의 지역 공동체 일에 큰 관심을 보였다. 칩은 우리가 만난 피자집 테이블 맞은편에 멍한 눈빛으로 앉아 있었다. 순진무구해 보일 만큼 사랑스러운 미소를 띠고 있었지만, 왠지 딴 세상에 사는 사람처럼 보였다. 정신병원에서 퇴원하고 머물게 된 지역 레지던스와 자기처럼 퇴원 환자인 여자 친구에 관해서도 이야기해주었다. 하지만 칩이 풍기는 아련한 분위기가 정신질환 때문인지 아니면 복용하고 있는 약물 때문인지는 알 수 없었다.

칩은 분열정동장애 진단을 받았다고 했다. 양극성장애처럼 감정 기복에 시달리는 한편 삽화 사이에는 조현병처럼 지속적인 비합리적 사고를 보이는 증상이다. 흥미롭게도 우리 집안에서 조현병 환자는 마셜이나 칩과 같은 의붓할머니 쪽 자손들이었던 반면, 기분장애와 약물 남용 문제는 에바 친할머니 쪽 자손들에게서 나타났다.

칩을 만난 건 그때가 마지막이었다. 그는 몇 년 뒤 서른 살 생일 직후에 권총으로 자살했다. 우리 집안사의 피폐함을 다시 한번 실감하게 한 사건이었다. 이제는 이런 일에도 무감각하다 못해 익숙해질 지경이었다. 나는 어떻게 제정신을 유지할 수 있었을까? 직업윤리에 매달리고 감정을 억눌러서? 아니면 그냥 유전적 뽑기 운이 좋았기 때문에? 당시의 나로서는 알 수 없는 일이었다. 그리고 지금도 여전히 알 길이 없다.

*

인턴 기간에 정동장애 클리닉에서 국제 심포지엄이 열렸다. 참석자 중에는 재미슨이 초청한 모겐스 쇼우 교수도 있었다. 덴마크의 정신과 의사인 그는 자신의 경력을 걸고 열성적으로 리튬의 양극성장애 치료 효과를 실험한 사람이었다. 오스트레일리아 학자 케이드가 발표한 짧은 논문은 정신과 의사 대부분에게 무시와 조롱을 당했지만, 쇼우는 케이드의 논문을 읽고 강한 호기심을 느껴 직접 실험에 나서기로 했다.

쇼우는 그 자리에 모인 소수의 수련의 앞에서 소매를 걷고 팔뚝을 뒤덮은 무시무시한 자줏빛 반점들을 보여주었다. "이 건선 증상은 반년 동안 리튬을 복용한 뒤 생긴 겁니다. 나와 우리 직원들이 직접 리튬을 복용해야 한다고 주장했거든요. 우리 몸에 실험해보지 않은 약물을 환자에게 처방할 수는 없는 일이니까요." 그러고는 정신과 레지던트들을 똑바로 가리키며 당신들은 직접 복용한 적도 없는 약물을 환자에게 처방하겠느냐고 물었다. 나로서는 예상조차 못 했던 영감과 솔직함, 도전 의식이 느껴졌다.

또 다른 강연에서 쇼우는 1960년대에 그의 팀이 수행한 리튬 임상실험 이야기를 들려줬다. 리튬은 항정신병약물 대부분과 큰 차이가 있다. 주기율표의 3번 원소로 땅에서 직접 캘 수 있는 천연 물질이기 때문이다. 리튬이 양극성장애의 위험성을 감소시킨다는 발견은 무수한 사람을 자살에서 구해냈다. 리튬 치료를 옹호한 최초의 학자 중 하나였던 쇼우는 제대로 실험되지도 않은 약물을 홍보한다는 이유로 여러 주요 의학지에서 조롱을 당했다. 하지만 실험하려면 일부 환자에게 리튬을 처방하는 동시에 대조군 환자에게는 위약을 처방해야 했다.

"정말 고민되더군요." 쇼우가 열정적으로 말을 이었다. "조울증의 자살 위험성이 엄청나다는 건 잘 알려져 있지요. 위약을 복용한 환자 중 하나라도 자살을 기도할 만큼 악화된다면 나 역시 살기가 싫어질 것 같았습니다." 그러나 쇼우는 천재적인 실험 계획을 고안해냈다. 쇼우의 팀은 양극성장애 환자를 성별과 삽화 강도에 따라 두 명씩 짝지었고, 그중에 리튬을 복용할 사람과 위약을 복용할 사람을 동전 던지기로 결정했다. 두 환자 중 한 명이라도 상태가 나빠지는 것 같으면 양쪽 모두 복용을 중단하고 실험에서 빠지게 했다. 연구팀은 기존의 원칙을 깨고 악화된 환자가 복용한 약이 리튬인지 위약인지 알려주었을 뿐만 아니라, 결정적으로 '위약 악화'와 '리튬 악화' 환자가 각각 몇 명씩 발생해야 통계상 유의미한지 정확히 계산해서 최소한의 환자들만을 상대로 실험을 진행했다. 그리고 필요한 만큼의 대조군을 확보한 즉시 실험을 중단했다.

"예상대로 십중팔구는 위약을 복용한 환자 쪽이 악화되었습니다. 이제 실험적 근거가 확보된 거죠." 이후는 우리가 잘 아는 대로였다. 리튬은 순식간에 최초의 실용적인 조울증 예방약으로 떠올랐으며, 추가 실험을 거쳐 1970년대 초에는 미국 내에서도 사용 허가를 받았다.

쇼우와 같은 역할 모델을 보면 희망이 생겼다. 열성적이면서도 윤리적인 정신보건 전문가가 되는 건 충분히 가능한 일이었다. 그러려면 분리하기보다는 통합하려고 노력해야 했다.

제이와 나는 화요일 저녁마다 성인 양극성장애 환자들을 대상으로 집단치료를 진행했다. 걷잡을 수 없는 조증과 끔찍한 우울증을 오락가락하며 살아온 이 사람들은 열심히 배우고 서로를 도우려 했지만, 자신의 상태를 점점 더 잘 알게 되면서 절망에 빠지기도 했다. 또한 경조증 기간의 자긍심과 솟구치는 창의력, 성욕뿐만 아니라 정신질환이라는 현실까지 받아들이지 않으면 결국 자신이 파멸하리라는 것을 깨닫기 시작했다. 집단치료는 그들로 하여금 '지속적인 조치가 필요한 환자'라는 정체성을 확립하게 하는 데 기여했다. 어째서 아버지의 젊은 시절에는 이와 비슷한 치료조차 존재하지 않았던 걸까?

집단치료 모임이 있던 늦가을의 어느 날이었다. 이십 대 후반 환자인 디나의 눈빛이 그날따라 흐릿했다. 디나는 시간이 지날수록 점점 더 불안정해 보였고, 집단치료가 끝날 때마다 자기가 고속도로를 달리는 차에서 뛰어내리는 환각이 보인다고 횡설수설 늘어놓았다. 그런가 하면 자기 죽음의 냄새가 느껴진다고도 말했다. 디나의 상태가 급속히 악화되고 있는 게 분명했다.

모임에 참가한 환자들이 서로 눈빛을 주고받았다. 다들 심각한 문제가 생겼음을 눈치챈 것이다. 우리가 묻자 디나는 얼마 전부터 약물이 필요 없다고 생각해서 복용을 중단했다고 털어놓았다. 마음속의 목소리가 약을 끊으라고 말했기 때문이다. 다음 순간 디나가 예고도 없이 방에서 뛰쳐나가더니 복도 문을 박차고 계단을 뛰어내려갔다. 제이와 환자 두 명이 곧바로 뒤따라갔다. 디나가 달아나 종적을 감추기 전에 얼른 병원으로 데려가야 했다. 나는 다른 환자들과 함께 뒤에 남아 있다가 디나를 근처 카페에서 찾아냈다는 소식을 듣자마자 일찌감치 모임을 끝냈다.

디나는 혼합 상태*에 빠져 있었다. 자제력이 심하게 저하되었으며 환청이나 환시뿐만 아니라 상상 속 냄새를 실제로 느끼는 환상 후각도 이따금 겪는다고 했다. 조증의 광적인 활력과 중증 우울증의 자기 파괴적 충동이 최악의 형태로 결합된 증상이었다.

제이와 나는 디나의 양옆에 서서 천천히 병원까지 걸어갔고 응급실 접수 직원에게 상황을 자세히 알려주었다. 집단치료를 진행할 때마다 우리가 하는 일에 환자들의 생사가 걸려 있다는 사실을 실감하게 되었다.

제이와 나는 몇 달 뒤 UCLA를 재방문한 쇼우 교수를 화요일 저녁의 집단치료 모임에 초대했다. 환자들은 쇼우의 저서를 읽고 그를 영웅처럼 떠받들고 있었다. 육십 대 중반인 쇼우는 지성과 자상함, 놀라운 침착함을 갖춘 사람이었다. 그는 대체로 관찰자 역할에 만족했지만 모임이 끝날 무렵 우리의 요청에 따라 몇 마디 마무리 발언을 했다.

"언젠가는 조울증 환자에게 약물뿐만 아니라 이런 집단치료도 필수적으로 처방되는 날이 올 겁니다." 쇼우는 차분한 어조를 유지하면서도 힘주어 이렇게 말했다. "집단치료는 하나의 신호 체계로, 환자들 서로가 새로운 삽화나 악화의 징후를 감지하고 추적하는 수단이 될 겁니다." 그러면 해당 환자가 담당 의사와 상의하여 약물 치료를 재개하거나 복용량을 늘릴 수 있으

* 조증과 우울증이 혼합되어 나타나는 비전형적 조울증 증상.

리라는 것이 쇼우의 설명이었다.

나는 쇼우의 균형 잡힌 시각에 매료되었다. 그 당시 양극성장애는 거의 유전적·생물학적 관점에서만 논의되고 있었다. 하지만 여기 세계적 전문가가 사회적인 상호 관계와 지지도 반드시 필요하다고 주장하고 있지 않은가. 나도 항상 마음을 열고 편협해지지 않게 폭넓은 사고를 해야겠다고 다짐했다.

1월 말에는 아버지가 비행기로 서던캘리포니아에 왔다. 일주일간 계속된 국제 학술회의의 마지막 행사에 참석하기 위해서였다. 전형적인 엘니뇨현상이 나타난 겨울이었다. 서던캘리포니아 분지는 호우로 침수되었다. 날씨가 다소 개자 아버지는 하루 시간을 내어 내 아파트가 있던 베니스 비치 주변을 둘러보기로 했다. 괴짜들이 많이 사는 동네였다. 롤러스케이트 유행은 지나갔고 그런지 스타일과 극단적 힙스터들이 뒤섞여 있던 시기였다. 몇 년 전에는 마셜이 머리칼과 수염을 흩날리며 베니스 비치의 산책로를 활보하고 예수로 자처한 바 있었다. 내가 대학원 1학년을 마치고 이 동네로 이사 왔을 무렵 내 성을 들은 이웃들은 베니스 비치의 예수가 네 사촌이었느냐며 기겁했다.

하지만 그날은 아버지 혼자서 청회색으로 반짝이는 태평양과 하얗게 부서지는 파도를 즐겨야 했다. 나는 의료 센터에서 빡빡한 일정을 소화하는 와중에도 바닷가를 거닐며 풍경을 감상하고 있을 아버지의 모습을 그려보았다. 오후 늦게야 차량

정체를 피해 가며 허둥지둥 아파트로 돌아올 수 있었다. 내가 들어서자 아버지는 기뻐하며 자기가 어린 시절을 보낸 이 지역을 얼마나 사랑하는지 이야기하기 시작했다.

"오늘은 몇 시간이나 걸어다녔다. 바다가 정말 근사하더구나. 산책로에서 보이는 전망은 또 어떻고." 베니스 비치가 정말 볼 만한 곳이긴 하죠, 나는 이렇게 대답했다.

"흥미로운 식당을 찾아서 점심을 먹었지." 아버지가 말을 이었다. "내 옆에 앉아 있던 사람들도 꽤 재미있었고 말이다." 그 말에 나는 귀를 쫑긋 세웠다.

"어떤 사람들인지 곧바로 알겠더구나. 옆자리에서 이야기하는 소리를 듣자마자 정신병원에서 지낸 적이 있는 사람들이란 걸 눈치챘거든."

나는 흥미를 느끼고 아버지를 돌아보며 그걸 어떻게 아느냐고 물었다.

"스티브." 아버지가 나를 똑바로 바라보며 대답했다. "나만큼 오래 정신병원에 있다 보면 나 같은 정신병자는 바로 알아볼 수 있게 된단다."

나는 아버지를 마주 바라보았다. 전망창 밖으로 아파트 뒤쪽의 버려진 주차장 대부분을 차지하는 범람원이 펼쳐져 있었다. 아파트는 바닷가에서 겨우 칠팔백 미터 떨어져 있었으니까. 나는 아버지에게 대답할 말을 찾으며, 빗물이 빠졌지만 아직도 군데군데 물웅덩이가 남아 있는 땅을 내려다보았다. 내가 아버지 말을 제대로 들은 걸까? '나 같은 **정신병자**'들이라고?

머릿속에 이런저런 말들이 떠올라왔다. '아버지, 바로 지금도 양극성장애에 관한 주요 학회에 참석하면서 유전자와 약물의 발전상에 관해 듣고 계시잖아요. 제가 대학원에 들어간 뒤로 계속 보내드린 연구 보고서도 읽으셨고요. 아버지는 유전적 요인 때문에 비이성적 조증과 심각한 우울증을 겪는 양극성장애 환자예요. 광인이나 정신병자가 아니에요.'

하지만 결국 그렇게 말할 수는 없었다. 내가 뭐라고 아버지에게 본인에 관한 생각을 강요하겠는가? 내가 아버지에게 보낸 자료들, 아버지가 몇 년 사이 읽은 양극성장애에 관한 설명은 이미 형성된 자아상의 표면을 건드렸을 뿐 그것을 근본적으로 변화시킬 수는 없었다. 자기는 **우리**가 아니라 **그들** 중 하나라는 생각 말이다. 열여섯 살에 강제 입원을 당하면서 아버지는 본인에게 깊은 도덕적 흠결이 있다는 관점 하에 자아를 형성한 것이다. 낙인은 아버지의 평생 동반자였다.

어둑해지는 하늘을 바라보고 있노라니 문득 이런 깨달음이 엄습했다. 십 대 시절 죽은 사람 취급을 받으며 정신병원에 갇히고 침대에 묶여 주변의 광증을 목격한 뒤, 아버지는 자기 머릿속에 떠오르는 모든 아이디어가 무의미하다고 느끼게 된 것이라는. 이후 바이베리와 콜럼버스 시립병원에서의 경험은 아버지의 자아를 더욱 손상시켰다. 중년 이후 새로이 알게 된 그 어떤 사실도 이미 아버지의 뼛속 깊이 스며든 생각, 자신이 근본적으로 남들과 다르고 온전하지 못한 미친 사람이라는 생각을 바꿀 수는 없었다.

절절하고 뻐저린 아픔이 느껴졌다. 뒤늦은 진단과 치료로는 이미 각인된 사고를 변화시킬 가능성이 거의 없었다. 우리는 우리가 치료해야 하는 사람들의 말에 귀 기울여야만 했다.

대학원 과정도 끝나가고 있었지만, 나의 진정한 수업은 그때부터 시작이었다.

11
마음속의 심연

아버지는 심신이 서서히 쇠퇴해감을 느끼고 내가 대학원을 졸업하는 것과 동시에 부분적 은퇴를 결심했다. 한 학년에 한두 학기만 강의하면서 철학과에서 더 젊고 활기찬 교수들을 채용할 자리를 내주기로 한 것이다. 나는 샐리랑 어머니와 상의해 비밀 계획을 짰다. 캘리포니아에서 비행기를 타고 가서 오하이오 주립대학교에서 열릴 아버지의 공식 은퇴 만찬에 기습 등장할 생각이었다.

따스한 5월 저녁의 햇빛이 사위어가면서 캠퍼스의 타원형 잔디밭 위로 황금빛 석양이 펼쳐지고 있었다. 나는 서둘러 교수회관으로 달려가 정문 계단에서 동료들과 대화하고 있던 아버지를 따라잡았다. 내가 어깨를 건드리자 아버지는 "아니, 여긴 어쩐 일이냐!"라고 외치며 활짝 웃었다.

저녁 내내 기념 연설과 전 세계 철학자들이 보낸 찬사의 전보 및 편지 낭독이 이어졌다. 아버지는 오하이오 주립대에서 지낸 삼십오 년간에 감사를 표하며 앞으로도 한동안 잘 부탁드린다고 말했다. 하지만 나는 행사가 시작되기 직전 학과장에게서 아버지가 조기 은퇴를 결심한 게 다행이라는 은밀한 귀띔을 들은 터였다. 다른 교수들에게서 아버지가 물러나야 한다는 압박이 들어온 지 한참 되었다고 했다. 아버지는 철학과의 골칫거리가 되어가고 있었다. "아버님이 스티브 자넬 무척 자랑스러워하시더군. 아버지가 은퇴 후 일상에 잘 적응하시도록 자네가 도와드릴 수 있겠지. 행운을 비네." 나는 저녁 내내 새로운 부담감을 의식하며 만찬 석상에 앉아 있었다.

어머니는 관절염으로 절름거리면서도 꿋꿋이 하루하루를 헤쳐가고 있었다. 양손과 두 발의 중요한 뼈들을 인공 뼈로 교체하는 수술을 받을 예정이었다. 어머니는 여전히 정력적으로 활동 중이었지만 통증이 그치지 않았다. 그런 상황에서 부분적 은퇴를 한 아버지는 어색하고 불안정해 보였다. 서로 멀어져 각자의 궤도를 돌고 있는 부모님에게 내가 그 어떤 중력이나 안정성을 부여할 수 있었겠는가? 처음부터 낙인의 그늘 속에 살아온 우리 가족이 솔직한 대화의 기쁨을 누릴 가능성은 보이지 않았다.

나는 이후로도 며칠 더 본가에 머물렀다. 날씨는 흐리고 습했다. 서재에 있는 아버지와 대화해보려 했지만, 아버지는 멍하고 무기력한 모습이었다. 이제 공식화된 은퇴 때문일까, 아니면 조증에 흔히 뒤따르는 우울증일까?

내가 인턴 수련을 하는 동안 재미슨은 정동장애 클리닉의 모든 수련의가 돌아가며 환자 면담에 동석하게 했다. 구식이지만 그만큼 효과적인 수련 방식이었다. 내가 동석했을 때 재미슨이

면담한 환자는 평생 양극성장애를 겪은 사람이었다. 왕성하면서도 때로는 파괴적인 조증 상태가 지나고 이제는 심각한 우울증 상태에 빠져 있었다. 나는 절망적인 울부짖음을 듣게 될 거라고 예상했지만, 기품 있는 인상의 그 남자는 오십 분 내내 전혀 동요하지 않고 차분히 이야기했다. 평생의 허황한 몽상과 발명, 실패한 벤처 사업과 결혼 생활을 냉정하게 묘사하는 그의 얼굴은 화강암처럼 무덤덤해 보였다. 마치 온몸에서 감정이 쭉 빠져나간 사람 같았다. **이런** 게 양극성장애구나, 하는 생각이 들었다. 정신질환의 심각성을 새삼 실감했고, 아버지가 우울증을 겪을 때 멍하고 둔감해지는 이유를 이해할 것 같았다.

나는 다시 한번 아들이자 의료 상담사이자 조언자로서의 선을 넘었다. 담당 의사에게 연락해서 리튬 치료와 별도로 항우울제 처방을 요구하라고 아버지에게 간청한 것이다. 리튬이 조증 진정에 있어서는 뛰어나지만 우울증 완화 효과는 떨어진다는 점이 확실해졌기 때문이다. 아버지가 내 눈앞에서 시들어가는 모습을 지켜볼 수는 없었다. 하지만 내가 아무리 간청해도 아버지는 멍하니 나를 바라볼 뿐이었다. 무기력이 사방에서 풍겨오는 악취처럼 내 몸에 들러붙는 것 같았다.

내가 캘리포니아로 돌아간 뒤 아버지는 결국 항복하고 담당 정신과 의사에게 연락했다. 하지만 의사가 처방해준 항우울제는 아직 제대로 검증되지 않은 신약이었다. 얼마 지나지 않아 아버지가 겁에 질린 목소리로 내게 전화했다. “앞이 잘 안 보이는구나. 이제는 운전하기도 힘들어. 안과의사는 황반변성 같다고 하더라. 새로 복용한 약도 어느 정도 원인이 됐을 거라고.” 실제로 당시 새로 개발된 항우울제 일부에 그런 부작용이 있다는 것이 밝혀진 터였다. 조증에 뒤따르는 우울증을 치료하는 데 특화된 약물은 21세기에 들어선 이후에나 개발되었다. 그중에도 가장 유명한 라모트리진(상품명 라믹탈)은 지금까지 여러 양극성 우울증 환자들의 삶을 개선해주고 있다.

불길한 징조는 대학원 시절부터 이미 느끼고 있었다. 어머니와 함께 서던캘리포니아에 찾아왔을 때도 아버지는 살짝 몽롱하고 심지어 혼란스러운 듯 보였다. 손 떨림도 유난히 심했다. 리튬의 부작용 중에는 신장 기능 억제도 있으므로, 특히 노인 환자는 체내의 리튬이 제대로 배출되지 않아서 혈중 리튬 농도가 높아질 수 있다. 다음 날 아침 어머니가 전화해서 상황이 더 악화되었다고 전했다. 아버지가 자물쇠에 열쇠를 꽂을 힘도 없고 밤새 구토했다는 것이었다. 나는 즉시 UCLA 대학병원에 전화해서 아버지의 입원 절차를 밟았다. 아버지의 혼란스러워하는 모습, 무기력, 구토가 모두 리튬 과다 복용의 징후였음을 씁쓸한 마음으로 인정할 수밖에 없었다.

정신보건 분야에서 마법적 특효약 같은 건 없다고 봐야 한다. 나는 홀로 아버지의 대변자로 나섰지만 역시 역부족이었다. 회한과 자책이 배터리에서 새어나오는 전해액처럼 나를 차츰 갉아먹었다. 우리의 대화 속에 침묵의 제3자처럼 존재하던 아버지의 양극성장애가 또다시 고개를 들려 하고 있었다.

*

나는 박사 후 연구원으로 캘리포니아 대학교 샌프란시스코 캠퍼스의 랭글리 포터 연구소에 들어갔다. 내가 샌프란시스코에 도착했을 당시 정신의학과 학과장은 저명한 정신분석가 로버트 월러스타인이었다. 내가 그곳을 떠난 이 년 뒤에 학과장 자리는 기초 세포 과정을 전공했고 월러스타인만큼 저명한 생물심리학자인 새뮤얼 배런디스가 맡았다. 서로 대칭적이라고 할 만큼 정반대의 접근법을 사용하는 두 학자였다. 둘로 분열된 정신보건 분야를 통합할 길은 어느 모로 보나 요원한 듯했다.

로버타는 이미 버클리로 이사해 사회복지학 석사과정을 시작한 참이었다. 우리는 함께 집을 빌렸고 마침내 결혼하기로 했다. 그동안 로버타만큼 내게 힘이 되어준 사람도 없지 않았는가? 하지만 나는 어린 시절부터 인이 박인 습관을 버리지 못하고 있었다. 내게는 통제된 일상의 굴레를 과감히 벗어날 즉흥성이 없었다. 나는 제이를 비롯한 몇몇 친구들에게 흉금을 털어놓았고 최대한 자주 풋볼이나 농구로 스트레스를 풀었으며, 정신질환의 수수께끼를 해결할 마스터플랜에도 계속 매달리고 있었다. 하지만 내 삶의 핵심 영역에 있어서는 여전히 솔직하지 못하고 철벽을 친 것처럼 느껴졌다. 나는 날아오르는 대신 서서히 가라앉고 있었다.

그래도 학계에서의 실적은 차곡차곡 쌓여갔다. 나는 주의력 결핍 및 과잉행동장애가 있는 아동을 다룬 연구 논문을 출간했다. 이런 아동을 치료하려면 약물 등의 생물학적 수단과 인지행동치료 등의 심리사회적 개입을 병행해야 최대의 효과를 볼 수 있으며 특히 사회적 상호 관계 측면에서는 더욱 그렇다는 내용이었다. 나는 몇 군데의 교수직에 지원하는 한편 제의받은 자리를 여러 차례 거절하기도 했다. 로버타가 임신을 했기 때문이다. 나는 도보로 출퇴근할 수 있는 버클리에서의 초청 강사 자리를 받아들였다. 가을이 오자 신입 계약직 강사로서 신나게 캠퍼스로 걸어가 수업을 했고 이 분야의 거장들 사이에 끼어 연구를 계속했다. 하지만 종신 재직권이 없는 자리에 머물러봤자 좋을 게 없음을 알았기에 다음 해 봄부터는 UCLA에서 조교수로 일하기로 했다. 그곳이라면 나를 아는 사람이 많은데다 우리 식구도 계속 캘리포니아에 머물 수 있을 터였다. 1986년 말에 로버타와 나는 생후 7주째인 제프리를 카시트에 태우고 5번 주간고속도로를 달려 황량한 서던캘리포니아의 풍경 속으로 돌아왔다.

그해 봄에 아버지는 팜스프링스에서 지내던 어머니와 합류하고 함께 아파트를 빌려 여러 달 머물고 있었다. 3월이 되어 낮이 길어지자 새벽 다섯 시 반부터 이층 침실로 쏟아져 들어오는 눈부신 햇살 덕에 아버지 기분도 좋아진 듯했다. 로버타와 내가 방문하는 동안 아버지는 그칠 줄 모르고 끝없이 이야기했다. 아버지는 일 년 전 콜럼버스에서 이미 리튬 복용량을 최소로 줄였지만, 사우스워 박사는 그 정도도 부작용을 일으킬 수 있다며 아예 끊으라고 권고했다. 그해 봄 내내 나는 아버지의 증상이 미약한 경조증 이상으로 진행되지 않기만을 간절히 빌었다. 일촉즉발의 상황이었다. 양극성장애 환자는 나이를 먹으면서 조울증의 악순환이 잦아들기도 하지만 반대로 오히려 심해지는 일도 있다. 아버지가 어느 쪽일지는 아직 속단하기 어려웠다.

그로부터 한 달 뒤 아버지는 콜럼버스로 돌아가서 학수고대하던 오하이오 주립대에서의 강연을 들으러 갔다. 우리의 첫 대화 몇 달 전에 내가 크리스마스 선물로 드린 《분열된 자기》의 저자 R. D. 랭의 강연이었다. 랭은 정신의학뿐만 아니라 실존철학 분야에서도 유력 인물이었고 아버지는 이후로 꾸준히 그의 저작을 탐독했다. 강연이 끝난 뒤 아버지는 랭에게 자신을 소개한 뒤 그를 우리 집으로 초대했는데, 이유는 모르겠지만 랭도 초대를 받아들였다. 두 사람은 집으로 와서 어머니에게 인사하고 바로 서재로 들어갔다. 아버지는 진과 버번위스키 병 그리고 잔 두 개를 캐비닛에서 꺼냈다. 두 사람은 서재의 미닫이문을 닫은 뒤 늦게까지 술잔을 기울이며 대화를 나누었다. 랭은 새벽녘에야 택시를 타고 호텔로 돌아갔다.

그 무렵 랭은 지면을 통해 자신의 정신질환 경험을 공개한 터였다. 아버지 역시 자기 경험을 어느 정도 털어놓았으리라. 두 사람이 나눈 대화의 녹음테이프가 존재한다면 그걸 손에 넣기 위해 어떤 대가라도 지불할 텐데!

아버지는 몇 달 내내 들뜬 상태로 지냈지만, 심각한 조증에 빠져 입원하는 사태는 피할 수 있었다. 아버지가 리튬은 물론 그 밖의 어떤 약물이나 치료도 없이 맑은 정신을 유지할 수 있었던 건 순전히 운이 좋아서였다고밖에 할 수 없다.

그 무렵 아버지와 나의 대화는 점차 예전과 다른 양상을 띠고 있었다. 우리가 서재에 앉으면 아버지는 빽빽한 서류 보관함에서 편지와 손으로 쓴 일기가 든 마닐라 봉투를 꺼내 책상 위에 펼쳐놓곤 했다. 노란색 유선 메모장에 갈겨쓴 메모도 있었고 깔끔하게 한 줄씩 띄워가며 타자기로 정리한 기록도 있었다. 아버지가 이런 글을 쓰기 시작한 지 얼마나 오래된 걸까? 아버지 외에 이 글들을 본 사람이 있기는 할까?

글 대부분이 아버지의 유년 시절에 관한 내용이었다. 그중 하나에 따르면 할아버지가 재혼한 후 의붓할머니는 주니어를 마음대로 훈육해도 좋다는 할아버지의 허가를 받았다고 했다. 아버지의 형들은 이미 제법 나이를 먹은 터였지만 아버지 정도면

버릇을 잡기에 충분히 어리고 고분고분할 거라고 생각했던 모양이다. 아버지가 말했듯 할머니는 라틴아메리카에서 미션스쿨을 책임진 적 있는 선교사였으니까. 그분은 집에 찾아온 손님들 앞에서 아버지의 뛰어난 학업 성적과 신앙심을 칭찬하곤 했지만 그만큼 기대치도 높았다.

소변을 본 뒤 변기 시트를 내려놓지 않거나 건방진 말을 하는 등의 사소한 잘못도 체벌로 이어질 수 있었다. 의붓할머니는 아버지를 꾸짖으며 따끔한 벌을 받아야겠으니 네 방에 가서 기다리라고 명령하곤 했다. 아버지는 의붓할머니가 1925년에 자기 언니에게 쓴 편지 한 통을 보관하고 있었다.

> 이번 주에 있었던 일이야. 집 앞에 나가서 채소 장수한테서 물건을 좀 사고 있었거든. 근데 마침 길가에 하교하는 애들이 보이더라고. 그 사이에서 주니어가 이렇게 윽박지르는 소리가 들리지 뭐야. "입 닥쳐! 코 좀 조용히 풀란 말이야. 안 그러면 대가리를 갈겨줄 테니까!" 다섯 살짜리 애가 쓰기엔 너무 거칠고 천박한 말이라고 생각했지. 그래서 걔가 집에 도착하자마자 이렇게 물었어. "주니어, 너 길 건너편에 사는 친구한테 상스러운 말을 썼지?" 그 애가 허를 찔린 표정을 짓더니 고개를 저으며 "아뇨, **걔한테** 그런 말 안 했어요."라고 대답하더라. 그래서 다시 물어봤지. "그럼 누구한테 한 말인데?

누구한테 했든 상스럽고 거친 말이긴 마찬가지야." 그런데도 주니어는 "아무한테도 그런 말 안 했어요"라고 우기는 거야. 그러다가 결국 울음을 터뜨리더니 훌쩍이면서 "**바람에다** 대고 한 말이라고요"라지 뭐니.

어이없지 않아? **바람**이라니! 하여간, 설사 바람에 대고 한 말이라 해도 길가에서 큰 소리로 외칠 법한 내용은 아니었어.

편지 여백에 아버지는 손으로 이렇게 적어놓았다.

그날 내가 울음을 그치고 나서 어머니는 나더러 화장실 구석에 가서 바지를 내리게 한 다음 내 알궁둥이를 때렸다. "다시는 입 닥치란 말 하면 안 돼. 사람에게든 물건에게든 말이야"라고 말하면서.

그 뒤로도 혹독한 매질이 이어졌다.

아버지가 손으로 쓴 일기는 거의 모두 할머니에게 엉덩이를 맞았다는 내용이었다. 아버지가 나이를 먹으면서 매질도 더욱 거세졌다. 아버지가 초등학교 1학년을 회상한 글은 이렇게 시작되고 있었다.

집에서의 엄한 훈육에 길들어 있던 내게 진보적 성향의 학교와 너그러운 교실 분위기는 반가운 변화였다. 나는 금세 이런 자유로움을 이용해 멋대로 굴기 시작했고 (…) 어머니가 계신 집에서는 절대로 할 수 없을 행동도 저질렀다. 다시 말해 어릿광대짓을 하게 된 것이다. 하루는 옆자리 친구들과 계속 수다를 떨고 낄낄거리다가(프랑스어 수업 시간이었는데 이 과목 선생님은 너그럽다기보다 다소 팍팍한 분이었다) 잔뜩 화가 난 선생님에게 이런 말을 들었다. "네 태도attitude가 마음에 안 드는구나." 나는 그 말을 듣자마자 벌떡 일어나서 책상 위에 올라선 다음 이렇게 대꾸했다. "그럼 제 고도altitude는 마음에 드시나요?"

아이들이 일제히 폭소를 터뜨렸다. 나는 즉흥적 장난의 성공에 우쭐한 나머지 내 행동의 무례함이나 이 일이 불러올 결과는 미처 생각하지 못했다. 어리석게도…….

아버지는 교장실로 보내졌다. 교장은 집에 전화를 걸어 아버지의 비행을 보고했다. 전화를 받은 사람은 할머니였다.

집에 도착한 순간 상황이 뒤집혔다. 어머니는 집에 다른 식구가 없는 틈을 타서 나를 체벌로 속죄시키려 했다. 그렇게 오래 엉덩이를 맞은 건 처음이었다. "네 버릇이 고쳐질 때까지 일주일에 한 번씩 이렇게 때릴 거야." 어머니는 차분하지만 엄한 목소리로 말했다. “앞으로 석 주 동안 오늘처럼 엉덩이를 맞을 각오를 하렴. 무슨 요일 어느 시간에 맞을지는 네가 정하고.”

나는 그 말에 따라야 했고 그 뒤로도 세 번 더 어머니에게 엉덩이를 때려달라고 **요청**했다.

아버지가 타자로 친 글은 이렇게 이어지고 있었다.

사소한 잘못을 처음 저질렀을 때는 따귀를 세게 한두 번 얻어맞고 꾸지람을 듣는 데 그쳤다. 하지만 그런 잘못을 또 저지르면 화장실에 가서 기다리라는 명령을 들어야 했다. 어머니는 비누와 물에 적신 목욕 수건을 꺼내 내 입에 비누칠을 하고 빡빡 문지르곤 했다. 비누칠 자체는 그렇게 힘들지 않았지만, 어머니의 의분에 찬 표정과 거대한 몸집(어머니는 키가 160센티미터 정도였지만 몸무게는 90킬로그램이 넘었다) 때문에 내겐 무척 고역스러운 처벌이었다. (…) 내가 좀 더 나이를 먹자 어머니는 비누 대신 피마자유를 쓰기 시작했다. (…) 더 큰 잘못을 저질렀을 경우 무조건 바지를 내리고 엉덩이를 맞아야 했다. 처음에는 일층 화장실에서였지만 나중에는 이층의 내 침실에서 맞게 되었다. 엉덩이를 맞는 일은 언제나 고통스러웠지만(내가 다섯 살이었던 초반에는 열다섯 대에서 스무 대 정도를 맞았다) 당시에도 나는 울지 않았다. 맞는 동안에든 맞고 나서든 말이다. 자존심과 반항심 그리고 허세 때문이었다.

아버지는 다른 일기에 이렇게 적기도 했다. 당시에는 그런 용어가 존재하지 않았으며 어머니가 자기를 똑바로 키우려고 그랬다는 건 알겠지만, 아무리 생각해도 자신이 요즘 말하는 아동학대의 피해자인 것 같다고.

아버지의 글은 내 생각이 바뀌는 계기가 되었다. 아버지의 증상은 단순히 세 살 때 친어머니를 여읜 것 때문이 아니었다. DNA 조합의 문제만도 아니었다. 유년기의 처벌이 아버지의 자아상과 세계상에 어떤 결정적인 영향을 미친 것이다. 아버지에게 유독 강렬하게 남은 기억은 잘못을 저지른 뒤 위층에 올라가 있으라는 어머니의 말에 따라 꼼짝없이 체벌을 **기다리던** 시간이었다.

침대에서 기다리는 시간이 짧은 날도 있고 한 시간 넘도록 긴 날도 있었다. 어머니의 눈빛과 표정은 항상 엄격했지만, 태도 자체는 교칙을 위반한 여학생을 처벌하는 교장처럼 점잖기 그지없었다. (…) 어머니의 목소리는 차분했지만 도덕적 분개로 가득했다. 자기가 정한 규율을 위반하면 무조건 처벌을 받아야 한다는 확신이 느껴졌다. (…) 어머니는 한참 설교를 하고 나서 항상 이렇게 물었다. "그래, 네 생각에도 벌을 받아야겠지?" 나는 얌전히 네, 라고 대답하곤 했다. (…) 내가 침대에 올라가 무릎을 꿇으면(체벌을 받을 때의 정해진 자세였다) 어머니는 의분에 찬 몸짓으로 손을 들어서 내 엉덩이에 피할 수 없는 고통을 가했다. 규칙적이고 날카로운 아픔이 느껴졌다. 아직도 그날의 그리고 이후로도 수없이 이어진 매질의 소리와 촉감이 생생히 떠오른다. 찰싹! 찰싹! 찰싹! (…)
아마도 내가 처음 채찍질을 당한 날이었던 것 같다. 어머니는 내가 채찍을 맞다가 무의식중에 움찔거려서 다칠 수도 있으니 때리기 전에 내 몸을 묶어놓는 게 낫겠다고 말했다. (…) 강직한 독일계 미국인 감리교 신자였던 외할아버지가 어머니를 채찍으로 때렸듯이, 이제는 어머니가 나에게 채찍질을 해야 했다. 나는 어머니가 나를 깊이 사랑했다고 확신한다. 어머니가 나를 올바르게 키우려면 채찍질이 필요하다는 것을 굳게 믿었다고.

할머니는 체벌을 시작할 때 라틴아메리카에서 선교 활동을 하던 시절을 떠올리며 의식을 거행하듯 스페인어로 이렇게 말하곤 했다.

"프레센타메, 포르 파보르, 투스 나글라스 데스누다스 파라

추란테(내가 때릴 수 있게 궁둥이를 내놓으렴)."

"임메디안타멘테, 마드레(네, 어머니)." 나는 이렇게 대답하곤 했다.

처음에는 아버지 바로 손위인 밥 삼촌이 함께 벌을 받을 때도 있었다. 아버지는 삼촌과 자신의 태도 차이에 관해 이렇게 적었다.

> 어머니는 아직 어렸던 나에게 체벌을 가하면서 깜짝 놀랐다. 내 바로 위의 형과 달리 나는 엉덩이를 맞아도 결코 울거나 소리 지르지 않았기 때문이다. 나중에는 십 대 여학생들을 체벌했던 때보다 더 세게 채찍질을 하는데도 울지 않는다면서 나를 칭찬하기도 했다. 어머니는 어린데도 극기심이 강한 내게 놀라면서도 그런 나를 종종 칭찬해주었다. 지금 생각해보면 아마도 내가 침묵을 지킨 덕분에 계속 체벌해도 들키지 않았기 때문이리라. 내가 소리 질렀다면 누군가 들었을 테니까.

아버지가 유독 심하게 엉덩이를 맞거나 채찍질 당한 날이면 의붓할머니는 상처에 올리브유를 발라주며 달래기도 했다. 사춘기에 접어들면서 그 감각은 관능적인 쾌감으로 변해서, 아버지는 정액 배출을 할머니에게 묶여서 체벌을 받는(그리고 위로받는) 일과 연관 짓게 되었다.

최근의 중요한 연구에 따르면 양극성장애의 요인은 유전일 가능성이 매우 크지만, 학대 역시 주요 요인이 될 수 있다고 한다. 조울증 성향이 있는 사람이 정신적 외상을 입으면 조울증이 일찍 발발하며 삽화도 더욱 빈번하고 치료하기 어려워질 수 있다는 것이다. 학대 경험은 자살 성향도 증대시킨다. 간단한 해답이나 기적적인 치료법은 존재하지 않으며, 분리가 아니라 통합적인 대응이 필요하다.

*

막 아버지가 된 나는 하루는 고사하고 한 시간 사이에도 수없이 바뀌는 제프리의 표정을 보는 데 푹 빠져 있었다. UCLA의 유아 보육 센터가 마침 내 사무실 바로 아래층인 심리학과에 있었기에 일하면서 제프리에게 분유를 먹일 수 있었다. 하지만 공공보건 석사과정을 새로 시작한 로버타는 노던캘리포니아로 돌아가고 싶어 했다. 결정하기 어려운 문제였다. UCLA에는 방대한 자료가 갖춰져 있었으며 나도 괜찮은 대우를 받고 있었다. 하지만 많은 교수가 (악의는 없었겠지만) 나를 아직 견습생 정도로 여기는 듯했다. 세상에 쉬운 일이란 없었다.

연구가 진척된 결과 1980년대 말에는 조현병과 양극성장애를 결정하는 유전자가 곧 발견될 거라는 소문이 돌았다. 모두가 크게 흥분했지만, 그로부터 수십 년 뒤에야 어떤 정신질환도 단일 유전자에 의해 결정되지 않는다는 엄연한 사실이 밝혀졌다. 정신적 취약성은 복잡한 유전자 조합과 환경의 상호작용으로 나타난다. 유전자가 화학적·환경적 신호에 따라 후생적으로 활성화된다는 점이 확실해지면서, 정신의학과 심리학의 역사에서 항상 대세였던 '본성 대 양육'의 관점이 깨졌다. 이처럼 단순한 이분법에 반박하는 궁극적 논지는 특정한 정신질환에 대한 유전적 취약성이 사실은 학대나 생활 스트레스 등 여러 환경적 영향에 대한 극도의 예민함일 수도 있다는 것이었다. 이런 사실을 염두에 두면 양자택일적 논지를 거부할 수밖에 없다. 다시 말해 정신질환의 원인을 이해하고 그에 따른 낙인을 극복하려면 폭넓은 사고와 통합적 관점이 필요하다는 것이다.

*

내가 UCLA 대학원에 입학한 1970년대 말부터 어머니는 온몸에 파고든 중증 류머티즘 관절염을 완화시키기 위해 겨울마다 팜스프링스에 가서 지냈다. 어머니의 담당 의사가 따뜻한 날씨가 도움이 될 거라고 조언했기 때문이다. 아버지는 겨울학기 강의를 마치고 몇 주 늦게 어머니와 합류하곤 했다. 어머니는 사막과 그곳의 쪽빛 저녁 하늘, 아메리카 원주민들의 예술 작품을 좋아했다. 나도 주말에 짬이 날 때마다 로스앤젤레스에서 차로 두 시간을 달려 어머니를 만나러 갔다. 나와 함께 도시 외곽으로 드라이브를 나가는 오후면 어머니도 흉금을 털어놓곤 했다. 높다란 산봉우리들 아래 펼쳐진 장대한 모래사막에는 사람을 솔직하게 만드는 힘이 있었다.

내가 UCLA 조교수로 일하던 해의 어느 날 오후, 어머니는 유난히 언급하기 힘들었던 주제를 꺼냈다. 아버지와의 결혼 생활 초창기 이야기를 하다가 머뭇거리며 이렇게 말한 것이다. “생각해보면 처음부터 문제가 생길 거라는 징조가 있었지.” 어머니는 잠시 말을 끊었다가 덧붙였다. “얘기하기가 정말 어렵구나, 스티브.”

결혼 첫해에 부모님은 캠퍼스 근처 올렌탠지강 건너편의 집을 빌렸다. 두 사람이 함께할 미래를 상징하는 듯했던 그 집을 어머니는 무척 마음에 들어 했다. 두 사람 모두 아기가 태어나 어엿한 가족이 완성될 날을 고대하고 있었다. 나는 고속도로와 양옆으로 펼쳐진 드넓은 사막을 주시하면서도 어머니의 말에 귀를 기울였다.

“하지만 너희 아빠에겐 뭐랄까, 변태적인 면이 있었어. 어느 날 밤은 잠자리에 들려는데 그 사람이 나한테 이런 부탁을 하지 뭐냐. 사랑을 나누기 전에 자기 몸을 묶어달라고 말이다.”

처음에 어머니는 아버지의 요청을 어떻게 받아들여야 할지 몰랐지만, 아버지의 눈빛을 보고 진심으로 한 말이라는 걸 깨달았다. "너희 아빠가 그러더구나. '의붓어머니가 자주 그랬던 것처럼 날 묶어줘. 어린 내가 어머니에게 벌을 받을 때 그랬던 것처럼 말이야.'" 어머니의 충격적인 이야기에 나는 아무 말도 할 수 없었다.

어머니가 말을 이었다. "난 이렇게 되물을 수밖에 없었지. '당신을 묶어달라고?' 정말 어떻게 생각해야 할지 모르겠더구나, 스티브. 내가 어쩌다 이런 상황이 됐는지 도무지 알 수 없었어. 난 평범한 중서부 출신 여자였고 내 친구들은 대부분 고등학생 때의 남자친구랑 결혼했는데 말이다. 나는 캘리포니아에서 온 매력적인 철학자와 함께 살고 있었지만, 그 사람의 과거에 관해서는 아무것도 몰랐어."

한동안 침묵이 흘렀다. 들리는 것이라고는 평평한 회색 도로를 굴러가는 자동차 타이어의 나직한 소음뿐이었다.

"나는 얼른 뭐라고 대답해야 할지 궁리했어. 내 의사를 분명히 밝혀야 한다는 걸 알았으니까. 그래서 단호히 이렇게 말했지. '버질, 난 당신 의붓어머니가 아니야. 당신 양육자도 아니고 정부도 아니라고. 난 당신 아내니까 당신을 묶거나 하진 않을 거야."

나는 말없이 생각에 잠겼다. 의붓할머니는 체벌을 가하기 전에 아버지를 침대에 묶었단 말이지. 노어크의 잡역부들도 아버지가 한밤중에 돌아다니지 못하도록 침대에 묶었고. 바이베리의 동료 죄수들도 아버지를 구타하기 전에 안마에 엎드려 움직이지 못하게 했다고 그랬어.

슬슬 이해될 것도 같았다. 아버지로서는 그리될 수밖에 없지 않았겠는가?

어머니는 감당하기 어려운 부담을 지고 수십 년을 지냈다. 아버지의 광증, 정신질환과 관련된 모든 일에 따르는 사회적 낙인과 침묵, 우리 가족을 지키기 위해 항상 과잉 각성 상태로 지낼 수밖에 없었던 사정. 그런 부담 때문에 어머니의 면역계에 무리가 생겼고 관절염에 걸렸으며 전신이 쇠약해졌다. 그러나 어머니의 정신만큼은 절대로 무너지지 않았다.

어머니는 이렇게 이야기를 끝마쳤다. "그 순간 깨달았단다. 우리 결혼 생활이 결코 내가 예상한 대로 굴러가지 않으리라는 걸 말이지."

차 안에 숨 막힐 듯한 침묵이 흘렀다.

12

점진적 쇠퇴

2009년 초봄의 습한 저녁이었다. 나는 버클리에서 내 신간 저서 《삼중 구속The Triple Bind》을 낭독하고 있었다. 소규모 관중 앞에서 책의 주요 전제를 논하는 자리였다. 최근의 문화적 압력 때문에 십 대 여자아이들이 과거보다 한층 더 우울증, 폭식증, 자해에 빠지기 쉬워졌으며 유전적으로 취약하거나 학대 경험이 있다면 더욱 그렇다는 점 말이다. 여자아이라면 세심하고 친절하면서도 학업과 스포츠에서도 뛰어나야 한다는(그러면서도 악바리처럼 보이면 안 되고 외모도 매력적이어야 한다는) 사회적 메시지가 점점 더 강화되고 있어서 결국 무기력하게 내면으로 침잠하게 된다는 것이다.

질의응답이 시작되자 뒷자리에 앉아 있던 노신사가 가장 먼저 손을 들었다. 그가 또렷하면서도 떨리는 목소리로 입을 열자 모두가 입을 다물고 귀를 쫑긋 세웠다. "여러분에게 먼저 일러두고 싶은 말이 있습니다. 엄청난 기시감이 느껴지는군요. 오래전에 저는 힌쇼 교수님 부친의 제자였습니다. 오하이오 주립대학교의 저명한 버질 힌쇼 말이지요." 사람들이 웅성거리기 시작했다.

나는 충격을 감추려 애쓰면서 그 노신사와 다른 사람들의 질문에 차례로 대답했다. 행사가 끝나자 노신사가 천천히 연단으로 걸어오더니 자신을 소개했다. 그의 이름은 조엘 포트로, 약물 남용을 비롯하여 법적·윤리적 문제에 관심이 많은 베이에어리어 지역의 심리학자였다. 그는 평생 진보적 정책을 수립하기 위해 투쟁했고, 1970년대에는 패티 허스트 사건*에서 피고가 납치된 뒤 '세뇌'당했다는 변호인 측의 주장을 반박하는 증언도 했다. 하지만 그는 무엇보다도 우리 아버지 이야기를 하고 싶어 했다. 나는 조엘이 사망한 2015년까지 그를 몇 번 더 만나서 대화를 나누었다. 그사이 조엘도 여든을 넘겼고 신체적으로 쇠약해진 기색이 역력했지만, 기억력만은 전혀 쇠퇴하지 않은 듯했다.

1946년에 조엘은 오늘날의 우수 학생 프로그램과 비슷한 절차를 통해 오하이오 주립대학교에 조기 입학한 열여섯 살 신입생이었다. 그는 철학과 심리학에 이끌렸으며 특히 철학과의 매력적인 신임 교수 버질 힌쇼 주니어에게 푹 빠져 있었다. 힌쇼 교수의 교양 강의를 수강하던 조엘은 그의 연구실로 직접 찾아갔고, 젊은 교수와 그 동료들은 조엘을 비롯한 학생들을 자기네 대화에 끼워주었다. 조엘의 눈앞에 신세계가 열리고 있었다. 캠

* 1974년 언론 재벌 허스트 집안의 손녀가 자신의 납치범들과 함께 은행 강도를 한 뒤 체포되어 재판받은 사건.

퍼스 내에 딱히 또래 집단이 없던 조엘에게는 그런 멘토와의 관계가 더욱 소중했다.

다음 해에 그는 과학철학 분야를 자세히 살펴보는 전공 강의에 등록했다. 연보라색으로 등사 인쇄된 두꺼운 강의계획서는 중요한 질문들을 조목조목 짚고 있었다. 과학 이론은 어떻게 형성되는가? 윤리가 논리적 근거에 바탕을 둘 수 있는가? 인간 사상의 진보를 어떻게 측정할 것인가? 버클리의 식당에서 나와 마주 앉아 중풍으로 손을 떨며, 조엘은 힌쇼 교수의 강의가 매번 더욱 탁월해졌다고 말했다. 철학과 전체가 신임 교수의 영향으로 변화하던 참이었다. 고전철학만 다루지 않고 20세기 논리실증주의도 연구하기로 한 것이다.

1947년 가을학기가 끝나가던 어느 날이었다. 작은 계단식 강의실로 우르르 쏟아져 들어온 학생들이 끼익 소리를 내며 의자에 앉았다. 열성적인 2학년생이던 조엘 또한 이런 강의를 들을 수 있다는 행복에 겨워 있었다. 힌쇼 교수가 강의실에 들어서자 수군거림과 바스락대는 소리가 가라앉았다. 검은 머리칼을 이마 뒤로 깔끔히 빗어 넘긴 교수의 눈이 번득였다. 오늘은 또 어떤 새로운 지평이 펼쳐질 것인가?

하지만 힌쇼 교수가 입을 열자마자 조엘은 뭔가 단단히 잘못되었다는 걸 깨달았다. 교수는 아득한 시선으로 학생들의 이마 위 어딘가를 응시하고 있었다. 그는 거만하고도 자신감 넘치는 태도로 노트도 들여다보지 않고 명령조로 말하기 시작했다.

“오늘은 우리의 기원에 관해 살펴보겠다.” 교수는 이렇게 선언했다. “공룡과 원시인, 원초적 사랑이 가득했던 태곳적에 주목하라. 인류의 수수께끼는 바로 그 시간에 감춰져 있을지니!”

학생들은 공책을 들여다보았지만, 강의계획서에 따르면 그날 논하기로 되어 있던 주제와 방금 전 교수의 경솔한 선언에는 아무런 연관도 없었다. 그러는 동안에도 교수는 그칠 줄 모르고 현 인류의 시초에 관한 이야기를 늘어놓고 있었다. 동굴 안에서 불멸의 쾌락을 나누던 여성과 남성에게서 공감 능력이 탄생했다고 주장하면서.

“기후와의 싸움, 포식자에 대한 투쟁, 그런 고난 속에서 인간성이 탄생했다.” 힌쇼 교수는 이렇게 외쳤다. “엄혹하고 잔인한 경쟁 대신에 협력이 시작되고, 원시적인 성욕이 깊고 관능적인 애정으로 변했노라! 인류는 새로운 경지에 도달한 것이다!”

처음에 조엘은 ‘교수님이 지금 농담하시는 건가?’라고 생각했지만, 교수의 단호한 목소리를 듣다 보니 눈앞의 상황이 농담거리가 아니라는 게 분명해졌다.

힌쇼 교수는 이런 말로 그날의 즉흥 강의를 마무리했다. “하나님이 우리 인류의 진화를 관장하신 것이다. 이렇게 형성된 인간의 정신은 절대 무너지지 않으리라!”

나에게 그날의 이야기를 들려주는 조엘의 얼굴에는 연민과 공포가 동시에 서려 있었다. 강의를 듣던 그는 문득 힌쇼 교수가 1940년에 제작된 영화 〈공룡 100만 년〉에서 영감을 받은 게 아닌가 하고 생각했다. 빅터 머추어, 캐럴 랜디스, 론 채니 주니어가 초기 인류의 고난을 연기한 우화적인 내용의 영화였다. 원시인과 공룡이 동시에 등장하는 등 사실관계에 있어서는 부정확하기 그지없었음에도 오스카상 두 개 부문에 후보로 올랐다. 엉터리 고증과 지극히 신파적인 내용을 고려하면 아버지가 정신이 맑았을 때는 쳐다보지도 않았을 영화였다.

그렇다 해도 어떻게 그 할리우드 영화가 강의 내용과 연결된단 말인가? 둘의 연관 관계는 교수의 망상 속에만 존재하는 게 분명했다. 조엘은 절망에 빠졌다. 존경하는 멘토가 수강생들의 눈앞에서 완전히 미쳐버린 것이다.

교수의 영문 모를 장광설이 끝나자 학생들은 아무 말 없이 서로를 외면하며 자리에서 일어났다. 조엘은 얼른 머리를 굴려 수습에 나서기로 했다. 기숙사 방으로 돌아와 캠퍼스 구내 전화번호부를 꺼내서 심리학과 학과장이자 저명한 성격심리학 및 임상심리학자인 줄리언 로터 교수에게 전화를 걸었다. 놀랍게도 비서는 그를 바로 학과장과 통화하게 해주었다. 조엘이 방금 강의실에서 일어난 일을 상세히 전달하자 로터는 다정하고 솔직한 어조로 자기가 알아서 조처하겠다며 조엘을 안심시켰다. 사실 신임 교수가 프린스턴에서 대학원을 졸업한 뒤 불안정한 상태에 빠졌다는 소문은 얼마 전부터 돌고 있었지만, 정확히 무슨 일이 있었던 것인지는 아무도 몰랐다. 어떤 질병에 낙인이 찍히면 사실보다도 의혹과 미묘한 암시가 판치기 마련이다.

그 학기의 나머지 강의는 초청 교수에게 넘겨졌다. 하지만 힌쇼 교수는 대체 어떻게 된 걸까? 조엘에게 충격을 준 것은 그 사건 자체의 갑작스러움 그리고 자신이 숭상했던 정신의 소유자가 그토록 적나라한 광기를 드러냈다는 경악스러움이었다. 처음으로 중증 정신장애를 목격한 경험은 그에게 큰 영향을 미쳤다.

조엘은 다음 해에 시카고 대학교로 편입했고 졸업한 뒤에는 대학원에서 심리학을 전공했다. 하지만 그는 평소의 지성과 품위를 하룻밤 사이 잃어버렸던 오하이오 주립대학교의 교수를 평생 잊지 못했다.

아버지가 시내 서쪽에 있던 대규모 정신병원인 콜럼버스 시립병원에 처음 입원한 것은 그 사건이 있은 지 며칠 뒤였으리라. 아버지로서는 세 번째 강제 입원이었다. 십 대 시절 노어크에서 아무 도움도 받지 못하고 갇힌 경험, 박사 학위를 받은 직후 바이베리에서 인슐린 혼수 요법과 구타를 당한 경험에 이어서, 이번에는 진정제 처방과 아버지 인생 최초의 전기 경련 요법이 허황한 망상과 공언을 가라앉혔다. 내가 왜 또다시 내 옷 대신 우중충한 죄수복을 입고 있지? 자살을 막는다는 구실로 헐렁한 바지에 허리띠조차 못 차고서? 날마다 단조로운 일상이 반복되는 가운데 병동 어딘가에서 절망과 분노에 찬 비명이 들려오곤 했다. 오늘은 누가 독방에 감금될까?

하지만 몇 주 만에 삽화가 끝나면서 아버지는 퇴원할 수 있었다. 학교로 돌아와 겨울학기 강의를 맡았고 광증이 재발했던 일은 절대 언급하지 않았다. 아버지는 사태를 수습하여 밀고 나아가는 법을 배웠다. 누구든 진상을 알게 되면 아버지가 인간이 아니라 짐승과 다를 바 없는 저주받은 족속임을 알아차릴 테니까.

아버지는 한 번도 그런 용어를 쓴 적이 없었지만, 당시 아버지가 겪었던 것은 분명 **예상 낙인**이었다. 세상 사람들이 자신의 흠결을 알게 되면 무슨 일이 생길까 하는 공포 말이다. 정신질환처럼 숨겨져 있거나 숨길 수 있는 낙인을 지닌 사람에게 이런 상상은 더욱 두려운 일이다. 피부색이나 휠체어에 의지해야 하는 장애처럼 누구나 알아볼 수 있는 '차이'는 딱히 비밀이 아니지만, 눈에 보이지 않는 차이의 경우 항상 숨길 것인가 드러낼 것인가 하는 선택이 문제가 된다. 내 비밀이 드러나면 친구들이 떨어져 나갈까? 일자리를 잃게 될까? 이런 내가 과연 친밀한 인간관계를 맺을 수 있을까? 예상 낙인에 시달리는 사람은 솔직할 수 없게 될 뿐 아니라 인생의 중요한 도전을 포기하게 된다. 거기에 정신적 외상과 학대까지 개입되면 낙인과 수치심은 더욱 심해지기 쉬우며, 피해자는 자책에 빠져 자신의 경험을 아무에게도 말하지 못한다.

당대 사람들 대부분이 그랬듯 아버지도 정신이 흐려진 시기에 겪은 일들을 최대한 감추려고 했다. 사람들이 사실을 알면 최악의 사태가 발생하리라고 예상했기 때문이다. 당시의 낙인이 얼마나 가혹했는지를 생각하면 당연히 그럴 만도 했다. 평생 겪은 고충을 약혼자와 동료들, 친구들에게 편안히 털어놓을 수만 있었다면 아버지의 삶은 얼마나 달라졌겠는가. 같은 경험을 한 환자들의 위로와 지원을 받을 수 있었다면 아버지의 마음은 얼마나 홀가분했겠는가.

그해 말 아버지는 매력적인 역사학과 대학원생 에일린 프라이어를 소개받았다. 소개팅 한 번만에 서로 홀딱 반한 두 사람은 만남을 거듭하여 약혼하기에 이르렀다. 아인슈타인의 사회 및 윤리철학에 관한 아버지의 글은 프린스턴 대학원생 시절의 단독 저작 논문과 마찬가지로 엄청난 반응을 불러일으켰다. 아버지는 다시 상승 궤도에 올라 있었다.

아버지가 온전한 정신을 계속 유지할 수만 있었다면, 내면의 혼란을 그 누구에게도 드러내지 않을 수만 있었다면 어떻게 되었을까. 아무도 모를 일이다.

*

나의 명성도 상승세를 타고 있었다. 국가의 지원을 받는 하계 행동장애 아동 프로그램을 이끌게 되었고, 아동 정신건강 문제를 주제로 실증적·이론적 논문을 썼으며, 국내 및 해외 학회에서 강연도 했다. 내가 UCLA에 돌아온 해에 아동 연구 센터가 개설되면서 나는 학내의 총아로 떠올랐다. UCLA는 내가 하는 연구에 이상적인 장소였다. 하지만 동료들이 계속 나를 어엿한 성인이자 독자적인 학자가 아니라 전도유망한 젊은이나 그럴싸한 사환 정도로 여긴다는 사실을 인식할 수밖에 없었다.

그렇지만 과연 다른 곳에서도 UCLA에서만큼 잘해낼 수 있을지 자신이 없었다. 서던캘리포니아로 돌아온 지 이 년째에 마침내 UC 버클리에 조교수 자리가 생겼지만, 그렇게 빨리 이직한다는 게 내키지 않아서 그냥 넘겨버렸다. 기적적으로 그 자리에 적당한 인물이 구해지지 않은 덕에 다음 해 가을에는 버클리 교수회에서 내게 전화를 걸어 지원해달라고 간곡히 요청했다. 나는 지원 마감이 코앞에 와서야 우체국에 달려가서 속달로 서류를 보냈다. 그처럼 마지막 순간까지 기다렸다는 사실만 봐도 내가 얼마나 망설였는지 알 수 있으리라.

아버지이자 교수로서 어디서 최적의 조건을 누릴 수 있을지 계산해보기도 했고, 베이에어리어로 돌아가는 문제를 놓고 로버타와 옥신각신한 것도 사실이지만, 내가 고민한 진짜 이유는 더 내밀한 것이었다. 아버지는 (당시의 나와 같은 나이인) 서른 살에 이미 느리지만 피할 수 없는 쇠퇴의 기미를 보이기 시작했다.

신임 교수 시절에 백만 년 전 원시 시대로 돌아갔던 사건을 포함하여 심각하고 반복적인 삽화와 혹독한 입원 생활이 쇠퇴 과정을 부채질했다. 종신 재직권을 따낸 직후의 신혼 시절에 갑작스러운 삽화를 여러 번 겪고 오랫동안 입원하면서 아버지는 서서히 학자로서의 영민함을 잃었다. 많은 철학자, 수학자, 물리학자들이 이십 대에 가장 중요한 업적을 남기지만, 그 연령대에 아버지는 잘못된 진단과 치료 탓에 빠르게 몰락하고 있었다.

그런데 내가 어떻게 아버지보다 앞서나갈 수 있겠는가? 아버지는 인생의 근본적 문제들을 탐구하려 나섰던 사람인데. 길을 잃고 방황하던 나를 구해준 분인데. 아버지를 능가한다는 건 배신처럼 느껴졌다. 이제 와서 돌이켜보면 나는 생존자의 죄책감에 시달렸던 것 같다. 재난에서 어떻게든 살아남은 사람이 그러지 못한 사람을 보며 느끼는 감정 말이다. 이런 감정에는 자기 비난, 죄의식, 자기 삶을 깎아내리는 경향이 따르게 마련이다. 나는 비행기 추락 사고를 겪진 않았지만 다른 조난에서 가까스로 살아남은 것처럼 느꼈다. 내가 감히 우리 집안의 내력을 초월하려 한다는 생각 때문에 마음이 불편했다.

겨울이 되자 버클리에서 내가 최종 후보에 포함되었다는 연락이 왔다. 면접은 우기가 한창인 2월에 잡혔고 면접 날에도 폭풍우가 닥쳤다. 사흘간의 발표와 회의 일정 중 마지막 날 오전은 임상심리 프로그램의 전 책임자인 셸리 코친의 병상 곁에서 보냈다. 코친은 수년 전 머큐리 우주선에 탑승한 우주비행사들을 면담했고 버클리에서 현대식 임상심리 프로그램을 처음으로 만든 인물이다. 그는 내가 버클리에서 초청 교수로 지내던 시절에 나를 눈여겨보았다고 했다. 오래전부터 앓았던 암이 재발하면서 심각한 통증에 시달리고 있었지만, 그런데도 그는 심사위원회에 자신을 포함해달라고 요구했다. 코친은 적시에 내게 한 표를 던졌고 내 면접과 중요한 회의가 끝난 뒤 몇 주 만에 사망했다. 버클리에서 정식으로 제의를 받기까지 반년이 더 걸리긴 했지만, 그래도 다음 해 가을에는 UCLA의 연구실을 정리할 수 있었다.

내 거취를 결정하느라 한참을 고민했지만, 이상하게도 일단 버클리 캠퍼스에 도착하자 모든 게 달라졌다. 첫날 아침부터 제트기류를 타고 날아오르는 기분이었다. 이곳이야말로 내가 독자적인 업적을 쌓을 장소가 되리라는 느낌이 왔다. 나는 고등학교를 졸업한 뒤 남모를 죄책감 때문에 콜럼버스에 머무를 뻔했고, 학자가 되고 나서도 모든 게 보장된 듯했던 UCLA에 정착하기로 할 뻔했다. 하지만 그럴 때마다 무언가가 나를 밀어내 앞으로 나아가게 했다. 때로는 그저 내면의 직감을 믿고 따라야 한다.

버클리의 심리학과 건물 이름은 에드워드 톨먼 빌딩이다. 톨먼은 이미 고전이 된 1930년대와 1940년대의 저작을 통해 미로

안을 달리는 실험용 쥐도 머릿속 지도에 따라 움직인다는 사실을 밝혀낸 저명한 과학자다. 한마디로 현대 인지심리학의 선구자인 셈이다. 1950년대에 톨먼은 매카시즘의 유산이자 당시 캘리포니아의 공직자들에게 강요된 충성 선서에 서명하느니 차라리 버클리를 떠나는 쪽을 택했다. 톨먼의 저항에 동의하는 목소리가 널리 퍼지면서 그는 몇 년 뒤 버클리로 금의환향했고 은퇴할 때까지 계속 그곳에 남았다. 그 건물에 도착한 순간부터 톨먼의 고귀한 정신이 느껴지는 듯했다.

하지만 버클리에서의 생활은 대체로 고독했다. 나는 심리학과의 유일한 조교수였고, 로버타가 UCLA에서 공중보건 박사 과정을 시작했기에 대체로 혼자서 아이를 키워야 했다. 로버타는 주말마다 찾아왔고 주중에는 서던캘리포니아로 돌아가 학업에 집중했다.

하지만 캠퍼스 위로 솟아오른 산들과 멀리 내다보이는 만灣 덕분에 공기는 매우 청량했다. 노던캘리포니아에 봄이 찾아오는 1월 말부터 6월까지 다양한 꽃들이 몇 주씩 번갈아 가며 피어났다. 나는 학부생을 위한 발달 정신병리학 강의를 개설하여 장애와 회복을 결정짓는 생물학과 환경 간의 부단한 상호작용에 관해 가르쳤다. 나는 빠르게 경력을 쌓아가고 있었다. 약물치료와 행동치료를 병행하여 학업 문제나 행동 문제를 겪는 아동의 습관을 교정하는 임상실험을 진행할 여섯 명의 교차연구자 중 하나로 선발되어 상당한 지원금도 받았다. 이직하면서 몇 년 지체되었던 교수 심사에서도 승승장구하여 마침내 정교수로 승진했다. 나는 물 만난 고기였다.

*

과학자는 혼돈 속에서 질서를 찾기 위해 패턴을 탐색한다. 눈앞에 펼쳐진 방대한 소재들을 조직화할 계획과 위계를 세우고 그에 따라 분류한다.

주기율표의 경우 이런 방식이 효과적이다. 질서정연한 도표를 따라가다 보면 물질에 내재한 원자 메커니즘을 이해할 수 있다. 종-속-과-목-강-문-계로 갈라지는 린네의 동식물 분류 체계도 현대의 유전 지식만 보완하면 충분히 효과적이다. 지구의 역사를 단층과 암석 무늬에 따라 누대-대-기-세로 세분하는 지질시대(백악기나 쥐라기 같은 명칭들) 또한 효과적이다. 증상, 징후, 증후군, 질병 등의 의학적 분류는 무수한 목숨을 구해낸 바 있다.

현대에 와서 정신장애라고 불리게 된 것, 즉 인간의 정신을 손상시키는 행동과 감정 문제도 이렇게 구분해야 하지 않을까? 우리가 이 거대한 고통의 집합체를 조직화하고 분류할 수만 있다면 불안과 수수께끼와 공포로 점철된 정신의 중세 시대를 벗어날 수 있을 것이다. 그렇게 되면 추측도 낙인도 사라지리라. 세계 대부분 지역에서 통용되는 국제 질병 분류 체계에는 정신장애에 관한 부분도 있다. 미국 내에서는《정신질환의 진단 및 통계 편람》이 정신의학의 경전으로 여겨진다. 인턴 기간에 나는 이 책의 개정 3판에 의지하여 많은 것을 배웠다.

나는 과학적 심리학의 세계에 들어서면서 정답이 가까운 곳에 있으리라고 생각했다. 정신질환도 합리적 과학의 일부여야 했다. 개인의 특수하고 골치 아픈 증상들을 정신과학 분류 체계로 만들 수 있다면 진보가 일어날 터였다. 물론 인간과 세계의 무궁무진한 상호작용 방식, 뇌의 엄청난 복잡성, 특정한 증상을 결정하는 '신경 신호' 같은 건 없다는 문제 등을 고려하면 쉬운 일은 아닐 것이다. 그렇다 해도 장애를 질서정연한 체계로 정리할 수 있다면 정확한 진단을 통해 환자 개인과 가족의 수치심도 없앨 수 있으리라. 분류 체계 내의 진단 하나하나와 연계된 치료 전략도 자연스럽게 차차 개발될 것이다. 정신질환이라는 문제가 마침내 해결되는 것이다!

하지만 여러 다른 심리학자들이 그랬듯 나 역시 서서히 현실은 그렇지 않다는 걸 깨닫게 됐다. 그런 일관적인 지침은 실제 인간의 다양한 감정과 갈등, 생존 전략과 삶을 호도할 뿐이었다. 게다가 중증 우울증이나 양극성장애처럼 동일한 진단을 받은 환자들 간에도 증상이 크게 다른 경우가 허다했다. 설사 증상이 비슷하더라도 취약점과 위험도, 진행 과정은 다를 수 있었다. 모든 길이 로마로 이어질지는 몰라도, 기존의 진단 방식은 이처럼 이질적인 경로들을 은폐하기 쉬웠다.

게다가 환경이 개인의 행동을 형성하는 만큼 개인도 특수한 맥락을 선택하고 해석한다. 다시 말해 현실에서는 환경과 개인의 영향이 **상호적**인 경우가 많다는 것이다. 시간이 지나고 상호 영향이 반복되면서 하나로 뒤얽히면 그 과정에서 **교류**가 발생한다. 이런 교류에서는 사소한 변화도 새로운 배치를 야기하여 마침내 쌍방의 **변모**를 불러온다. 취약한 개인이 인생의 고난을 겪다가 심각한 기능장애에 빠지는 경우처럼 말이다. 이처럼 복잡한 과정을 진단이라는 규격 안에 욱여넣으려다 보면 살아 숨쉬는 환자의 존재가 지워질 수 있다.

인간은 무생물과 달리 자기가 분류되는 방식에 반응한다. 정신질환 진단은 환자의 의혹과 수치심을 해소하고 해방감을 느끼게 하며 치료 의지를 불어넣을 수 있지만, 한편으로는 환자의 사기와 인간성을 꺾어놓을 수도 있다. 진단이 환자의 본질을 포착하지 못하고 정신질환이 계속 수치스러운 것으로 여겨진다면 말이다. 이런 깨달음을 얻으면서 나의 확신도 사라졌다. 이 모든 것의 의미를 찾으려면 상호 교류의 복잡성을 파악하고 증상 뒤에 있는 환자의 개별적 경험을 이해해야 했다. 변모를 이해하기 위해서는 나 자신이 변모해야 했다.

*

1945년에 프린스턴에서 졸업 논문을 완성했던 아버지는 해당연도 졸업생 동창회의 총무를 맡고 있었다. 본가에 가면 아버지가 동창생들이 보내온 회고담을 열심히 타자로 정리하며 소식지를 편집하는 모습을 볼 수 있었다. 아버지는 졸업식이 열리는 6월마다 프린스턴에 갔고, 가끔은 어머니도 함께 가서 주말 부부 여행을 즐겼다.

1980년대 말 부모님이 프린스턴에 갔다가 필라델피아에서 하룻밤 묵은 적이 있었다. 몇 달 뒤 아버지가 서재에서 내게 들려준 얘기에 따르면, 그날 아침 아버지는 자신이 1945년에 다섯 달이나 입원해 있었던 필라델피아 주립병원을 반드시 찾아내기로 결심했다. 당시 아버지가 강제수용소라고 굳게 믿었던 바이베리 말이다. 아버지는 지도를 살펴본 끝에 그리로 가는 길을 찾았지만, 교외화 현상 때문에 주변 환경이 알아보기 어려울 만큼 변해 있었다. 마침내 병원이 있던 자리에 도착했을 때 아버지는 어리둥절할 수밖에 없었다. 보이는 것이라고는 방치된 폐허와 주변의 아파트, 사무용 건물, 쇼핑몰뿐이었으니까. 그때서야 아버지는 그 거대했던 병원이 자취도 남기지 않고 파괴되는 중임을 깨달았다.

'내가 그곳에서 겪은 일들이 정말로 일어난 걸까? 내가 기억하는 공포와 구타, 인슐린 혼수 요법이 사실이었을까? 아니면 그 모든 게 내 상상에 지나지 않았을까?' 아버지에게는 증거가 필요했지만, 그 증거는 아버지의 눈앞에서 사라지고 있었다.

*

아버지의 글이라는 자원을 확보하니 강력한 망원경을 손에 넣은 천문학자가 된 기분이었다. 어느 날 오후 나는 아버지가 넘겨준 서류 중에서 날짜가 표시되지 않은 노란색 유선 메모장을 들여다보고 있었다. 마구 휘갈긴 글씨가 아버지 평소의 우아한 서체와는 딴판이었다. 아버지가 열일곱 살이 될 무렵 파시즘에서 세계를 구하려고 몸을 날렸다가 추락한 뒤 노어크 시립병원에 갇혀 지낸 몇 달을 서술한 글이었다.

- 세계와 하나가 된다는 것—'나는 이 세상에 있되 이 세상 사람이 아니다.'
- 밤새도록 천체들이 연주하는 천계의 음악 때문에 잠을 거의 자지 못했다.
- 지옥으로 가는 복도에서, 소두증 및 대두증 환자들과 함께…….
- 나 자신의 유년기, 혹은 로마 시인 베르길리우스의 유년기

를 되살려내려고 애썼다. 특히 언어 학습과 관련해서. 또한 아기 버질/베르길리우스가 처음 입 밖에 낸 단어에서 모든 언어의 기원을 찾아보려고 했다. 많은 라틴어 단어들이 반향성이거나 아기의 호흡 주기와 연관된 걸까? 어떤 면에서 나는 아이네이스를 쓴 베르길리우스일까? 윤회나 환생은 존재할까?

환자식에 독이 들어 있다는 상상 때문에 식사를 거부하고 비쩍 말라 굶어 죽을 뻔했던 일은 언급되어 있지 않았다. 하지만 그 일이 아니어도 아버지의 망상을 증명해줄 자료는 풍부했다.

사고의 폭주를 보여주는 쪽지들도 있었다. 여백에 적힌 메모들은 무질서한 암호 같은 일련의 화살표로 어지럽게 연결되어 있었다. 아버지가 젊은 시절의 정신적 고양을 떠올리다 보니 메모를 적으면서도 꽤 흥분했던 모양이었다.

광증과 열광 상태에서의 이상 행동은 이 세계에 신비로운 힘이 존재한다는 사실로 설명된다. 그런 힘은 인간의 몸에 들어와 그 인간을 자신의 도구로 만든다. 구약성서에서는 삼손의 괴력이나 사울의 광기와 같은 힘을 '숨결ruah'이라고 불렀다. (…) 신이 "모든 육체에 자신의 숨을 불어넣었을 때" 하나의 시대가 예고된 것이다. (…) 감정, 표정, 몸짓 등은 무의식중에 과거 비슷한 상황에서의 어떤 동작을 떠올리게 한다. 눈물도 흐르지 않은 맨 얼굴을 닦으려고 들어 올린 손, (…) 청소년기에 저질렀다면 따끔하게 벌 받았을 행동을 저지르려거나 떠올리기만 해도 갑자기 따끔해지는 엉덩이처럼.

나는 왜 이제야 알게 된 걸까? 아버지가 강제 입원을 예상하고 또한 기대했다는 것을. 아버지에게 그것은 수십 년 전 의붓할머니에게 당한 채찍질처럼 피할 수 없는 일이었다. 정신질환과 입원은 아버지 본인의 불경함과 인격적 결함 탓에 마땅히 받아야만 했던 일련의 고문이자 처벌이었다.

아버지는 어느 글에서 어빙 고프먼을 인용하고 있었다. 사회학자인 고프먼은 주요 저서인 《스티그마》나 《수용소》에서 정신질환자의 경험을 이해하기 위해 정신병원에서 수개월 지냈다고 서술한 바 있다. 또한 교도소, 병원, 강제수용소 등에서 자아정체성이 완전히 상실되어 일어나는 인간성 파괴를 설명하면서 '전체제도'라는 용어를 만들어내기도 했다. 아버지는 타자로 친 일기에서 노어크나 바이베리, 콜럼버스 주립병원 시절 옷을 벗고 심판을 기다리던 일과 자기가 받을 체벌의 시기와 강도를 직접 결정하고 바지를 내린 채 대기해야 했던 유년기의 경험을 연결 짓고 있었다. 아버지의 마음속에서 두 가지 과정은 하나이자 같은 것이었다.

*

제프리와 내가 콜럼버스를 방문한 1990년대 초반의 크리스마스였다. 어머니는 우리를 버지니아, 즉 지니 앤 이모가 지내는 공공 거주 시설로 데려갔다. 환자들이 지내는 방은 기존의 시립요양원과 달리 환하고 깔끔했다. 칠십 대에 접어든 이모는 흰 머리를 단발로 자른 모습이었다. 직원들은 어린 시절부터 단 한 번도 걷거나 말하지 못했던 이모를 헌신적으로 돌보고 있었다. 이모의 공허한 표정을 보면 앞으로도 걷거나 말할 가능성은 없는 게 분명했는데도 이모가 혼자서 움직일 수 있게 돕는다는 행동치료 목표가 매주 전 직원이 볼 수 있게 게시되고 있었다. 몇 년 뒤 제프리는 그곳이 얼마나 으스스하게 느껴졌는지 고백했다. 환자들의 휠체어와 신음, 화장실에서 희미하게 풍겨오는 소독제 냄새를 잊을 수 없다고 말이다. 나의 친가뿐만 아니라 외가 쪽에도 조용하고 비극적인 유산이 남아 있었지만, 이모가 지내던 시설에서 나는 인간화를 향한 노력이 계속 이어지리라는 희망을 느낄 수 있었다.

사막에 정이 든 부모님은 팜스프링스에서 연립주택을 구입하기로 했다. 겨울마다 빌렸던 아파트에서 몇 블록 떨어진 곳이었다. 꽃나무와 야자수로 둘러싸인 수영장이 작은 오아시스가 되어주었고, 해수면과 높이가 같은 사막 저 멀리에 해발고도

3천미터가 넘는 산하신토산이 우뚝 솟아 있었다. 나는 그곳에 머무는 동안 시시때때로 아버지와 대화를 나눴다. 항상 그랬듯 대화를 하다 보면 내가 기억하는 것보다 훨씬 생생한 일종의 대안적 현실이 드러났다.

어느 날 아침 아버지는 누구보다도 먼저 밖에 나와 수영장 옆에 앉아 있었다. 아버지의 표정은 씁쓸했고 시선은 살짝 위를 향하고 있었다. 뭔가 심오한 의미를 모색 중이라는 신호였다. "나는 평생 내가 겪은 고난을 이해할 방법을 찾고 싶었다. 내게 일어난 일들에 관한 설명이 필요했어."

아버지는 이렇게 말하더니 한숨을 쉬었다. "가끔은 차라리 암에 걸렸으면 싶기도 했다."

나는 경악해서 잠시 아무 말도 못 하고 있다가 마침내 되물었다. "암이라고요?" 아버지가 내 눈앞에서 정신을 놓아버린 걸까?

"암은 진짜 병이지만," 아버지가 차분하게 대답했다. "내가 겪은 일들은 **정신**병이었잖니. 문자 그대로 정신이 아픈 것 말이다." 철학자에게 있어 정신질환이란 지독하게 끔찍한 일이라고 아버지는 말했다. 자신이 경험한 모든 것이 거짓이고 상상의 산물에 지나지 않을지도 모른다니!

"내가 얼마나 진짜 병에 걸리고 싶었는지 몰라." 아버지의 마지막 한마디였다.

아버지에게 정신질환은 진짜 병이라고 선언하고 현대 과학에 따르면 양극성장애는 유전병임을 일깨워드릴 수도 있었지만, 나도 그러지 않을 정도의 눈치는 있었다. 아버지의 말에 담긴 의미는 분명했다. 정신질환자가 자신의 인격적 결함이 문제이고, 자신의 증상은 상상에 지나지 않는다고 믿어버리면 당연히 치료 의지가 떨어지고 자기 낙인도 깊어지게 마련이다. 성장기의 환자가 노어크에서 아버지가 겪은 것처럼 난폭한 '치료'를 받으면, 나중에 아무리 이론적 지식을 쌓는다고 해도 이미 형성된 자아 정체성을 지우기 어려워진다.

아버지는 십 대부터 흡연을 했고, 패서디나에서 첫 번째 조증 삽화를 일으켰던 무렵에는 완연한 애연가였다. 훗날에는 철학자답게 파이프를 쓰기 시작했지만 궐련도 계속 피웠다. 그러다 1980년대 말에 흡연이 건강을 위협하고 있음을 실감하자 칠순 생일을 몇 달 앞두고 금연에 돌입했다. 아버지는 금연에 성공한 것을 뽐내진 않았지만 은근히 자랑스러워했다. 하지만 그로부터 몇 달도 지나지 않아서 아버지의 목소리에 이상이 나타났다. 목청을 높일 수가 없었고 계속 목이 갈라졌다. 아버지와 통화할 때면 계속 조금만 더 크게 말해달라고 요청해야 했다. 처음에 주치의는 인후염이라고 했지만, 그가 처방해준 약을 먹어도 나아지는 기미가 없었다. 그것이 최초의 징후였다. 실제로 담배 연기에 함유된 니코틴 때문에 파킨슨병과 같은 운동장애의 초기 증상이 은폐될 수 있다는 사실은 이제 잘 알려져 있다.

부모님이 처음으로 우리 집에서 추수감사절을 보내러 노던 캘리포니아까지 날아온 1990년 가을이었다. 나는 아버지가 일어서거나 방향을 바꿀 때 힘들어하는 걸 눈여겨보았다. 아버지는 갑자기 우뚝 멈춰 선 채 굳어지곤 했다. 내가 버클리에서 일한다는 데 기뻐하면서도 쇠약해진 모습이었고, 식사량은 그대로인데도 체중이 몇 킬로그램이나 줄었다고 했다.

다음 해 봄에 아버지는 매년 뉴잉글랜드에서 개최되는 명망 높은 고든 연구학회의 초청으로 〈통제의 변증법〉이라는 제목의 강연문을 준비했다. 아리스토텔레스, 플라톤, 흄, 마르크스와 엥겔스, R. D 랭 등의 이론을 광범위하게 아우른 글이었다. 어머니도 함께 따라가 아버지의 강연을 들었다. 나중에 어머니가 전해주길, 아버지가 강연 중에 메모를 제대로 넘기지 못해서 몇 번이나 말하던 맥락을 놓쳤다고 했다. 오래전 아버지가 신진학자 시절 들려주었던 매혹적인 강연들과는 너무나 다른 모습이었다고 어머니는 서글프게 말했다.

아버지는 평생 나를 만나면 악수로 인사하곤 했지만 언젠가부터 어색하게 나를 포옹하기 시작했다. 그해 가을에는 스탠퍼드 1941년도 입학생 동창회 50주년을 맞아 베이에어리어까지 갔지만, 거기서도 아버지의 안면 근육은 석고 마스크처럼 딱딱하게 굳어 있었다. 동창들과 친구들은 아버지의 모습이 변했고 기력도 많이 떨어져 보인다고 수군거렸다.

다음 해 여름 나는 다섯 살 반 된 제프리와 함께 콜럼버스에 계신 부모님을 찾아갔다. 힘이 쭉 빠질 만큼 날씨가 습한 오후, 아버지와 함께 제프리를 운동장에 데려갔다. 우리는 그네와 철봉을 오가며 신나게 노는 아이를 지켜보고 있었다. 아버지의 얼굴에 간절한 표정이 떠올랐다. 거대한 나무 놀이기구에 다가가서 손주와 놀아주고 싶은 게 분명했다. 하지만 내가 아버지를 부축해 낮은 계단을 올라가려던 순간 내 팔 안에서 아버지의 몸이 축 늘어졌다. 아버지는 아기가 걸음마를 하듯 가만가만히 뒷걸음쳐 내려섰다.

"왜 그러세요, 아버지?" 나는 조심스럽게 물었다.

"'쫄은' 거지." 원래 있던 자리로 돌아온 아버지가 대답했다. "내가 어린 시절 뭔가에 놀라면 '쫄았다'고 말하곤 했어." 이제 아버지는 점점 더 움직이기가 힘들어진다는 것을 두려워하고 있었다. 우리는 모래밭에 꼼짝하지 않고 선 채 놀이기구 사이로 내달리는 제프리를 지켜보았다.

나는 다시 한번 아버지의 대변인이 되었다. 아버지는 오하이오 주립대학병원의 수석 신경과 의사에게 진료를 받고 있었다. 나는 삽화와 치료, 입원 등 아버지의 인생사를 자세히 타자로 정리해서 콜럼버스로 보냈다. 검사 결과 예상했던 대로 파킨슨병이나 그와 비슷한 병 초기라고 했다. 동작이 자꾸 느려지거나 아예 움직이지 못하는 것, 발을 끌며 걷기, 균형 감각 저하, 체중 감소 그리고 중년기에 리튬 과잉 복용으로 나타났던 것과는 또 다른 몸 떨림이 있었다. 더욱 골치 아픈 것은 루이소체 치매 가능성이었다. 루이소체 치매는 파킨슨병의 합병증으로 뇌의 운동령*뿐만 아니라 인지 관련 영역과 경로까지 손상시킬 수 있었다. 오래전 에즈라 종조부가 그랬듯 아버지도 일단 L-도파를 처방받았다. 하지만 파킨슨병을 완치할 수 있는 치료제는 없었기에 아버지는 느리고도 꾸준하게 쇠약해졌다.

다음 해 버클리에서 몇 달 뒤 과학사 전반을 아우르는 학회가 열린다는 공고를 보았다. 캘리포니아 대학과 스탠퍼드 대학의 역사가와 철학자 들이 인식론, 지식론, 과학 사상의 발전에 관해 발표할 것이라고 했다. 4월이면 아버지도 아직 가까운 팜스프링스에 계실 테니 비행기로 와서 우리 집에 머물며 학회에 참석할 수 있을 터였다. 하지만 아버지 혼자 비행기를 타도 괜찮을까? 어머니와 상의해보니 어머니가 아버지를 최대한 탑승구 가까이 배웅하고 승무원에게 부탁하면 혼자서도 여행할 수 있을 것 같다고 했다. 아버지도 기꺼운 목소리로 꼭 가겠다고 말했다.

아버지가 오기로 한 날 나는 제프리를 데리고 오클랜드 공항

* 대뇌피질에서 운동 지령을 내보내는 신경세포가 모여 있는 영역.

으로 차를 몰았다. 9·11 이전이었기에 우리는 게이트 바로 옆에 서서 비행기 트랩을 천천히 내려오는 아버지를 맞이할 수 있었다. 아버지는 수척한 얼굴에 장례식 행렬처럼 느린 걸음걸이로 수하물 컨베이어를 향해 갔다. 내려가는 에스컬레이터에 가만가만 다가가서 발을 들고 올라서려 했지만, 갑자기 겁에 질린 듯 제자리에 멈춰 섰다. 우리 뒤에서 기다리던 사람들이 대놓고 투덜거렸다. 나는 사람들에게 사과하고 아버지와 제프리를 돌려세워 천천히 엘리베이터 쪽으로 이끌었다. "그냥 저 움직이는 계단에 어떻게 발을 맞춰야 할지 모르겠더라고." 엘리베이터가 내려가는 몇 초 사이 아버지가 이렇게 말했다. "미안하다."

다음 날 아침 학회장은 만원이었다. 휴식 시간마다 아버지와 안면이 있는 발표자와 참석자 들이 수없이 인사하러 찾아왔다. 모두가 아버지의 확연히 달라진 모습에 충격을 숨기지 못하는 기색이었다. 발표 내용은 흥미진진했다. 17세기와 18세기에 어떻게 최초의 실험과학이 나타났는가? 지식의 발전 과정을 이해하기 위해 더 연구해야 할 주제는 무엇인가? 쿤의 과학적 패러다임 개념은 아직 유효한가? 아버지는 이제 종종 멈춰서 쉬어 가야 했지만, 정신이 맑을 때면 여전히 세상을 따라잡으려고 애썼다.

오후 늦게 우리는 천천히 걸어 캠퍼스 반대편에서 열리는 뒤풀이 자리로 이동했다. 아버지는 흥분해 있었지만, 한편으로 약간 혼란스러운 기색이었다. 교수회관 안뜰에 지극히 아름다운 봄날의 석양이 내리는 동안 아버지와 함께 진 토닉을 마시면서, 아버지가 학회에 참석하는 것도 이번이 마지막이겠구나 하고 생각했다.

*

일 년 뒤 팜스프링스에서의 어느 밤이었다. 하늘은 새까만 벨벳 같았고, 안쪽에 조명이 켜진 수영장은 거울처럼 매끄럽고 고요했다. 아버지는 일 년 전보다 훨씬 쇠약해졌고 일어설 때 균형을 잡지 못해 비틀거렸다. 철학서를 읽지 못하게 된 지도 한참 지났지만, 그래도 자신의 인생사는 또렷이 기억하고 이야기할 수 있었다.

즐거운 하루였다. 아버지는 손주와 함께 보내는 시간을 즐겼다. 쾌활하지만 변덕스러운 제프리가 꼭 어린 시절의 자신을 보는 것 같다고 했다. "다시 맨발의 어린아이로 돌아갈 수 있다면 얼마나 좋을까." 아버지가 우수에 젖어 말했다. 한가로운 시간이면 아버지는 소년 시절의 모험을 회상하곤 했다. 전차를 타고 로스앤젤레스 시내에 나갔던 일, 중학생 시절 풋볼 팀 주장을 맡았던 일, 대공황 시대에 경제 정책을 놓고 형제들과 입씨름하던 일들.

아홉 시가 지났다. 제프리는 안뜰에서 저녁 식사를 마친 뒤 곤히 잠들어 있었다. 나는 아버지를 모시고 조심스럽게 돌계단과 오솔길을 살피며 다시 밖으로 나왔다. 머리 위에서 별들이 쏟아질 듯 빛났다. 우리는 걸음을 멈추고 서쪽의 거대한 산맥을 바라보며 서 있었다.

“생각해봤는데 말이다.” 균형을 잡으려 의자 등받이를 붙잡고 서 있던 아버지가 마침내 입을 열었다. 나는 온 정신을 집중해 아버지의 가냘픈 목소리에 귀 기울였다. “정말 멋진 인생이었어. 내가 만난 사람들, 가르친 학생들, 나누어준 지식……. 끔찍한 경험도 하긴 했지. 특히 정신병원에 있었을 때 말이야. 하지만 그 모든 경험이 의미 있는 것이었어.”

나는 아버지의 말에 놀랐다. 아버지가 겪은 일들을 내가 겪었더라면 평생 극복하지 못하고 고통스러워했을 게 분명했으니까.

아버지가 열띤 목소리로 말을 이었다. “정말이야. 내가 겪은 일들을 돌이킬 수 있다 해도 절대 그럴 생각이 없어. 단 한 가지도!” 나는 아무 말도 할 수 없었다. “얼마나 풍요로운 인생이었는데!”

나는 아버지가 겪은 고난을 생각할 때마다 초조함과 회한, 분노를 느끼곤 했다. 아버지를 치료하지는 못할망정 무지와 오만으로 더욱 악화시킨 소위 전문가들을 생각하면 더욱 그랬다.

과연 내가 아버지의 관조적인 태도를, 인생에 대한 경이감을 조금이라도 배울 수 있을까?

우리는 몇 분 동안 은은한 청록색 수면을 들여다보며 서 있다가 다시 집으로 들어갔다. 나는 어둠 속에서 아버지의 팔을 잡고 이끌며 현관문을 향해 천천히 나아갔다.

13

시작과 끝

2003년의 잿빛 겨울 아침이었다. 나는 점차 커지는 사명감과 무슨 수를 써서라도 낙인을 이해하겠다는 각오 속에서 우리 집 서재에 칩거해 있었다. 그날 읽은 책은 저명한 의학사 연구자 제럴드 그럽의 저서《우리 속의 광인들: 정신질환자 돌봄의 미국사The Mad Among Us: A History of the Care of America's Mentally Ill》였다. 식민지 시대부터 현대까지의 정신질환에 대한 태도와 관행을 대담하면서도 신뢰가 느껴지는 문체로 조명한 책이었다. 그럽에 따르면 개선의 시대와 좌절의 시대는 순차적이라기보다 순환적이며, 사회적 개선이 있었던 시대가 억압의 시대로 이어지는 일도 흔했다. 그럽은 설득력 있는 내용을 통해 정신보건 분야에서 진정으로 지속 가능한 변화를 모색할 것을 촉구하고 있었다.

독서에 몰두하다 보니 점심시간이 가까워질 무렵엔 눈이 피로했다. 쉬어갈 겸 책 가운데 실린 도판을 펼쳐보기로 했다. 연대순으로 정리된 도판 역시 그 자체로 흥미로웠다. 도판 하나는 보스턴 외곽에 있는 맥린 정신병원의 초기 모습을 담은 석판화로, 원래는 〈광인 수용소〉라는 제목이 붙어 있었다. 19세기 말과 20세기에 '개선'을 위해 점점 대규모화되고 비인간적으로 변해 간 공립병원들의 모습도 보였다. 마지막 페이지의 비교적 최근

도판을 훑어보는데 아래 달린 설명이 눈에 들어왔다. 1940년대 필라델피아 주립병원, 일명 바이베리의 남성 공동 병실 사진이라고 적혀 있었다.

가만! 아버지가 바이베리에 입원했던 바로 그 시기였다. 갑자기 피로가 싹 사라지고 정신이 번쩍 들었다.

믿을 만한 자료에 따르면 당시 바이베리는 심각한 과밀 상태였고 미국을 통틀어서도 최악의 정신병원으로 여겨졌다고 한다. 잡지 〈라이프〉에서는 바이베리의 실상을 폭로한 기사에 "1946년의 베들럼"*이라는 제목을 붙였다. 1940년대 후반에는 바이베리를 참고로 한 《스네이크 핏》이라는 제목의 소설과 영화가 대규모 정신병원 수용자들의 비참한 실상에 대한 국민적 경각심을 일으키기도 했다.

나는 문제의 흑백사진을 들여다보았다. 삭막한 병실에 사면 벽이 보이지 않을 정도로 빼곡하게 병상이 들어차 있었다. 지독히도 스산하고 비인간적인 풍경이었다. 옆 페이지에는 절망감에 휘둥그레진 눈으로 바이베리의 황량한 병실을 배회하는 여성 환자의 사진이 있었다. 수용된 환자가 어찌나 많은지 제대로 앉을 자리도 없었다.

나는 이후 수년 동안 새롭게 생겨난 여러 인터넷 웹사이트를

* 16세기 런던에 세워진 역사적으로 악명 높은 정신병원.

통해 바이베리의 역사를 조사했다. 최전성기 바이베리에는 수용 가능 인원을 훨씬 초과하는 7천 명의 환자가 있었다. 2차 대전 후반(아버지가 수용되었던 바로 그 시기다)에 어느 의식 있는 병역 거부자가 촬영하여 밀반출한 내부 사진은 핼쑥한 나체의 남성들과 휑하고 황폐한 휴게실을 보여주고 있었다. 복도에서는 정화되지 않은 하수가 새어 나왔다. 1940년대 수용자의 증언에 따르면 병원 직원뿐만 아니라 동료 환자에게 구타당해 죽은 사람도 있었다고 했다. 이런 증언들은 공문서에서 삭제됐지만 이제는 바이베리의 흑역사 중 일부로 받아들여지고 있었다. 바이베리는 정신질환에 따르는 지독한 낙인의 본산이었다.

그 겨울날 아침 내 머릿속에 떠오른 것은 〈라이프〉의 또 다른 유명한 사진들이었다. 2차 대전이 끝난 1945년 봄에 나치의 강제수용소를 촬영한 사진들 말이다. 역사적 상징이 된 그 사진들 속에서는 며칠을 굶어 초췌해지고 눈이 툭 불거진 수용자들이 층층이 겹쳐진 침대에 누워 멍하니 카메라를 바라보고 있다. 양쪽 모두 비슷한 환경을 보여주고 있었다. 대소변이 흘러넘치는 방들. 체념에 빠지고 인간성 비슷한 것조차 사라진 피골이 상접한 얼굴들. 양쪽 모두 주류 사회의 시야에서 벗어난 자들의 무참한 절망감을 드러내고 있었다. 그런 생각을 하니 온몸의 털이 쭈뼛 곤두서는 듯했다.

앨버트 도이치는 1948년에 미국 정신병원 내부의 끔찍한 실상을 폭로한 저서 《국가의 수치The Shame of the States》에서 자신이 목격한 참상을 이렇게 서술했다.

> 내가 둘러본 바이베리의 병동 중 일부는 나치의 강제수용소 사진들을 연상케 했다. 어느 건물에 들어서니 벌거벗은 사람들이 가축처럼 몰아넣어져 가축보다도 심한 학대를 당하고 있었다. 사방에서 코를 찌르는 악취가 어찌나 독한지 마치 물리적 실체를 가진 존재처럼 느껴졌다.

나는 오래전부터 바이베리에 관한 아버지의 회고가 과장된 것이 아닐까 하는 의심을 품고 있었다. 아버지가 정말로 직원이 올 수 없었던 물리치료실에서 동료 환자에게 구타당했을까? 그곳의 환경이 정말로 아버지가 내게 들려주고 일기에 기록한 것만큼 혹독하고 비인간적이었을까? 아버지의 기억이 정신질환 탓에 왜곡된 것은 아닐까? 하지만 내 눈앞의 사진과 서술들은 환상이 아니었다. 히틀러의 목적도 유대인뿐만 아니라 집시, 동성애자, '정신적 결함' 즉 지적장애를 지닌 사람 그리고 중증 정신질환자를 제거하는 것이 아니었던가. 아버지는 역사학도로서 그런 사실을 알고 있었으며, 환자로서는 자신이 겪은 일들의 증인이 되었다.

랜들 삼촌의 차를 탔을 때 도로 표지판을 독일어로 읽었던 아버지가 실제로 바다 건너 강제수용소를 탈출했던 것은 당연히 아니다. 하지만 아버지는 십 대 시절부터 나치에 집착했고 조증 망상과 그 저변의 절망감 때문에 강박증이 더욱 악화되어 열여섯 살에 사망할 뻔했다. 노어크에서 나치에게 독살당할 거라며 단식에 돌입하여 체중이 27킬로그램 줄고 의료진까지 포기했던 아버지의 모습은 강제수용소 생존자와 닮아 있었다. 바이베리에서 아버지는 지저분한 환자복을 입어야 했고, 밤이 되어서야 겨우 좁은 침상에 파고들어 몇 시간이나마 낮 동안의 고통에서 벗어날 수 있었다.

그런 생각을 하자 곧바로 《잃어버린 지평선》의 결말이 떠올랐다. 비행기에 몇 명만을 태우고 샹그릴라를 떠난 콘웨이는 자신이 불로장생의 기회를 잃었음을 깨닫는다. 그는 간절히 샹그릴라로 돌아가길 바라면서도 한편으로 의문에 빠진다. 사원에서 본 것들이 사실이었을까, 아니면 과도한 상상력의 소산이었을까? 샹그릴라에서 콘웨이는 젊고 아름다운 풍금 연주자 로첸과 사랑에 빠지는데, 로첸은 콘웨이 일행과 함께 샹그릴라를 떠났고 병에 걸린 콘웨이를 중국인 의사에게 데려간다. 이후에 샹그릴라와 불로장생에 관한 콘웨이의 놀라운 이야기를 믿고 싶어 하던 사람들은 문제의 의사를 만나게 된다. 의사는 서툰 영어로 이렇게 말한다. 콘웨이와 함께 있던 여자는 젊고 아름답기는커녕 세상 그 누구보다도 늙어보였다고.

의사의 말은 콘웨이의 이야기에 대한 결정적 증거가 된다. 로첸은 샹그릴라를 떠나자마자 인간의 수명을 한참 넘긴 원래 나이로 돌아간 것이다. 영적 지도자의 말은 진실이었으며 샹그릴라도 실존했다.

그 2월의 아침에 내가 얻은 것은 아버지에게 들은 이야기의 결정적 증거였다. 아버지의 말은 진실이었다. 아버지의 광기 어린 생각과 믿음 아래에는 바이베리에서 일어난 일들에 관한 진실이 숨겨져 있었다. 정신질환에 따르는 낙인은 사소하고 부수적인 것이 아니라 생사가 달린 문제였다.

나는 그때서야 깨달았다. 낙인을 이해하려면 내 예상보다 훨씬 더 깊은 곳까지 파헤쳐야 하리라는 것을.

*

1990년대에 나는 다기관 연구* 기금을 받고 워싱턴에서 열린 장기간의 회의에 참석했다. 미국 전역에서 엄선한 연구소 여섯 곳에 소속된 심리학자와 정신의학자 들이 공동 진행하는 연구였다. 우리 목표는 최고의 치료 임상실험을 설계하는 것이었다. 그러려면 각 연구팀이 매달 국립정신보건연구소로 와서 실

* 하나 이상의 의료 센터나 클리닉에서 수행되는 연구.

무 회의를 해야 했다. 이런 학제 간 회의는 내 경력 초반에 매우 큰 비중을 차지했지만, 정말이지 끝도 없이 늘어지는 고역이기도 했다.

연구 총감독인 존 릭터스는 국립정신보건연구소에 소속된 탁월한 발달심리학자였다. 존은 다소 특이한 사람이었다. 회의 시간 거의 내내 테이블 주위를 서성이며 침묵이 흐를 때마다 지지배배 새 울음소리를 냈다. 기운이 넘쳐서 좀처럼 가만히 앉아 있을 수 없는 듯했는데, 나중에 알고 보니 성인 ADHD 진단을 받았다고 했다. 그런데도 연구 계획이나 측정 방법에 관한 개념 정리가 필요할 때면 존은 날카로운 집중력과 예리한 발언으로 핵심을 찌르곤 했다.

잠시 회의실을 나와 쉬는 시간이면 존은 자신의 출신과 성장 과정에 관해 들려주었다. 그는 군인 출신 아버지에게 가혹하고 폭력적인 훈육을 받았다고 했다. "그야말로 위대한 산티니* 같은 사람이었지." 존은 어릴 때부터 자동차 절도를 시작했고 나중에는 소년원에 수용되었다. 그는 중학교도 마치지 못했고 줄곧 비딱하게 살아왔지만, 남들이 대학을 졸업할 나이를 훌쩍 넘겨 마침내 고등교육을 받기 시작했다. 최우등생으로 대학원에 들어간 뒤에도 계속 탁월한 성과를 보였고, 아동 정신건강

* 동명의 1979년도 영화 주인공인 해병대 중령.

발달 문제에 대한 중요한 분석 연구로 상도 여럿 받았다. 존은 혈기왕성하고 만족을 모르며 짓궂은 유머 감각을 자랑하는 반항아이자 괴짜였다.

때로는 밤늦게까지 회의가 이어지기도 했다. 아동의 가족을 설득할 방법, 올바른 평가 방식, 약물 치료와 심리치료 각각의 가치에 관한 열띤 논쟁이 벌어졌다. 개입 과정은 정성스럽고도 충실해야 했고, 무작위적 실험의 일관성을 유지하면서도 아동 각각에 대한 맞춤 치료가 이루어져야 했다. 국립정신보건연구소의 역사를 통틀어 지금까지도 정신건강장애 아동을 대상으로 한 최대 규모의 임상실험으로 남아 있는 만큼 위험성도 무척 높은 연구였다.

회의실 분위기가 감당하기 어렵게 지루해지면 존과 나는 슬며시 호텔 복도로 빠져나오곤 했다. 존과 대화할 때마다 나뭇가지를 타고 번져나가는 산불처럼 아이디어가 샘솟았다. 어느 날 오후 존이 내 성장 과정에 관해 물었다. 아직 시차 적응이 되지 않아서 눈이 침침했고 중요한 투표가 있을지 모르니 슬슬 회의실로 돌아가야겠다고 생각하면서도 나는 결국 이야기를 시작했다. 아버지와 패서디나, 러셀과 아인슈타인, 강제 입원, 조현병과 양극성장애, 내 대학교 1학년 봄방학부터 시작된 그간의 대화에 관해서. 나는 빠르고 간략하게 이야기하되 그 무엇도 빼놓지 않았다.

내 이야기에 귀 기울이던 존의 눈이 휘둥그레졌다. 어느새 그는 고개를 끄덕이고 손짓하면서 내가 말을 이어갈수록 점점 가까이 다가서고 있었다. 그러다 갑자기 뒤로 물러나더니 양손을 쳐들며 덤벼들어 내 어깨를 붙잡았다.

"스티브, 자네가 지금 무슨 얘길 하고 있는지 알아?" 존은 잔뜩 흥분해서 소리치다시피 했다. "자네 아버님의 사연이 얼마나 중요한지 모르겠나?" 그는 내 얼굴 십 센티미터 앞까지 얼굴을 들이대며 말했다. "글을 쓰고 강연을 해. 사람들한테 그 이야기를 들려주라고!"

나는 고개를 끄덕였다. 아버지에 관해 내 인생 최초로 공개 발표를 한 순간이었다. 당시 내 관중은 극도로 흥분한 단 한 명의 개인일 뿐이었지만.

또다시 대륙 횡단 비행기에 올라 집으로 돌아가면서 나는 생각을 정리하기 시작했다. 시간 여유가 생길 때면 초안을 짰다. 이후로 수년 동안 공개 석상에서 아버지와 우리 가족, 나 자신에 관한 이야기를 꺼냈다. 내 어린 시절의 주된 기억인 망설임과 은밀함, 수치감에 관해서도. 2002년에는 아버지의 삶을 예로 들어 양극성장애 환자가 처하는 임상적 현실을 다룬 논문을 쓰기도 했다.

우리 가족사를 분석하다 보니 그 어느 때보다도 더 낙인의 끔찍함을 절감하게 됐다. 이전에는 차마 인정할 수 없었지만,

그 단어 자체가 유해하다는 생각이 들었다. 낙인stigma라는 단어를 소리 내어 말하면 폐쇄 자음 't'와 'g'가 목청에서 터져나오며 그 자리에 깊이 꽂히는 것 같다. 단어의 의미도 그만큼이나 가혹하다. 사회에서 폄하되는 집단은 추방자라는 낙인이 찍히고, 수치스럽고 역겨우며 짐승과 다를 바 없다고 여겨진다. 낙인의 스모그 아래에는 부정과 억압, 추방이 도사리고 있다. 낙인찍힌 사람들은 고립되기 쉬우며, 이는 독방에 감금되는 신세나 마찬가지다. 아무런 소속이나 사회적 지원도 없이 주류에서 추방당했다는 느낌보다 더 끔찍한 것도 없으리라.

파시즘이 몰락한 1940년대 후반에 많은 사회과학자들이 오직 가혹한 양육 방식에 굴복한 사람들만 남에게 편견을 갖고 낙인을 찍는다고 믿었다. 이 주제를 다룬 주요 도서《권위주의 인격The Authoritarian Personality》도 당대 버클리의 심리학자와 사회과학자 들의 공동 저작이었다. 하지만 이후에 핵심 전제가 완전히 뒤바뀌었고, 이제 편견과 낙인은 일상적 사회 인지의 산물로 여겨진다.

다시 말해 어떤 집단과의 상호작용은 다량의 사회적 정보를 발생시키기 마련이며, 따라서 개인은 정보의 폭주를 통제하고 세상을 이해하기 위해 동료 인간들을 빠르게 분류해야 한다. 청년과 노인, 똘똘이와 멍청이, 키다리와 땅딸보 같은 식으로 말이다. 하지만 가장 중요한 분류는 친척이나 가까운 지인 같은 내집단과 위험한 이방인일 수도 있는 외집단의 구분이다. 자신과 '다른' 사람들을 유형화하는 일은 종종 부정적 편향과 뒤섞여 외집단 구성원을 향한 편견과 차별, 기본적 인권의 부정을 초래했다.

따라서 낙인은 일부 편향된 개인들의 소집단에 한정된 것이 아니라 거의 모든 사회에 존재하며, 특히 정신질환자처럼 위협적이고 무분별하게 여겨지는 하위집단에 따라붙는다. 실제로 정신장애를 지닌 사람에 대한 낙인은 지금까지 연구된 모든 사회와 문화에서 나타나고 있다. 낙인을 극복하려면 인류 전반의 태도와 공감 능력에 거대하고 근본적인 변화가 일어나야 한다는 사실을 나는 그제야 이해할 수 있었다.

*

1994년 나는 버클리에 안식년을 신청했다. 그렇다고 해서 낯선 나라로 여행을 떠날 여유는 없었다. 제프리가 벌써 2학년이었고 나 역시 개인 연구에 집중할 시간이 필요했기 때문이다. 그래도 강단에서 물러나 있으니 내 프로젝트에 몰두하고 가끔 콜럼버스를 방문할 여유가 생기긴 했다. 아버지는 파킨슨병이 점점 더 심해져서 기력을 잃었을 뿐만 아니라 인지능력도 많이 저하된 상태였다.

9월 초에 본가로 가는 비행기를 탔다. 언제나 그랬듯 오하이오는 캘리포니아와는 딴 세상처럼 느껴졌다. 뒤뜰 풍경이 아름다웠다. 깃털 구름이 가득한 연푸른 하늘에서 늦여름의 뜨뜻한 햇볕이 쏟아졌다. 기러기가 거대한 'V'자를 그리며 남쪽으로 날아가고 있었다. 아버지와 나는 무성하게 자란 나무 그늘에 놓인 피크닉 테이블에 앉았다. 삼십 년도 더 전에 우리 가족이 이사 왔을 때는 가느다란 묘목에 불과했던 나무였다. 아버지는 이후로 거의 일 년 동안 사라져 이 나무를 보지 못하고 지냈다.

아버지가 조용히 입을 열었다. 그날이 바로 9월 6일, 그러니까 오십팔 년 전에 패서디나의 현관 지붕에서 뛰어내렸던 날이라고. 나는 깜짝 놀랐다. 내가 어떻게 그 날짜를 잊어버렸던 걸까? 아버지가 나와 대화를 시작한 지도 벌써 사반세기가 지났지만, 아버지가 회상을 시작하자 언제나처럼 친가의 아득한 역사 속을 여행하는 기분이었다.

다시 콜럼버스를 찾아간 것은 1월 초였다. 기온이 영하를 한참 밑돌았기에, 눈부시게 하얀 눈으로 덮인 땅바닥은 꽁꽁 얼어붙어 있었다. 어머니와 나는 아버지를 모시고 콜럼버스 근교의 독일 마을로 점심을 먹으러 갔다. 붉은 벽돌로 지은 상점과 자갈이 깔린 길거리, 백 년 전 그대로 복원한 집들이 근사했다. 어머니가 주차할 곳을 찾는 동안 나는 차에서 내리는 아버지를 부축하여 식당 앞의 낮은 계단 위로 이끌었다. 하지만 아버지는 도중에 잠시 멈추더니 더는 움직이지 못했다. 온몸의 근육이 마치 북극의 공기처럼 얼어붙어 있었다. 나를 쳐다보는 아버지의 굳어진 얼굴에 체념과 절망이 드러났다. 우리는 도로 계단을 내려갔다.

"이런 신세가 될 줄은 상상도 못 했구나." 아버지가 당황스러워하면서도 차분한 목소리로 말했다. "내 꼴 좀 보렴, 꼼짝도 못 하고 있잖니. 내 말년이 이럴 줄 누가 알았겠어?" 자신의 처지가 서글프다기보다도 어처구니없다는 어조였다.

다음 날 오후 나는 아버지에게 서재에서 잠시 얘기 좀 하자고 요청했다. 이 대화를 위해 얼마 전부터 단단히 마음을 먹은 터였다. 두 번 다시는 없을 기회였다. 아버지를 모시고 서재에 들어서며 등 뒤로 미닫이문을 닫았다. 금빛을 띤 목재와 짙은 빛깔의 책 표지들이 헐벗고 얼어붙은 창밖의 나뭇가지와 선명한 대조를 이루었다.

대학교 1학년 때의 그날 이후로 우리가 몇 번이나 함께 이곳에 앉았던가? 봄방학에 집으로 돌아오면 뒤뜰에는 흰색과 분홍색 꽃들이 찬란하게 피어났다가 며칠 만에 지곤 했다. 여름방학에 아버지와 대화할 때면 창밖의 나뭇잎과 잔디가 장엄한 초록빛을 뽐냈다. 가을에는 아버지를 거의 만나지 못했다. 가을학기 도중에는 좀처럼 시간을 낼 수 없었기 때문이다. 크리스마스 휴가 동안 창밖 세상은 흐리고 창백했지만, 우리는 따뜻한 실내에서 점점 더 깊어가는 부자간의 정을 느꼈다.

내 목표는 분명했다. 아버지의 이야기를 더 많은 사람에게 알리려면 아버지에게 허락을 받아야 했다. 존 릭터스와의 대화를 통해 그 결심은 더욱 굳어졌다. 하지만 이제는 아버지의 주의를 끄는 것조차 쉬운 일이 아니었다.

"여쭤볼 게 있어서요." 나는 작은 소파에 앉아서 입을 열었다. 아버지의 책상은 서재 반대편에 있었기에 아버지를 내 말에 집중시키기는 어려울 듯했다. 하지만 놀랍게도 아버지는 자리에서 일어나려 했다. 지켜보기 고통스러울 만큼 천천히 서류 보관함으로 다가가더니 손으로 더듬어 간신히 서랍을 열었다. 강의계획서와 그 밖의 온갖 잡다한 문서들을 한참 들여다보며 떨리는 손가락으로 휘젓다가 마침내 찾고 있던 것을 꺼냈다. 그러고는 내가 앉은 곳으로 뻣뻣하게 다가와 서류철 하나를 내밀었다.

서류철을 펼쳐본 순간 나는 그것이 아버지의 최종변론임을 깨달았다. 아버지가 자신의 삶을 3인칭으로 서술하고 타자기로 정리한 글이었다. 아버지는 이번에도 시설화가 자아정체성의 완전한 상실을 초래한다고 주장했던 고프먼을 인용하고 있었다.

> 여기 죄를 인정한, 다시 말해 '무효 처리된' 개인이 있다. 이전에는 아침 한나절이면 끝났던 것이 이제는 다섯 달에 이르

는 귀중한 시간을 앗아간다. 이전에는 순간적인 굴욕(연기되었지만 결코 피할 수 없을 채찍질)이었던 것이 이제는 몇 달간 지속되는 셈이다. 이전에는 죄가 확정되는 처벌 의례의 첫 단계였던 것이 (…) 이제는 정신과 검사 혹은 '치욕의 의식'이라고 불린다. (…) 그는 시민권을 박탈당하고 정신병원이라 불리는 전체제도에 감금되는 것이나 마찬가지다.

아버지의 인생 궤적을 뒤돌아보며, 나는 그제야 온전히 이해할 수 있었다. 처벌과 낙인이야말로 아버지 삶의 가장 중요한 화두였음을.

하지만 지금 내가 이야기해야 하는 건 다른 문제였다. 나는 아버지에게 고맙다고, 하지만 지금은 여쭤보고 싶은 게 있다고 재차 말씀드렸다. 아버지가 다시 편안히 자리를 잡고 앉자 나는 아버지를 정면으로 바라보며 말했다. "그간 우리가 나눈 대화를 곰곰이 생각해봤는데요, 한 가지 부탁드리고 싶은 게 있어서요."

하지만 아버지가 정말로 내 말을 듣고 있는 걸까? 반쯤 마비된 얼굴 표정만 봐서는 도무지 알 길이 없었다. 나는 계속 말을 이어갔다. 아버지의 삶을 주제로 글을 쓰고 싶다고. 그간의 대화와 아버지가 내게 보여준 일기를 토대로 했으면 한다고. 아버지의 경험이 많은 사람들에게 귀중한 교훈이 되리라 믿는다고.

"그러니까, 아버지." 나는 최대한 단도직입적으로 질문했다. "제가 아버지의 인생에 관해 써도 될까요?"

아버지는 나를 마주 보았다. 잠시 꼼짝도 안 하다가 천천히 허락한다는 듯 고개를 끄덕였다.

하지만 아버지가 정말로 내 말을 듣기는 한 걸까? 나는 다시 한번 여쭈어보았다. 이번에는 아버지도 분명히 대답해주었다. "물론이지, 얘야." 가늘지만 뚜렷한 목소리였다. 예전에 아버지가 자기 말을 강조할 때 쓰던 표현 그대로였다. 이후로 내가 아버지의 인생을 다룬 모든 글은 아버지와 함께 쓴 셈이었다.

우리가 서재에서 대화를 나눈 것은 그날이 마지막이었다.

*

3월에 어머니는 어찌어찌 아버지를 팜스프링스로 데려갈 수 있었다. 나도 일주일 뒤에 찾아갈 예정이었지만 내가 출발하기 바로 전날 밤에 사고가 일어났다. 아버지가 침실에 켜진 야간등을 보고 불타는 것으로 착각하여 물 잔을 던진 것이다. 합선이 일어나고 한바탕 연기와 불꽃이 터져나왔다. 상황이 좋지 않았다. 어머니는 아버지와 함께 즉시 본가로 돌아갔다.

콜럼버스에서 신경 검진을 받은 결과 아버지의 병세가 악화되었음이 드러났다. 파킨슨병의 합병증인 루이소체 치매 진단을 받은 것이다. 파킨슨병은 수의운동*과 연계된 뇌의 특정 경로에 도파민이 급감하면서 발생하는데, 시간이 지나면 주요 신경세포 내부에 쌓인 비정상 단백질이 뇌의 더 중요한 부위까지 번져 치매를 일으킨다. 5월 말에 이르자 아버지는 침대에서 일어나 화장실에 갈 수도 없을 만큼 악화되었다. 더는 집에서 돌보기가 불가능한 상태였다. 구급차를 부르면 아버지가 놀랄까 봐 걱정한 어머니는 오랜 친구와 버디 외삼촌에게 전화를 걸었다. 두 분이 아버지를 계단 아래까지 부축하여 차에 태우고 병원으로 모셔갔다.

나는 6월에 뉴욕에서 열린 학회 강연을 마치자마자 콜럼버스로 달려갔다. 어머니와 샐리는 나를 바로 아버지가 입원한 병원으로 데려가면서 아버지의 정신이 급속히 흐려지는 중이라고 알려주었다. 병상에 다가서니 아버지의 쇠약해진 몸과 핼쑥한 얼굴이 역력히 눈에 띄었다. 하지만 정신만은 또렷했던 아버지는 병실에 들어선 나를 알아보고 활짝 웃으며 목청을 최대한 짜내어 인사했다. "네가 여긴 어쩐 일이냐? 널 보니 정말 좋구나!" 나는 누워 있는 아버지를 어색하게 포옹했다. 아버지는 내가 이렇게 불쑥 나타났다는 게 어리둥절하면서도 기쁜 듯했다. 얼마 지나지 않아 간호사가 혈압을 재러 왔다. 어머니와 나와

* 척추동물이 의식적으로 근육을 움직여 하는 운동.

샐리는 몇 분간 병실 밖으로 내쫓겼다. 잠시 후 다시 들어가니 아버지가 나를 보고 또 깜짝 놀란 표정을 지었다. "이게 웬일이냐! 정말 반갑구나!"

내가 십 분 전에도 병실에 있었다는 걸 잊어버린 게 분명했다. 어느 모로 보나 불길한 징후였다.

나는 근무 중이던 정신과와 신경과 의사들을 일일이 쫓아다니며 아버지에 관해 물어보았다. 섬망과 치매, 두뇌 기능의 전반적 쇠퇴 등 예후가 명백히 나쁘다고 했다. 어머니와 나는 다음날 종일 차를 타고 돌아다니며 여러 요양원을 둘러보았다. 맑고 푸르던 오하이오의 하늘은 어느새 희부옇게 흐려져 있었다. 아버지는 일반 병원에서는 오래 머물지 못할 터였다. 하지만 혹시나 좋은 요양시설을 찾아낸다면 아버지도 지금보다 나아질 수 있을지 몰랐다.

나는 캘리포니아로 돌아와 하계 연구 프로그램을 진행하면서도(그해에는 두 개를 동시에 맡고 있었다) 날마다 어머니와 통화했다. 아버지는 우리가 둘러보았던 집 근처의 요양원에 입소해 있었다. 두 주 뒤에 어머니가 나쁜 소식을 전했다. 아버지가 병균에 감염되어 열이 높다는 것이었다. 항생제를 맞았는데도 열이 내리질 않는다고 했다. 나는 자리를 비울 수가 없었지만, 며칠 뒤 다시 어머니의 전화를 받고 곧바로 심각한 상황임을 알아차렸다. 아버지가 위독했다. 당장 콜럼버스로 달려가야만 했다.

동부행 비행기를 타기에는 너무 늦은 시간이라 다음 날인 토요일 항공권을 예약했다. 콜럼버스 직행 편은 좌석이 없어서 덴버에서 갈아타야 했다. 환승 대기 시간에 샐리에게 전화를 걸었다. 본가에 머물면서 요양원을 오가던 샐리는 아버지가 편히 쉬고 계신다고 전해주었다. "내일은 아버지를 뵐 수 있을 거야, 오빠. 갈아탈 비행기를 기다리느라 불안하겠지만 너무 걱정하진 마."

유난히 무더웠던 7월 22일 밤 열 시 반, 나는 예정보다 두 시간 더 늦게 콜럼버스 공항에 도착했다. 집까지 택시를 탈 생각이었는데, 놀랍게도 어머니와 샐리가 수하물 컨베이어 옆에서 목을 쭉 빼고 나를 기다리고 있었다. 두 사람의 얼굴만 봐도 어찌 된 일인지 알 수 있었다.

"아버지는 한 시간 반 전에 돌아가셨어." 샐리가 말했다. "요양원에 돌아가서 아버지 곁에 앉아 있었어. 엄마는 샤워하러 잠시 집에 가셨고. 아버지 손을 붙잡고 있었는데 점점 숨결이 가빠지는 거야. 그러다 몇 분 뒤에 숨을 거두셨어."

어머니는 탈진한 모습이었다. 잠시 자리를 비운 데 죄책감을 느끼면서도 어쩔 수 없는 일이었음을 이해하는 듯했다. 우리는 콜럼버스 국도를 따라 요양원으로 차를 몰았다. 열린 차창 밖에서 귀뚜라미 울음소리가 들려왔고, 신호등 뒤로 이제는 영원히 폐쇄된 옛 벽돌 공장 건물이 보였다.

나는 어머니와 샐리를 앞서 병실로 이어지는 리놀륨 깔린 요양원 복도를 달려갔다. 몽롱한 비현실감 속에서 문을 열고 아버지의 병상으로 다가갔다. 아버지의 몸은 굳어 있었지만 얼굴은 평화로워 보였다. 지난 수년간 쪼그라들고 피폐해진 모습이었으나, 칠순이 될 때까지 새까맸던 머리칼만큼은 오 년이 더 지난 지금도 완전히 세지 않은 반백이었다.

한 번만 더 아버지와 이야기할 수 있다면 얼마나 좋았을까?

다음 날 있었던 일은 잘 기억나지 않는다. 장례식장에서 열린 관 속의 아버지를 다시 한번 들여다보았다. 가슴속에 외로움이 파도처럼 밀려왔다. 아버지는 그날 아침에 매장되었다. 열 시인데도 벌써 후덥지근해서 묘지로 찾아온 모든 이들의 얼굴에 땀이 줄줄 흘렀다. 얼마 되지 않는 친지와 동료 들이 나무 그늘에 모여 앉아 있었다. 기중기가 관을 땅속에 내려놓는 광경을 나는 멍하니 바라보았다.

나는 서부로 돌아가 연구 프로그램을 재개했지만, 다음 주말에는 콜럼버스로 돌아와서 추도식에 참석했다. 추도식은 아버지가 오랫동안 합창단의 일원이었던 교회에서 열렸다. 수백 명의 추모객이 와 있었다. 아버지의 친구들, 대학교 동창들, 친척들. 추도식은 은은한 오보에 독주로 시작되어 콜럼버스 관현악단 연주자 몇 명의 실내악으로 이어졌다. 합창단이 노래한 뒤 랜들 삼촌이 동생의 추도사를 낭독했다. 어린 시절의 기억, 프린스턴에서 함께 대학원에 다녔던 일, 최근까지 계속된 친척 모임에서의 만남에 관한 내용이었다. 폴 삼촌은 슬픔에 겨워 합창에 참여하진 못했지만 랜들 삼촌에 이어 추도의 말을 했다. 어린 시절 자신을 살갑게 보살펴준 이복형에 관해, 형과 함께했던 여러 스포츠에 관해.

그다음은 내 차례였다. 설교단에 올라서자 바로 아래 어머니와 샐리가 보였다. 나는 아버지의 인생에 관해 이야기하기 시작했다. 유년기, 겨우 세 살에 여읜 어머니, 패서디나로의 이사, 뛰어난 학교 성적, 파시즘에서 세계를 구하기 위한 도약, 강제 입원, 오하이오 주립대학교에 대한 애정. 숫자 100과 관련된 나의 두 가지 추억도 이야기했다. 유치원 시절 러시아와 중국의 인구에 관해 질문했던 일, 초등학교 4학년 때 잠이 오지 않아 힘들어하다가 아버지에게 현대 의학의 기적 덕에 내가 백 살까지 살 거라는 말을 듣고 안심했던 일을. 일상생활의 형언할 수 없는 신비를 떠받치는 토대는 무엇인가 하는 아버지 평생의 화두에 관해서도 이야기했다. 아버지가 정신질환 오진으로 고통스러워했지만 아이들에게는 항상 다정하고 상냥했다는 이야기도 했다.

마지막으로, 나는 아버지가 만년에 유령 같은 존재가 되긴 했지만 그분의 영혼은 여전히 내 마음속에 살아 있다고 말했다. 그리고 아버지가 명사 인명록의 자기 소개문 마지막에 인용했던 버트런드 러셀의 짧은 문장을 반복했다. 거의 팔순에 가까운 나이에도 러셀은 사랑과 연민에 관해 이렇게 적었다.

> 당신이 이런 감정을 느낀다면 실존의 동기를, 행동 강령을, 용감해질 이유를, 지적으로 정직해야 할 필연성을 지닌 셈이다.

추도식 내내 익숙하고도 복잡한 감정을 느꼈다. 아버지 삶의 실현되지 못한 가능성에 대한 슬픔, 정신보건 전문가들의 무지에 대한 분노, 내가 그분의 아들일 수 있었다는 데 대한 감사의 마음…….

다음 날 아침 어머니와 함께 공항으로 향하는 길에 잠시 묘지에 들렀다 가자고 청했다. 차에서 내려 무덤가로 걸어가니 그사이 묘석에 아버지의 이름과 생몰 연도가 새겨져 있었다.

> 버질 G. 힌쇼 주니어를 기리며, 1919~1995

한 시간 뒤 나는 공항에서 어머니를 포옹하고 비행기를 탔다. 캘리포니아로 돌아와 백여 명 이상의 아이들과 함께하는 하계 프로그램을 끝마쳤다. 연구를 통해 정신건강 문제의 본질을 밝혀내겠다는 희망을 품고서. 내 마음의 문을 열고 희망에 불을 붙인 것은 바로 사반세기 전에 시작되어 그때까지 이어진 아버지와의 대화였다.

14

내게 남은 시간

나는 몇 주에 한 번씩 버클리 시내의 아파트에 사는 사촌 마셜을 찾아간다. 아파트라기보다는 단칸방에 가까운 곳이다. 가로 3미터에 세로 2.4미터 크기로, 벽에는 지워지지 않는 검고 누런 니코틴 얼룩이 있다. 실내에 놓인 가구는 금속제 침대 틀과 낡아빠진 시트가 덮인 트윈 매트리스, 소형 냉장고, 고물 텔레비전, 새것에 가깝지만 가끔만 켜지는 컴퓨터 모니터, 의자 하나가 전부다. 창문이 열리지 않다 보니 담배 연기 자욱한 실내에 들어가면 숨쉬기는 고사하고 마셜의 모습조차 알아보기 어렵다. 공용 화장실을 쓰려면 인적 없이 휑한 복도를 몇 미터 지나가야 한다.

마셜이 사는 곳은 버클리 캠퍼스에서 두 블록 떨어진 1인 1실 주거용 건물이다. 그가 반세기 전에 태어났더라면 분명 보호시설에서 여생을 보내야 했으리라. 건물 내부는 고립된 방들로 가득하다. 사교적이고 상냥하며 주말이면 집에서 요리한 음식을 주민들에게 나눠주곤 하는 아파트 관리자 캐시가 있고 마셜을 아는 몇몇 동료들도 있지만, 내 평생 본 가장 황폐하고 쓸쓸한 장소라 할 만하다.

마셜은 이제 육십 대 중반이고 이가 네 개밖에 남지 않았다.

어깨까지 내려오는 회색 머리와 듬성듬성한 턱수염은 좀처럼 씻지 않아 너저분하다. 그는 내가 대학원생이었던 사십 년 전과 똑같이 열광적인 인사를 건넨 다음 쉰 목소리로 온갖 것을 비난하기 시작하는데, 시끄럽게 틀어놓은 텔레비전 때문에 무슨 얘기인지 알아듣기가 더욱 어렵다. 얼마 전에는 학회에 참석하러 시카고에 갈 예정이라고 말했더니 내가 갈 곳이 일리노이주가 아니라 미시시피주의 시카고라며 숨겨진 지리적 통로에 관해 한바탕 영문 모를 이야기를 늘어놓기도 했다. 그는 우리 집 방문 약속을 잡고 뜰에서 함께 식사하는 일을, 시간을 초월해 다른 차원으로 여행하는 것으로 이해한다. 나는 마셜의 머릿속 논리 체계를 이해할 수 없지만 그래도 마셜은 내가 찾아가면 기뻐한다.

마셜은 지난 사십팔 년 내내 조현병에 시달렸다. 끊임없이 나타나는 환시와 환청, 오로지 자기만이 납득할 수 있는 논리, 바깥세상과 나누는 희한한 상호작용 방식 등이 그의 특징적 증상이다. 마셜처럼 지속적이고 만성적인 증상을 겪는 사람은 조현병 환자 중에도 극소수다. 마셜의 뇌를 MRI 촬영하면 분명 뇌세포가 있어야 할 곳이 상당 부분 비어 있으리라. 새로 나온 항정신병약물 치료가 어느 정도 도움을 주긴 한다. 마셜이 그 약을 먹는 동안에는 명료하게 말하는 시간이 다소 길어지고 그의 의식도 한층 뚜렷해진다.

오래전 학생 시절에 나는 중증 정신장애를 이해하기 위해 아버지와 다른 세 명의 사례를 대조해보곤 했다. 마셜, 나의 또 다른 사촌이자 분열정동장애로 서른 직후에 자살한 칩, 고등학교와 대학교 풋볼 팀 동료이자 친구로 끊임없는 광증에 시달리다 하버드를 떠나 사라진 론. 하지만 지금도 마셜이 좋아하는 식료품을 사서 찾아가면(신선한 우유, 흰 빵, 프랑크 소시지, 땅콩버터와 잼, 가공육, 슬라이스치즈 그리고 최대한 많은 인스턴트커피) 그는 입이 귀에 걸리도록 기뻐하며 나를 반긴다. 힘찬 악수도 모자라 포옹까지 해주며, 내가 돌아갈 때는 복도까지 나와서 배웅한다. 그러는 게 집주인의 의무라면서 말이다. 마셜을 찾아갈 때마다 그가 타인과의 접촉을 갈구한다는 것을 절실히 느낀다.

우리는 어느 쪽을 택해야 할까? 과밀하고 비인간적이며 학대의 소지도 있었던 과거의 공공시설인가, 아니면 마셜 같은 사람들이 종일 홀로 앉아 있는 (마셜이 외출하는 건 일주일에 두 번 처방 약과 몇 달러의 장애 수당을 받으러 1.5킬로미터 떨어진 공공 정신보건 클리닉에 갈 때뿐이다) 황량한 거주 시설의 외로운 독방인가? 그토록 오랜 시간이 걸려서야 해체할 수 있었던 **예전**의 뱀 구덩이로 돌아가야 할까, 아니면 고독만을 벗 삼아야 하는 **지금**의 낡고 적막한 방들로 만족해야 할까? 마셜이 얼마나 타인과의 교류에 목말라 있는지 본다면 그 어떤 냉혈한도 가슴 아파할 것이다. 중증 정신장애에 대한 사회의 '치료'가 개선되고 진보되었다고 믿는 사람이 있다면 내가 목격한 광경을 보지 못한 게 분명하다.

나의 정신장애 가족력은 내가 어디를 가든 따라올 것이다. 그것은 나의 영원한 동반자이며, 내가 빠져나왔지만 여전히 직면해 있는 어둠을 상기시켜주는 존재다.

*

1995년에 아버지가 돌아가신 뒤 로버타와 나는 영구 별거에 들어가기로 했다. 내가 망설인 것은 제프리를 매일 볼 수 없으리라는 두려움 때문이었다. 심지어 아버지도 정신병원에 있었던 기간만 빼면 항상 어린 내 곁을 지키며 날 도와주지 않았던가. 나는 제프리에게 뭐라고 변명할 것인가? 엄마 아빠의 부부 생활이 예전 같지 않다고? 나는 칠팔백 미터 떨어진 곳에 새집을 구했고, 1990년대 말에 이혼 절차를 끝내고 나서도 매일 제프리를 만났다.

이제 성인이 된 제프리는 이십 대 시절 나의 걱정이 무색할 정도로 잘 지내고 있다. 나는 아이를 갖는다면 가족사의 그늘이 이어질까 봐 두려웠다. 하지만 양극성장애를 포함한 중증 정신장애의 유전 가능성이 상당히 크긴 해도 자손의 대다수는 그런 증상을 보이지 않는다는 사실을 명심해야 한다. 부모가 된다는 것은 무엇보다도 신념의 문제다.

나는 1990년대에도 계속 장애 아동을 위한 하계 연구 프로그램을 진행했다. 특히 주의력 및 충동조절 문제가 심한 여자아이들을 위해 매년 캠프를 개최했다. 캠프에서 고용한 사람 중 하나가 샌프란시스코에서 온 미술 교사 켈리 캠벨이었다. 켈리의 활력과 사려 깊음, 아이들에 대한 헌신은 처음부터 확연히 눈에 띄었다. 우리가 만나기 시작한 것은 반년 뒤 켈리가 일자리를 찾기 위해 추천서를 써달라고 내게 연락하면서부터였다. 켈리와 나는 금세 서로에게 매력을 느꼈을 뿐만 아니라 모든 것을 숨김없이 솔직하게 이야기했다. 우리는 2001년에 버클리 교수회관에서 결혼했다. 아버지가 돌아가신 지 정확히 육 년 되는 날이었다. 그로부터 이 년 뒤에는 에번 로버트 힌쇼가 태어났다.

우리 둘은 성격이 크게 다르다. 켈리는 예술적이고 활기차면서도 침착하고 타협적이다. 반면 나는 분석적이고 경쟁심이 강하며 가끔은 성미가 급하고 지극히 목표 지향적이다. 그런데도 우리의 유대감은 시간이 지날수록 더욱 깊어지고 있다. 켈리는 우리가 만났을 때부터 내가 처해 있던 위기를 해결하는 데 도움을 주었다. 나는 아버지의 삶에 관한 책을 쓰기 시작한 터였지만 어머니는 자기에게 너무 망신스러운 일이라며 출간을 강력히 반대했다. 하지만 우리 가족사에 담긴 의미 있는 메시지를 계속 숨기려 든다면 어떻게 정신질환을 수치스러워하는 풍조를 개선할 수 있겠는가? 켈리는 객관적인 입장에서 내 하소연을 들어주었고, 어머니가 과거를 부끄러워하는 건 당연한 일이지만 아들인 내게 그 프로젝트가 어떤 의미인지 이해시켜 드리면 결국에는 어머니도 마음을 돌릴 것이라고 했다.

놀랍게도 이후 몇 년간 내가 우리 가족사를 주제로 강연하고 아버지의 삶을 사례로 양극성장애에 관한 논문을 쓰면서, 어머니가 벡슬리에서 초등학교를 다니던 시절의 친구들이 내 글을 접하게 되었다. 어머니가 숨겨온 비밀이 전부 드러난 셈이었지만, 그분들은 오히려 끝까지 꿋꿋이 결혼 생활을 지켰다니 대단하다며 어머니를 격려해주었다. 그러자 어머니도 마침내 생각을 바꾸었고 내 논문을 몇 부 더 보내달라는 요청까지 했다. 이 글이 왜 더 많은 사람에게 읽히지 않은 거냐고, 우리 가족 이야기가 더 널리 알려져야 한다고 말하면서.

나는 수십 년 동안 나 자신과 우리 가족의 과거를 드러내길 망설였다. 하지만 일단 터놓고 나니 내가 자유로워졌을 뿐만 아니라 처음에는 반대했던 어머니도 만년에나마 홀가분한 삶을 되찾게 되었다. 오래전에는 아무도 어머니의 말에 귀 기울이려 하지 않았다. 의사들은 어머니의 의견을 묵살했고 우리 가족의 고난은 당시 사회의 관행이던 침묵에 가려져버렸지만, 결국엔 어머니도 자신의 목소리를 발견했다. 진정한 희망은 수치와 낙인을 떨쳐내야만 싹틀 수 있다.

에번이 태어난 지 일 년 뒤 나는 라스베이거스행 비행기를 탔다. 아동의 행동장애에 관한 일일 워크숍을 진행하기 위해서였다. 내가 머물게 된 호텔 스위트룸은 비위에 거슬릴 만큼 호화로웠다. 38도에 이르는 사막의 더위와 대비되는 고층 건물 안의 과도한 냉방 때문에 더욱 심신이 피로했다. 나를 단단히 묶어주는 일상의 밧줄에서 풀려나 여행길에 오르면 뭔가 붕 뜬 기분이 든다. 문득 논문에 내 어린 시절 이야기를 더 자세히 썼어야 한다는 생각이 들었다. 침묵과 비밀로 가득한 집에서 성장하는 것이 어떤 경험인지 제대로 담아내지 못했다고.

어찌어찌 워크숍을 끝마치고 나니 사촌 형 짐이 한잔하자며 호텔로 찾아왔다. 평생 알코올중독에 시달렸던 해럴드 큰삼촌의 장남으로, 지금은 라스베이거스 외곽에서 살고 있다. 호감 가는 성격의 짐은 현재의 눈부신 라스베이거스 야경을 이루는 네온사인의 초기 엔지니어링을 담당한 인물이기도 하다.

"네 글을 읽었어, 스티브." 우리가 사이드카*를 한 잔 들이켜자마자 존이 이렇게 말했다. "그 글 때문에 욕을 많이 먹었겠지." 무슨 얘기를 하려는지 알 수 없어서 나는 가만히 듣고 있었다. "내 아버지나 의붓할머니에 관해 너무 모질게 썼다고 비난하는 사람이 있더라도 신경 쓰지 마. 난 네 말을 전부 믿으니까.

* 브랜디 베이스의 도수 높은 칵테일.

할머니가 삼촌을 학대했다는 이야기 말이야." 알코올중독에 걸리면서 해럴드 삼촌은 학자가 된 친동생들인 랜들, 밥, 버질 주니어와는 전혀 다른 삶을 살게 되었다. 삼촌이 그런 처지가 되자 의붓할머니는 화를 내며 삼촌뿐만 아니라 숙모와 그 집 사촌들도 만나지 않으려 했다.

"할머니는 어머니가 우리를 데리고 노스오클랜드 애비뉴의 본가로 찾아가지도 못하게 했어. 우린 나쁜 사례였고 우리 가족은 비도적적인 사람들이었으니까." 존은 추방된다는 게 어떤 일인지 자기도 잘 안다면서 이렇게 덧붙였다. "계속 진실을 말해. 어떤 일이 있었는지 사람들에게 알려야 해." 존의 이야기를 들으니 계속 우리 가족사를 쓰고 말해야겠다는 강한 의욕이 솟았다.

물론 과학자라면 전제나 이론을 시험하는 동안에는 냉정하고 객관적이어야 한다. 그러지 않으면 예상이나 선입견이 결과물에 영향을 미칠 수 있기 때문이다. 하지만 과학 연구의 **발견** 단계, 다시 말해 전제를 시험하거나 통계 분석을 시작하기 이전에는 영감과 통찰, 열정을 통해 연구의 방향을 잡고 어떤 질문을 제기해야 할지 깨달을 수 있다. 특히 의학과 정신보건 분야에서는 서사적 서술이 확연한 변화를 만들어낼 수 있다.

한편으로 이런 서사는 진솔하고 정확해야 한다. 기승전결이 있는 서사는 누구나 만들어낼 수 있지만, 과연 그 서사가 근본적인 진실을 반영하고 있는가? 내가 깨달았듯이 노어크, 바이베리, 콜럼버스 시립병원에서 아버지가 겪은 일들은 과도한 상상력의 산물이 아니었다. 아버지의 입원 생활은 실제로 아버지가 이야기한 것만큼 잔혹했다. 낙인과의 싸움을 이어가려면 최대한 과학적인 방법**뿐만 아니라** 적절한 서사 또한 필요하다.

*

2004년에 나는 버클리 학장에게 심리학과 학과장이 되어달라는 요청을 받았다. 1920년대 초반에 심리학과가 철학과에서 분과한 뒤 처음으로 임상심리학자가 그 자리에 오르는 셈이었다. 내 주된 목표는 심리학 분야를 둘로 가른 분열을 극복하는 것이었다. 지난 반세기 동안 버클리에서뿐만 아니라 심리학계 전반에서 생물심리학, 신경과학, 인지심리학과 발달심리학, 사회심리학, 문화 및 임상심리학 사이에 생겨난 균열을 메워야 했다. 아버지의 유년기 경험과 아버지가 견뎌낸 원시적 치료를 파악하는 과정에서, 통합이 아닌 분리가 득세하면 어떤 문제가 생기는지 뼈저리게 실감했기 때문이다.

여유 시간이 생기면 낙인을 연구했다. 낙인의 영향에 관한 지식을 넓히기 위해 진화학적 관점도 살펴보기 시작했다. 진화학적 관점의 근본 전제는 인류가 신체 조건이 떨어지는 만큼 서로 협력해야만 생존할 수 있으며, 따라서 자연선택은 인간의 활발한 사회적 접촉을 선호한다는 것이다. 하지만 타인을 무조건 신뢰하는 것 또한 위험하다. 감염과 착취, 예속의 가능성이 있기 때문이다. 다시 말해 인간은 상호 관계에서 사회적 접촉과 경계 사이의 좁고 위태위태한 길을 걸어야 한다는 얘기다. 이런 자연선택의 결과, 인간의 뇌와 정신에는 사회적 위협의 징후가 특정한 배제의 '모듈' 혹은 프로그램 형태로 각인되어 대인관계에 제동을 걸곤 한다.

인류 역사와 문화 전반에 보편적으로 존재하는 사회적 위협의 징후는 세 가지다. 첫 번째는 기생충이나 질병의 징후다. 단정치 못한 외모, '역겨운' 행동, 과도한 치장은 사람들의 반감과 기피를 불러올 수 있다. 두 번째는 협조성이 낮다는 징후다. 예측 불가능성, 극도로 낮은 사회적 지위, 상대를 속이려는 행위는 사람들의 분노를 유발하며 사회적 추방의 원인이 되기도 한다. 세 번째는 뚜렷한 신체적·문화적 차이다. '우리'와 다른 피부색, 관습, 신앙은 경쟁 집단에 정복당할지도 모른다는 의미로 받아들여져 증오, 착취, 심지어 몰살을 불러올 수 있다.

이런 징후를 보이는 개인을 기피하는 경향은 상당히 보편적인 만큼, 사회적 배제가 본능에 따른 자연선택이라는 의미로 여겨지기도 한다. 실제로 인류사에서 이런 경향은 비일비재하게 나타난다. 게다가 인간 외의 다른 생물 종도 병색이 있거나 과도한 일탈 행동을 하는 '동료'를 기피하곤 한다.

사회학자인 고프먼은 낙인을 다룬 1963년의 저서에서 이런 진화학적 관점 없이도 놀라운 선견지명을 드러낸 바 있다. 인류 보편적으로 낙인을 유발하는 요소를 '신체적 혐오스러움', '인격적 결함', '종족적' 차이로 상정한 것이다. 고프먼의 직관은 진화학적 관점에서 거론되는 감염, 사회적 위협, 연합 모듈 등에 완벽하게 부합한다.

정신질환의 경우 그중에도 두 가지 경향, 즉 감염이나 전염에 대한 우려와 돌출 행동을 하는 개인에 대한 배제가 두드러진다. 만성 정신질환자는 사악한 질병에 걸린 것처럼 보이며, 비합리적 행동 때문에 사회적 동료로서 믿을 수 없다고 여겨지기 쉽다. 다른 한편 외모와 문화의 차이에 기인한 '종족적' 거부감은 인종주의나 민족적 증오로까지 이어지곤 한다.

진화학적 가설은 환원론적이며 운명론적이라는 비판을 받을 수 있다. 사회진화론이나 20세기 초의 우생학 운동을 생각해보라. 게다가 이런 이론은 실험을 통해 증명하기도 어렵다. 그런데도 진화학적 가설이 암시하는 바는 무시무시하게 다가온다. 정신질환자에 대한 낙인찍기가 무의식에 따른 자동적 행위라는 의미일 테니까. 하지만 그렇다 해도, 설사 우리의 뇌리에 새겨진 낙인의 메커니즘을 극복하기 쉽지 않다고 해도, 낙인이 꼭 필연적인 것은 아니다. 인간은 자기가 느끼는 거부감을 인지하고 통제할 수 있기 때문이다. 정신적 고통을 겪는 사람의 근본적인 인간성에 방점이 찍힌다면 더욱 그럴 것이다. 인간성을 기르는 일이야말로 낙인과의 싸움에 맞서는 가장 중요한 무기가 될 것이다.

*

나는 오래전부터 심리치료를 받고 있었다. 어느 정도는 주기적인 기분 저하를 극복하기 위해서였다. 나는 심리치료사에게 만사를 꾹 참는 오랜 습관과 감정적 신중함에 관해 이야기했다. 누군가에게 작별 인사를 할 때마다 그 사람을 영원히 잃어버릴 것처럼 느껴진다고. 조금만 슬프다 싶어도 곧바로 깊은 절망 속으로 빠져들 것 같다고. 내 시도가 완벽함에 조금이라도 못 미친다고 느끼면 격렬한 자기혐오가 폭발한다고. 하지만 나는 서서히 내가 느끼는 것을 터놓고 이야기해야만 위험을 피할 수 있다는 걸 깨닫게 되었다. 시간이 지날수록 초인적인 힘을 기울여 감정을 억눌러야만 살아남을 수 있을 것 같던 상상 속의 소행성을 떠나 현실 세계에 안착할 수 있었다.

이십오 년 전 버클리로 오면서 잠시 다른 심리치료사를 만나게 되었다. 치료 방향을 잡기 위해 공식 평가 도구를 활용하는 치료사였다. 처음에는 널리 쓰이는 성격 검사인 미네소타 다면

적 인성 검사지MMPI를 작성해달라는 요청을 받았다. 대학 시절부터 쭉 이어진 자학과 이런저런 감정 기복, 간신히 억누르고 있지만 언제 터져나올지 모르는 분노, 자신감과 번갈아 가며 찾아오는 자기 회의에도 불구하고 내 검사 결과는 정확히 평균 범위였다. 하지만 단 하나 평균보다 살짝 높은 수치가 있었으니, 바로 편집증이었다. 평소 나는 편집증과는 상극인 사람이라고 여겼기에 검사 과정에 착오가 있었을 거라고 확신했지만, 내 수치가 유난히 높게 나온 부분은 편집증의 하위 척도 중 하나인 '신랄함'이었다.

이 부분에서 나와 같은 응답을 한 사람들은 격렬하고 감정 과잉적인 세계관을 가졌으며 모든 시도와 상호작용에 숨은 의미가 존재한다고 믿는 경향이 있다. 그들은 흔히 남들에게 오해를 받으며 실제로 외롭다고 느낀다. 모두 옳은 말이다. 나는 인생사에 감정을 이입하고 본질적인 의미를 찾곤 한다. 어린 시절부터 엄격한 생활 습관에 길든 한편 내가 기억하는 한 오래전부터 항상 숨은 의미를 찾으려 했고, 혼자서 온갖 의문을 파헤치며 신비로운 깨달음에 이르는 길을 발견하려 했다. 날마다 나도 모르게 떠오르는 기억을 좇아가다 보면 어린 시절의 중요한 과도기와 투쟁 한가운데 다다르게 된다. 겉으로 드러내진 않을지언정 내 머릿속은 항상 요란한 잡음들로 가득하며, 아버지의 심각한 감정 기복보다는 훨씬 덜하긴 해도 통렬한 감정이 넘쳐난다.

그런데도 나는 시간이 지나면서 인생의 소소하지만 중요한 기쁨을 즐기는 법을 배웠다. 자동차 라디오에서 흘러나오는, 너무나도 감미로워서 오직 그 곡을 끝까지 듣기 위해 계속 운전하게 되는 노래나 교향곡. 네트 외에는 아무것도 건드리지 않고 깔끔하게 바스켓 안으로 들어가는 3점 슛. 주변 모든 이들의 장점을 절묘하게 끌어내는 켈리의 모습. 이런 것들 덕분에 나는 내면의 속박에서 벗어날 수 있었다.

*

2010년에 나는 필립 폰틸리라는 사람의 연락을 받았다. 자기가 정신질환의 낙인을 퇴치할 방법을 찾았는데 이를 실행하려면 전문가의 도움이 필요하다는 내용이었다. 서던캘리포니아에 사는 필립은 흥미로운 경력을 지닌 사람이었다. 브로드웨이 댄서, 투자가, 암벽등반가를 거쳐 이제는 암벽등반 강사로 일하고 있다고 했다. 그는 낙인을 없애려면 사람들이 어릴 때부터 시작해야 한다는 것을 깨달았다. 정신보건 전문가 없이도 학교에서 동아리를 조직하고 차별과 편견에 맞설 방법을 의논함으로써 청소년 특유의 공감 능력과 행동주의를 발휘할 수 있다고 말이다. 어른에게 딱딱한 규칙을 배우는 대신 학생들 스스로 경계를 넘어서고 '차이'를 논하며 흥미와 동기를 발견하게 한다는 것이었다.

매우 단순하고도 심오한 생각이었다. 필립은 자기가 고안한 프로그램을 '낙인 지우기Let's Erase the Stigma', 줄여서 LETS라고 불렀다. 2011년 봄에 그가 개최한 컨퍼런스에서는 로스앤젤레스의 고등학생 수백 명이 모여 왁자지껄하게 랩 음악과 브레이크 댄싱을 즐기며 LETS에 관해 배웠다. 학생들은 가을학기부터 자기 학교에서 동아리를 조직하고 담당 교사를 구하자마자 주간 회의를 시작했다. 구체적인 동아리 활동 지침도 만들어졌다. 학생 하나가 매주 동아리 활동을 기록하여 그중 어떤 활동이 효과적인지 파악할 수 있게 했다.

나를 포함한 버클리의 연구팀이 활동 내용을 분석한 결과, 한 학기 동안 동아리 활동을 한 학생들의 정신건강 지식이 늘었다는 게 밝혀졌다. 하지만 그보다 더 뚜렷이 발전된 부분은 정신질환자에 대한 긍정적인 태도, 그들과 더 긴밀하게 접촉하고 싶다는 생각 그리고 일상에서 낙인을 퇴치하기 위해 노력하겠다는 의욕이었다.

또 다른 낙인 극복 프로그램은 고등학교 보건 시간에 정신질환에 관한 사실 정보를 가르치는 것을 목표로 진행되었다. 이런 개입도 결과적으로 학생들의 지식을 늘리긴 했지만 한편 정신질환자에 대한 인식은 오히려 나빠지고 그들과 거리를 두고 싶다는 생각도 **강화된** 것을 확인할 수 있었다. 정신질환 관련 정보를 알리는 것만으로는 도리어 오해와 뿌리 깊은 선입견을 부추길 수 있다는 얘기다. 정신질환의 인간적 측면에 대한 이해를 넓히는 데 필요한 것은 정보보다 접촉과 공감, 활동이다. 사람들 간의 장벽을 낮추고 타인과의 접촉 욕구를 충족시키는 활동에 청년들이 직접 참여할 때 진정한 희망이 생겨날 것이다.

2012년 봄에는 유명 영화배우 글렌 클로스에게서 예기치 않은 전화를 받았다. 글렌 역시 정신질환과 관련한 가정사를 겪은 이후로 낙인 퇴치를 위해 열성적으로 활동하고 있었다. 글렌은 내게 자신의 과학 자문위원회에 참석해달라고 요청했다. 나는 글렌을 로스앤젤레스에서 열린 두 번째 LETS 컨퍼런스에 초대했고, 그리하여 우리의 긴밀한 협력 관계가 시작되었다. 2014년에 필립이 해외로 떠나면서 글렌이 설립한 낙인 퇴치 비영리단체 '브링 체인지 2 마인드BC2M'가 LETS 산하 동아리들을 관장하게 되었다. 현재 우리 연구 조직은 여러 고등학교 동아리의 활동을 지켜보며 무작위 배치 실험을 진행하고 있다. 부디 LETS BC2M이 번창하기만을 바랄 뿐이다.

앞으로 수십 년 뒤에는 정신질환 병력이 있거나 증상과 장애를 경감시킬 방법을 찾는 사람들이 더는 수치스러워하지 않아도 될까? 그렇게 될 가능성이 역사상 어느 때보다도 높아진 것은 사실이다.

*

켈리와 내가 결혼한 직후 샐리가 교통사고를 당했다. 여름날 콜럼버스에서 자전거로 장시간 빠르게 달리다가 차에 치인 것이다. 닫혀 있던 차창에 머리를 부딪친 샐리는 병원까지 긴급 수송되던 중에 과다출혈로 사망할 뻔했다. 일촉즉발의 상황이었지만 몇 차례나 수술을 받은 끝에 다행히 회복될 수 있었다.

이제 샐리는 오하이오 주립대학병원을 포함한 여러 병원을 오가며 환자를 교육하고 의사를 훈련한다. 지극히 헌신적인 성격과 동료 중 손꼽히게 풍부한 의학 지식을 갖춘 덕에 최근 주목받고 있는 의료진의 지식 및 임상 기술 개선 운동에서도 핵심 인물이 되었다. 어머니의 류머티즘 관절염이 악화된 긴 세월 내내 그분을 돌봤던 만큼 나보다 훨씬 적극적으로 진보 정치 투쟁에 참여하며 삶에서 뚜렷한 목적과 의미를 발견하고 있다.

샐리와 나는 어찌 보면 지나칠 만큼 성격이 비슷하다. 우리 둘 다 성급하고 규칙적으로 생활하며 열성적이지만, 샐리는 나보다 더 자신에게 엄격한 편이다. 나로서는 동생이 좀 더 자신에게 너그럽고 유연해지길 바랄 뿐이다. 우리는 여전히 긴밀한 관계를 유지하며 오래전 어린 시절에 둘이서만 공유했던 언어로 이야기한다. 적어도 은유적으로는 말이다.

몇 년 전 봄에 샐리와 나는 어머니의 여든네 번째 생신을 축하할 비밀 계획을 짰다. 내가 워싱턴에 출장 갔다가 귀가하는 길에 콜럼버스에 들르기로 한 것이다. 나는 5월 말의 따스한 밤에 덜레스 공항에서 근거리 소형 제트기를 타고 콜럼버스에 도착했다. 렌터카를 빌려 곧바로 고속도로를 타고 본가로 달려갔다. 어머니는 나를 보고 기절초풍할 정도로 놀랐다.

다음 날 저녁 샐리와 나는 어머니를 모시고 나가 저녁을 대접했다. 저녁 식사 내내 어머니의 얼굴에서는 웃음이 떠나지 않았다. 어머니는 그윽한 눈빛으로 이렇게 말했다. "스티브, 넌 정말 멋진 인생을 살고 있구나. 훌륭한 업적도 쌓았고 세상 구경도 많이 했고 다정한 가족도 있지. 넌 어머니가 바랄 수 있는 최고의 아들이야." 이틀 뒤 우리는 벡슬리로 드라이브를 했다. 오래전 외할머니가 살았던 집을 지나치며 그곳에서 우리 가족이 보낸 시간을 회상했다.

하지만 2014년 12월 내 생일에 샐리에게서 전화가 왔다. 어머니가 등줄기를 따라 느껴지는 얼얼하고 맹렬한 통증 때문에 밤잠을 설쳤다고 했다. 사흘 뒤 어머니는 입원했고, 그로부터 이틀 뒤에는 내가 야간 비행기를 타고 콜럼버스로 갔다. 샐리와 나는 일요일 오전 내내 중환자실에서 어머니의 손을 잡고 그분의 숨결이 서서히 느려지다 멈추는 것을 지켜보았다. 어머니의 아흔 살 생일 몇 달 전의 일이었다.

나는 비행기를 타기 전에 버클리의 신경과 동료이자 친구인 밥 나이트에게 경고를 들은 터였다. 어머니의 증상은 만성 류머티즘이 진행되면서 경추 맨 위의 치상골에 돌연히 염증이 발생해 척수를 압박하는 현상, 즉 치상염이 분명하다는 것이었다. 치상염의 특징적 증상은 두 가지라고 했다. 척추를 따라 번지는 격렬한 통증 그리고 규칙적 호흡을 관장하는 뇌간 신경회로가 차단되면서 일주일 내로 사망하는 것이었다.

어쩌면 어머니의 급작스러운 죽음이 차라리 다행이었는지도 모른다. 어머니가 구십 대까지 살았다면 피할 수 없었을 만성 류머티즘의 지독한 통증과 불편을 생각하면 말이다. 그런데도 어머니가 절실히 그리운 마음은 어쩔 수 없다. 위안이 있다면 아버지와 그랬듯이 어머니와도 그분이 살아 계셨을 때 해야 했던 이야기를 끝마칠 수 있었다는 것이다. 두 분 모두 가슴에 맺힌 응어리를 풀고 세상을 떠나셨다.

이후로도 나는 최대한 자주 콜럼버스를 찾아가고 있다. 어머니의 부동산 문제를 해결하고 우리 가족사에 관해 샐리와 더욱 깊은 대화를 나누기 위해서다. 샐리가 좋아하는 임페리얼 흑맥주를 함께 마시며 내가 몰랐던 동생의 고통스러운 속내에 귀를 기울였다.

나는 적어도 아버지가 온전한 상태일 때는 그분의 지혜와 관대함을 마음껏 누렸고 오래도록 숨긴 광증에 대한 고백도 들었지만, 샐리 입장에서 아버지는 딸에게 칭찬 한번 해주지 않은 사람이었다. 샐리는 1970년대에 겪은 일을 이야기해주었다. 집에 있다가 아버지 동료의 전화를 받고 메시지를 남겨달라고 말했더니, 상대방이 멈칫하며 버질에게 딸이 있는 줄도 몰랐다고 말했다는 것이다. 샐리가 항상 자기를 응원해준 어머니 쪽에 깊이 공감한 것도 당연한 일이다. 나는 그저 아들이라는 이유로 내내 아버지의 편애를 받은 것이다.

정신질환과 학대에 따른 수치심과 내재화된 낙인이 조금만 덜했더라면, 그랬다면 아버지도 어머니와 샐리에게 자신의 약점을 좀 더 솔직하게 털어놓을 수 있지 않았을까. 단 한 번도 아버지에게 나와 같은 관심을 받지 못한 샐리로서는 내가 아버지를 위해 쓴 글을 읽기가 고통스러울 것이다. 그래도 샐리는 내가 자기를 언제나 깊이 사랑한다는 걸 잘 알고 있으며 타인에게, 특히 신체 및 정신장애를 안고 사는 이들에게 힘을 실어주는 보람으로 살아가고 있다. 어린 시절 우리 가족을 에워쌌던 침묵의 장막은 오래전에 걷혔고, 샐리도 나도 나름의 방식으로 낙인을 물리치기 위해 노력하고 있다.

그렇다면 **나 자신**의 마음은 얼마나 열렸을까? 나에게 강요했던 높은 기준을 우리 아들들(제프는 경제학 연구자가 되었고, 음악적 재능이 뛰어난 켈리의 아들 존은 해외에서 보석 세공을 공부하고 있으며, 에번은 이제 막 사춘기에 접어들었다)에게는 요구하지 않을 수 있을까? 변화는 쉬운 일이 아니다. 나로서는 어려운 문제들이 특별한 의논 없이도 일종의 마법을 통해 자연스레 해결되리라 믿고 싶다. 하지만 침묵은 침묵을 낳고 수치는 수치를 낳게 마련이다. 평생 낙인의 어두운 그늘 속에서 살았던 어머니도 결국에는 모든 걸 털어놓을 만큼 깊은 심적 변화를 거쳤는데 나라고 왜 못 그러겠는가?

제프가 열두세 살 무렵에 큰맘 먹고 일 년 전 돌아가신 할아버지에 관해 이야기한 적이 있다. 철학이 무엇이며 철학자는 어떤 일을 하는지 이야기한 뒤, 네가 정말로 흥분했을 때를 생각해보고 그보다 열 배쯤 더 흥분했을 때를 상상해보라고 했다. 슬픔에 관해서도 똑같이 네가 정말로 슬플 때보다 열 배쯤 더 슬퍼지면 어떨지 상상해보라고 했다. 너희 할아버지가 겪은 건 그처럼 매우 강력한 감정 기복이었다고. 내가 비어즐리의 저서와, 아이도 이해할 수 있는 언어로 가족 내의 문제를 이야기하도록 촉구하는 가족 심리치료를 접한 것은 이후로도 몇 년 뒤의 일이었지만, 그전에도 나는 **뭔가를** 이야기해야 한다고 느꼈다.

이제 열세 살인 에번은 매사에 조숙한데다 소셜 미디어 전성시대의 축복과 폐해에 노출되어 있다. 또래 아이들이 다 그렇듯 다양한 사회집단에 대한 태도를 결정하는 과정에 있지만, 섣불리 판단을 내리는 편이기도 하다. 에번을 포함한 모든 청소년에게는 솔직한 대화가 필요하다. 이 아이가 어른이 될 무렵에는 세상이 지금보다 더 유연하고 관대해질 수 있을까? 오늘날의 청소년들이야말로 그런 세상을 향한 결정적 변화의 주역이 될 것이다.

*

켈리와 만나기 시작하고 우리 가족사를 털어놓았을 때, 대학에 입학하자마자 아버지의 과거라는 무거운 짐을 지게 되다니 힘들었겠다는 위로를 들었다. 당시에 나는 곧바로 이렇게 대답했다. 다른 길이 없었다고, 나로서는 진실을 **알아야만** 했다고. 몇 년 전 내 심리치료사도 비슷한 점을 지적한 적이 있다. 아버지와 나의 대화가 일방적이었으며 아버지 쪽에서는 내가 자신의 고백을 어떻게 이해했는지 물어보거나 확인하지 않았다는 것이다. 나는 아버지의 경험담을 듣는 건 아버지가 실제 겪은 고통에 비하면 아무것도 아니었으며 내가 치른 대가는 지극히 적었다고 반박했다.

하지만 시간이 지나면서 켈리와 심리치료사의 말에도 일리가 있다는 사실을 받아들이게 되었다. 내가 알게 된 것을 털어놓을 곳도 없었고 나 역시 미쳐가는 게 아닐까 하는 의혹을 표출할 길도 없었기에, 대학 시절뿐만 아니라 그 뒤로도 아버지가 들려준 이야기 속의 생생한 이미지들과 남몰래 씨름해야 했다. 밤중이면 고통은 더욱 격심해졌다. 지금 생각해봐도 내가 그토록 오랫동안 자신을 고문할 수 있었다는 게 놀랍기만 하다. 나는 너무도 오래 위태로운 절벽 위를 걸었다. 마지막 순간에야 간신히 나를 믿고 자신에게 자유와 안식을 허용할 수 있었다.

그런데도 여전히 아버지를 생각하면 우리가 나눈 대화부터 떠오른다. 아버지의 조용한 서재에서, 혹은 공항에 도착하기 삼십 분 전부터 차 안에서 함께했던 시간. 그동안엔 바깥세상이 사라져버리는 것 같았다. 아버지의 이야기는 나로서는 상상도 못 했던 정신병원 내부의 일상을, 나도 서서히 익숙해지게 된 어느 캘리포니아 출신 가족의 역사를, 철학의 근본적 질문들과 자신이 겪은 고통을 이해하려는 아버지의 분투를 담고 있었다. 내가 정신보건 분야에 진출해 낙인과 싸우는 것을 인생의 목표로 삼게 된 것은 아버지가 들려준 이야기 덕분이었다.

아버지가 자신의 이야기를 들려준 또 하나의 이유를 나는 너무 늦게야 깨달을 수 있었다. 아버지가 인생의 만년에 이르러 마침내 사망한 뒤에야 말이다. 이제야 알겠다. 대놓고 요청한 적은 없었지만, 아버지는 내가 자기 이야기를 세상에 전해주길 바랐던 것이다. 우리가 마지막으로 서재에서 대화를 나눈 1월의 추운 오후에, 아버지는 내게 자신의 삶을 책으로 출간해도 좋다고 허락하면서 강제 입원 경험과 어린 시절의 처벌을 연관 짓는 최후의 결정적 메시지를 전해준 것이다.

그간의 세월을 거치며 나는 사실상 아버지의 서기이자 대필

작가이자 해설자가 되었다. 본격적으로 과업에 착수하기까지 시간이 걸렸지만, 결코 궤도를 벗어난 적은 없었다. 지금 내 삶은 그 어느 때보다도 풍요롭고 만족스럽다. 나는 인생에서 가장 중요한 과업을 수행하고 있으며 그 과정에서 과학과 개인의 서사를 최대한 통합할 수 있기를 바란다.

무엇보다도 아버지가 부디 나의 노력에 만족하셨으면 좋겠다. 아버지의 사연과 우리 가족이 겪은 고통, 나 자신의 여정에 관한 고백이 이 세상을 바꾸는 데 도움이 되기를 바랄 뿐이다.

맺음말

런던행 야간 비행기는 순식간에 깜깜해진 겨울 하늘로 떠올랐다. 버락 오바마의 취임식을 하루 앞둔 2009년 1월 저녁이었다. 나는 킹스칼리지 왕립의과대학에서 정신질환을 주제로 열리는 국제낙인학회의 4차 학술회의에서 기조연설을 할 예정이었다. 반년 전에 초청장이 왔을 때는 어안이 벙벙했다. 그런 학회가 존재했다니, 전 세계 사람들이 모여 수치와 낙인을 주제로 논의하고 있었다니? 우리 가족이 겪은 고통을 생각해보면 도저히 불가능한 일처럼 여겨졌다.

나와 우리 가족의 경험을 주제로 기조연설을 하기 전에 왕립 베슬럼 병원 전시관을 둘러보았다. 베들럼Bedlam이라는 약칭으로 잘 알려진 이곳은 팔백 년의 역사를 지닌 서유럽 최초의 상설 정신병원이다. 계몽 시대에는 유복한 시민들이 마치 동물원에 가듯 입장료를 내고 이곳의 미쳐 날뛰는 환자들을 구경하러 왔다. 전해지는 이야기에 따르면 날마다 형언할 수 없을 만큼 끔찍한 광경이 펼쳐졌다고 한다. 이곳의 역사를 이미 알고 있었음에도 입체 모형을 둘러보니 새삼 충격이 밀려왔다.

심란한 전시물 뒤편에 현대식 강당이 있었다. 오백 명의 청중이 계단식 좌석을 가득 메우고 있었다. 몇 사람의 발표가 이어진 뒤 내 이름이 호명되었다. 나는 어둑한 통로를 걸어 연단에 올라섰다. 강당 안이 물을 끼얹은 듯 조용해졌다. 오십 개국을 대표하는 인사들이 참석해서인지 청중도 무척 다채로워 보였다. 내 뒤의 커다란 화면에 우리 가족의 사진이 크게 비춰졌다. 나는 심호흡을 하고 입을 열었다.

사십 분 뒤 연설을 끝냈을 때 강당 안은 고요했다. 일 초가 지나고 이 초가 지났다. 아무래도 여기 모인 저명인사들은 이런 이야기를 듣기가 불편한 거겠지. 망설이다가 연단에서 내려가려고 한 걸음 내디딘 순간, 폭발적인 갈채가 터져나왔다. 따발총을 터뜨리듯, 파도가 부서지듯 무수한 손바닥들이 요란하게 부딪히고 있었다. 기립박수는 한참 동안 멈추지 않았다. 어쩌면 **정말로** 세상이 변하고 있는 걸까?

그렇다 해도 인류의 정신건강이 위기에 처했다는 건 변함없는 사실이다. 미국인의 사망 원인을 살펴보면 자살이 살인의 세 배나 되지만(2014년 통계에 따르면 4만 2천 명이다) 이런 소식은 뉴스에 나오지 않는다. 어째서 총기 폭력과 사고는 날마다 보도되는 반면 우울증과 자살사고에 따르는 내면의 고통은 주목 받지 못하는 걸까? 자살은 세계적으로 15세에서 44세까지의 사망 원인 중 세 번째를 차지하며 여성 청소년의 경우에는 첫 번째 사망 원인이다. 전반적으로 정신장애인의 수는 신체장애인의 수를 웃돌며, 특히 사십 대의 경우 **모든 신체장애를 합친 것보다도** 정신장애를 겪을 확률이 더 높은 것으로 보인다.

정신장애로 고통받는 것은 **그들**이 아니라 바로 **우리**다. 결함이 있고 정신이 온전하지 못한 일탈적 개인의 무리가 아니라 우리 부모와 자식, 동료와 지인, 심지어 우리 자신이다. 매년 미국 인구의 4분의 1이 심각한 정신적 문제를 겪는다. 무수한 참전 군인과 정신적 외상 환자가 외상 후 스트레스 장애에 시달리고, 자폐증과 주의력 결핍 및 과잉행동장애 등 아동기 발병 정신질환도 폭증하는 추세다. 식이장애는 사회적으로 심각한 건강 문제를 유발하고 있다. 약물 남용으로 많은 사람이 목숨을 잃고 있으며, 특히 마약성 진통제 및 헤로인으로 인한 사망이 급속히 증가하는 중이다. 사고장애, 불안장애, 다양한 발달장애 등 정신장애와 그에 따른 실업, 신체적 증상, 자포자기로 인해 미국 경제가 지는 부담은 일 년간 수천억 달러에 이르며 세계적으로는 **1조 달러**를 넘는다. 더구나 개인과 가족이 겪는 고통은 경제적 부담을 훌쩍 넘어선다.

중증 정신장애가 기대 수명을 10년에서 25년까지 감소시킨다는 무시무시한 연구 결과도 있다. 위험한 행동과 불량한 건강 및 운동 습관, 만성 신체질환에 걸릴 가능성 증가, 낮은 의료 서비스 접근성, 자해 등이 원인이다. 그런데도 여전히 정신질환을 겪는 사람들 대부분이 첫 발병 후 **십 년이 넘어**서야 외부에 도움을 요청한다. 정신적 문제 전반을 수치스럽게 여기고 외면하려 들기 때문이다. 만약에 심장병이나 암 환자 대부분이 십 년 넘게 자기 증상을 인정하고 치료하기를 미룬다면 어떻게 될까? 분명 모든 언론이 주요 기사로 다룰 것이다.

모순적이고도 비극적인 사실은 실제로 근거 기반 치료*가 정신장애에 효과적이라는 것이다. 정신장애의 확실한 치료제는 아직 없지만, 적절한 개입을 하면 대체로 신체장애에 대한 치료만큼 효과가 있다. 그런데도 이런 개입을 적극적으로 활용하는 환자는 드물다. 정신보건 분야에서의 '평등'은 기대치에 한참 못 미치는 상황이며, 환자 대부분은 그들에게 필요한 최신식 근거 기반 치료를 받지 못하고 있다. 회복이 충분히 가능한데도 실제로는 그러지 못하는 환자가 너무나 많다. 정신질환은 여러모로 인권의 최전선이라고 할 만하다.

정신장애를 대하는 관점이 근본적으로 바뀌지 않았느냐고,

* 연구를 통해 증거가 확보된 심리치료를 임상적으로 숙련된 치료자가 환자의 필요, 가치, 선호 등 맥락을 고려하여 내담자에게 적용하는 치료 방식.

이 문제를 다룬 무수한 감동적 사연들, 블로그, 잡지 기사들을 보라고 말하는 사람도 있을 것이다. 미 대륙의 동서 해안 지역에서는 내면의 혼란을 고백하고 정신과 상담을 받는 것이 일종의 명예 훈장처럼 여겨지는 것도 사실이다. 하지만 앞에서 언급했듯 정신질환을 향한 깊은 낙인과 거부감은 지난 육십 년간 크게 달라지지 않았고, 정신질환과 폭력을 연관 짓는 편견은 **오히려** 예전보다 심해졌다. 더욱 끔찍한 사실은 미국의 절반이 넘는 지역에서 정신질환자는 물론 정신질환 병력이 있는 사람에게 운전면허 박탈, 배심원이나 공직 출마 배제, 아동 양육권 자동 취소 등의 조처를 한다는 것이다. 내가 우울증이 있어서 운전을 못 하고 배심원이 될 자격도 잃는단 말인가? 내 과거의 자발적 구토가 식이장애를 의미한다면 나는 공직에 출마하거나 양육자가 될 수 없다는 걸까? 1860년에는 그런 법이 존재하지 않았다는 게 다행이다. 만약 그랬더라면 심각한 우울증 병력이 있었던 링컨도 대통령에 출마할 수 없었을 테니 말이다.

정신이상 행동이 악령 탓이라는 관점은 세계 여러 나라에서 과거의 유물이 되었지만, 여전히 도덕적 선입견은 남아 있다. 대중문화는 정신질환자를 악마나 매력적인 부적응자로 묘사한다. 노벨상을 받은 수학자이자 조현병 환자인 존 내시를 다룬 영화 〈뷰티풀 마인드〉처럼 말이다. 많은 사람이 여전히 정신질환을 언급할 때 사이코, 또라이, 미친놈, 미치광이 같은 혐오 표현을 사용한다. 심지어 트럼프 전 대통령처럼 국정을 다루는 정치인들도 신체 및 정신질환자를 흉내 내며 조롱해도 문제없다고 생각하는 듯하다. 정신질환자가 일상에서 겪는 투쟁과 승리, 상실과 회복, 가족 간의 유대에 관한 사연들은 왜 보도되지 않는 걸까? 사회에 절실히 필요한 것은 그들에 대한 공포 조장이 아니라 공감과 감정 이입이 아닐까?

지난 이십 년간 낙인을 물리치기 위해 채택된 주요 전략은 정신장애가 유전적 요인에 따른 뇌 질환이라고 알리는 것이었다. 알코올중독의 경우도 그랬듯 '질병' 이론이 환자의 죄책감과 사회의 비난을 줄여줄 것이라고 예상했기 때문이다. 심리학 이론에 따르면 부정적 행동이 질병이나 특히 유전적 취약성처럼 통제 불가능한 원인 때문이라고 여겨질 때 해당 개인은 면죄부를 얻으며 낙인도 약해진다고 한다.

실험 연구 결과 정신질환이 유전적 요인에 따른 뇌 질환이라고 믿는 사람은 **실제로** 정신질환자 개인을 덜 책망하는 경향을 보였다. 하지만 동시에 정신질환자는 사실상 구제 불능이며 사회적 접촉을 할 가치가 없다고 믿는 경향도 보였다. 어쨌든 DNA를 변화시키기란 불가능하니 말이다. 다시 말해 생물학-질병 관점은 비관주의를 촉발하고 사회적 거리감을 **부추기는** 역효과를 불러오기 쉽다는 것이다.

하지만 그렇다고 정신질환이 인격적 결함이라거나 잘못된 양육의 결과라는 사고방식으로 되돌아갈 수도 없다. 많은 종류의 정신질환이 어느 정도 유전의 영향을 받는 것은 사실이며, 따라서 유전자에는 분명 위험이 존재한다. 하지만 생물학적 관점이 전부일 수는 없다. 유전적 취약성을 촉발하는 것은 경험과 환경이며 치료를 시작하고 계속하는 것도 개인과 가족의 선택이니까. 양자택일이 아니라 양립과 병존의 문제인 것이다.

낙인의 진화학적 가설을 되새겨보자. 이에 따르면 정신이상 행동의 징후는 거의 자동으로 감염 공포와 위험을 기피하려는 욕구를 부추긴다. 반면 세 번째 모듈, 즉 다른 '종족'으로 여겨지는 개인에 대한 사회적 거리감은 정신질환이 아니라 인종주의와 연결된다.

일탈 행동을 생물학적·유전적 요인에만 연관 짓는다면 의도치 않게 이런 종류의 낙인도 촉발시킬 수 있다. 다시 말해 돌발적이고 위협적이며 비논리적인 행동이 DNA 때문이라고 믿는다면 해당 개인은 유전적 결함이 있는 일탈적 종족의 일원이자 심지어 짐승에 가까운 존재로 여겨질 수 있다. 생물정신의학적 관점이 예기치 못했던 심각한 증오와 결합된 낙인을 불러일으키는 셈이다. 역사적 사례에 따르면 이런 낙인은 분노와 예속, 심지어 말살을 초래할지도 모른다.

또 다른 형태의 광기이자 결과적으로 정신질환 자체보다 더 유해할 수 있는 낙인을 퇴치하려면 복합적인 전략이 필요하다.

차별 방지 정책의 강화, 양질의 의료에 대한 접근성, 지금과 완전히 다른 언론의 메시지, 개인 간의 접촉을 통한 공감과 연민의 확산, 무엇보다도 침묵이 아닌 대화가 필요하다. 우리의 목표는 인간화이며, 이를 위해서는 청소년들의 인권 투쟁 참여가 핵심적이다. 지금의 편견과 관습이 유지되는 매 순간이 창의성과 인류 가능성의 낭비이자 형언할 수 없는 비극이다.

변화를 일으키려면 그 어느 때보다도 강력한 사회적 협력이 필요하다. 인식은 이미 존재하고 퍼즐을 맞출 조각도 모두 우리 앞에 있다. 자, 싸움을 시작할 준비가 되었는가?

감사의 말

돈 페어와 캐런 월니의 선견지명과 믿음, 노련함이 아니었다면 이 책은 완성될 수 없었을 것이다. 그들과 함께 일한 시간은 내 경력을 통틀어 가장 귀중한 순간이었다. 트라이던트 미디어 그룹에 소속된 내 대리인 돈은 처음 대화했을 때부터 이 책이 단순한 회고록에 그치지 않고 낙인에 관해 광범위한 메시지를 담아내야 한다는 점을 바로 이해했다. 돈은 기나긴 기획서와 여러 차례의 수정본을 통해 나의 역량을 시험했지만, 결과적으로 이 책의 핵심 메시지를 최선의 방식으로 조명해냈고 그 과정에서 항상 비전과 열정을 보여주었다. 한마디로 그는 원동력 그 자체였다.

세인트마틴스 출판사의 내 담당 편집자 캐런은 줄곧 인내하며 나를 지지해주었으며, 탁월한 지도력을 발휘했다. 캐런 덕분에 나는 내면을 더욱 깊이 들여다보고 적절한 어조를 찾아내고 책 전반에 일관된 메시지를 담아낼 수 있었다. 캐런은 내게 무엇을 쓰라고 직접 지시하는 대신 지극히 섬세한 격려로 이 책을 더 높은 수준에 이르게 했다. 또한 항상 깊은 통찰과 연민을 보여주었고 능란한 솜씨와 따스한 배려로 나를 감동시켰다. 이런 전문가들의 지원을 받을 수 있다니 나는 정말 운 좋은 사람이다.

앨리슨 하비, 베닛 리벤설, 메리 메인, 루디 멘도사덴턴은 베이에어리어에서 언제나 나를 지지해주는 동료이자 친구 들이다. 그들의 끊임없는 응원과 적확한 비평이 없었더라면 나는 어떻게 되었을까! 베닛은 이 책의 제목이 된 제임스 볼드윈의 놀라운 인용문을 내게 알려준 사람이기도 하다. 스콧 라인스는 나의 과거와 현재를 이해하는 데 많은 도움이 되는 색다른 영감을 선사해주었다.

벳시 라포퍼트는 집필 초반에 이런 종류의 책을 쓰는 방법을 탁월하게 지도해주었다. 캐서린 엘리슨, 낸 와이너 그리고 창작 논픽션의 '대부'로 불리는 리 구트킨트의 관대한 조언에 많은 격려와 숙고의 여지를 얻었다. 린다 이스벨은 나와 돈 페어의 만남에 결정적인 역할을 했고 이 책과 관련한 나의 활동을 적극적으로 대변해주었다. 셰이크 아메드, 카일라 버킹엄, 대프니 마니프, 하워드 골드먼, 셰리 존슨, 로라 메이슨, 니콜 머먼, 라이자 포스트, 로버트 빌라누에바 또한 나를 열성적으로 지지해주었다. 에릭 영스트롬은 양극성장애의 맥락에서 본 케이드

병에 관해 현명한 조언을 제공했다. 샐리와 나는 어머니가 치상염에 걸려 일주일 만에 사망했을 때 그 병의 중대함을 알려준 친구이자 동료 밥 나이트에게 언제까지나 감사할 것이다.

이 책이 세상에 존재하게 된 것은 무엇보다도 이제 캠벨 박사가 된 내 동반자 켈리 캠벨의 격려와 애정, 예리한 편집 능력 덕분이다. 말로 다 못 할 만큼 감사해요, 여보.

우리의 세 아들인 제프 힌쇼, 존 뉴컴, 에번 힌쇼 덕분에 인류를 계속 나아가게 하는 세대 간의 끈끈한 유대감을 실감할 수 있었다. 그들의 돈독한 관계를 지켜보는 것은 경이로운 일이다.

마지막으로 내 동생 샐리 힌쇼는 아버지와의 관계에서 나와 같은 경험을 하진 못했지만, 이 책 첫머리의 헌사에서 드러나듯 내게는 그 누구보다 가까운 피붙이다. 샐리가 보여준 용기는 내 마음속에 그 무엇보다도 소중한 존재로 남을 것이다.

옮긴이 **신소희**

서울대학교 국어국문과를 졸업하고 출판 편집자로 일했다. 지금은 다양한 분야의 책을 번역하고 있다. 그동안 옮긴 책으로《야생의 위로》,《내가 왜 계속 살아야 합니까》,《엉망인 채 완전한 축제》,《에피쿠로스의 네 가지 처방》,《피너츠 완전판》 등이 있다.

낙인이라는 광기

초판 1쇄 펴낸날 2022년 8월 12일

지은이 스티븐 힌쇼
옮긴이 신소희

펴낸이 이은정
마케팅 정재연
제작 제이오

디자인 피포엘
교정교열 백도라지
조판 김경진

펴낸곳 도서출판 아몬드
출판등록 2021년 2월 23일 제 2021-000045호
주소 (우 10364) 경기도 고양시 일산동구 호수로 672, 305호
전화 031-922-2103 팩스 031-5176-0311
전자우편 almondbook@naver.com
페이스북 /almondbook2021 인스타그램 @almondbook

ISBN 979-11-92465-00-5 (03180)

○ 잘못 만들어진 책은 구입하신 서점에서 바꾸어 드립니다.
○ 책값은 뒤표지에 있습니다.